崔 嵘◎著

基于设计思维的

项目式

教学

首都师范大学出版社

CAPITAL NORMAL UNIVERSITY PRESS

图书在版编目（CIP）数据

基于设计思维的项目式教学 / 崔嵘著. -- 北京 ：
首都师范大学出版社，2024.10.（2025.1重印）-- ISBN 978-7-5656
-8500-2

Ⅰ. G632.4
中国国家版本馆 CIP 数据核字第 20245MU335 号

JIYU SHEJISIWEI DE XIANGMUSHI JIAOXUE
基于设计思维的项目式教学

崔　嵘　著

责任编辑　李军政
首都师范大学出版社出版发行
地　　址　北京西三环北路 105 号
邮　　编　100048
电　　话　68418523(总编室)　68982468(发行部)
网　　址　http：//cnupn.cnu.edu.cn
印　　刷　北京印刷集团有限责任公司
经　　销　全国新华书店
版　　次　2024 年 10 月第 1 版
印　　次　2025 年 1 月第 2 次印刷
开　　本　787×1092mm　1/16
印　　张　15.25
字　　数　239 千
定　　价　58.00 元

序　言

　　随着信息化、智能化、个性化时代的到来，可持续发展教育、教育改革、学生发展核心素养等热词不断出现在我们的视野中，不断引起我们对当下教育的审视和对未来教育的思考。

　　2019年，《关于新时代推进普通高中育人方式改革的指导意见》提出注重"项目设计"等跨学科综合性教学方式，① 同年《关于深化教育教学改革全面提高义务教育质量的意见》提出"重视情境教学，探索基于学科的课程综合化教学，开展研究型、项目化、合作式学习"。② 2022年4月颁布的《义务教育课程方案和课程标准（2022年版）》强调义务教育课程应"明确育人主线，加强正确价值观引导，重视必备品格和关键能力。""加强课程内容与学生经验、社会生活的联系，强化学科内在知识整合""注重培养学生在真实情境中综合运用知识解决问题的能力。开展跨学科主题教学，强化课程协同育人功能。""突出学科思想方法和探究方式的学习，加强知行合一、学思结合，倡导'做中学''用中学''创中学'"。③ 在时代发展的潮流中，在国家政策的导向下，一种基于建构主义理论的情境化学习方式即项目式学习，再一次受到世人的关注并收获了越来越多的支持者。它不仅成为教育的风向标，也是当前"双减"政策下学校提升教育教学质量、开展课后服务项目的重要抓手。

　　项目式学习关注问题解决，关注心智培育，通过创设驱动性的问题情境，

---

　　① 国务院办公厅关于新时代推进普通高中育人方式改革的指导意见[J]. 中华人民共和国国务院公报，2019(18)：35－39.

　　② 中共中央国务院关于深化教育教学改革全面提高义务教育质量的意见[N]. 人民日报，2019-07-09(1).

　　③ 中华人民共和国教育部. 义务教育课程方案（2022年版）[Z]. 2022-04-08[2022-05-05]. http://www.moe.gov.cn/srcsite/A26/s8001/202204/W020220420582343217634.pdf.

设计具有实际意义的任务——项目，引导学生通过解决问题，开展自主、合作、探究的学习活动，让学习回归自然，促进知行合一，引发深度学习，指向核心素养。目前，关于项目式学习的研究和著述不在少数，但聚焦于现实教学中的具体实践应用的研究不够深入细化，大多是浮于理论的整体教学设计流程，而较少关注到具体环节的教与学的互动，致使在很多的一线教学中，教师对于项目式学习的理解、对于教学方法的运用等仍存在这样或那样的问题。

基于这一思考，结合我们多年对项目式学习的实践与研究，并借鉴国际相关的理论与实践研究，推出《基于设计思维的项目式教学》一书。本书遵循"教育思考—概念提出—项目设计—评价方法—管理策略"的结构，深入剖析了教师在日常教学中实施项目式学习的途径与策略。基于对国内外相关理论的深入理解，本书系统性地介绍了以作者为首的首都师范大学初等教育学院项目式学习研究与实践团队开发的"DEEP 设计法"——一种基于设计思维、直指教学核心的教学设计法。"DEEP"一词得名于"问题驱动（Driving Question）—持续评价（Evaluation）—深度参与（Engagement）—产品导向（Products）"这四个关键要素的首字母。它既是该方法的核心，同时又构成了英文中的"深度"一词，意味着项目式学习是指向深度的学习。该设计法旨在帮助读者全面而精确地把握项目式学习的深层含义、本质特征、指导原则以及实施方法，从而更有效地开展项目式教学。

崔　嵘

2024 年 7 月

目　　录

第一章　未来视角下的教育思考

未来已来，将至已至。疫情、5G、智能化等剧变引起了我们对教育的本质和未来的思考与关注。面对当下，传统的教学如何与时俱进？如何去适应未来社会的发展？面向未来，未来的教育将走向哪里？未来的人才要拥有哪些特质？站在这一时代浪潮下，我们必须清醒找准自己的方向……

第一节　未来需要怎样的教育

蔡元培先生曾说："教育者，非为已往，非为现在，而专为将来。"[①]在这个瞬息万变的世界中，我们对"未来"的焦虑超过以往任何时候，同时更多地将"教育"与"未来"联系在一起，思考教育在适应未来，促进人的发展方面的功能与价值。未来已来，教育的发展只有把握今天的发展趋势，才能找到通往未来的康庄大路，为明天的出发做好准备。

一、洞悉：当代社会发展的重大趋势

社会是教育发展的土壤，也是教育变革的重要推动力。认清社会的发展趋势，是我们主动变革，赢得未来的前提。纵观人类进入 21 世纪以来的发展，呈现出复杂性和人的危机性不断加强的态势，其中最为突出的变化体现在科技创新、不确定性增强、人工智能异军突起三个方面。

对科技创新的重视史无前例。科学技术从来没有像今天这样深刻影响着国家的前途和命运。随着新一轮科技革命和产业变革的深入发展，全球科技创新呈现出创新格局重塑，技术竞争加剧，关键领域形成多元化技术和标准体系的新趋势。面对知识经济的挑战，很多国家开始将科技创新提升到国家

---

① 周菊芳．学界泰斗人间楷模：蔡元培[M]．上海：上海交通大学出版社，2018：27．

战略层面，以便在激烈的国际竞争中占据先机。如美国为了保持其自身长期的科技优势，于 2020 年推出《无尽前沿法案》，推动美国先进技术的研究。日本提出了"登月型研发制度"①，并设科创推进事务局，强化自身跨部门的指挥功能。在这样的背景下，我们国家"坚持创新在我国现代化建设全局中的核心地位，把科技自立自强作为国家发展的战略支撑"，要求"面向世界科技前沿、面向经济主战场、面向国家重大需求、面向人民生命健康"②，加快建设科技强国。

不确定性显著增强。当今世界局势动荡不安，国际环境日趋复杂，地缘政治矛盾加剧，加之生态环境破坏、传染疾病流行等，给人类社会的发展带来巨大冲击。特别是全球新冠疫情的暴发，以及伴随而来的各种问题，更是加剧了这种不稳定性，给人类社会带来巨大威胁和挑战，我们不可避免地面临复杂的、陌生的、紧张的、充满变数与持续风险的场景或任务。这就要求我们以持续进化的确定性面对世界的不确定，在增强机遇意识和风险意识的同时，努力增强自己的认识能力，审慎地判断和分析所处的情境、发展规律，在与他人协作的过程中解决问题，在危机中育新机，从而成功地抓住机遇，应对挑战。

人工智能取代人的劳动。十九大代表、北京十一学校校长李希贵在接受采访时说："今天以计算机为基础的信息技术、数据技术和人工智能对教育带来的挑战，已远远超出过去两次技术进步对教育的挑战。"③今天，人工智能越来越频繁地出现在人们的视野中，且相当比例的劳动力正在被人工智能所取代。④ 2017 年 6 月，美国"商业内幕"网站报道，牛津大学与耶鲁大学最新一项研究显示，未来 50 年内机器人将取代数百万个人类的工作岗位。到 2061年，人工智能将可完成所有人类任务，到 2136 年将取代所有人类职位。⑤ 很多专家判断未来社会面临的是智能化、网络化、数据化相互交织的社会。由于大数据、物联网、AI 技术的发展，知识获取非常方便，传统依靠知识和经

---

① 朱相丽，王溯，董瑜. 浅析日本"登月型"研发制度[J]. 世界科技研究与发展，2021，43(1).

② 新华社. 中华人民共和国国民经济和社会发展第十四个五年规划和 2035 年远景目标纲要[DB/OL]. (2021-03-13)[2024-01-20]. https://www.gov.cn/xinwen/2021-03/13/content_5592681.html.

③ 李希贵. 未来 20 年 6 成职业要消失你该怎么面对？[EB/OL]. (2017-10-22)[2024-01-28]. https://weibo.com/3546332963/FrADf2uH6.

④ 李开复. AI·未来[M]. 杭州：浙江人民出版社，2018.

⑤ 新浪财经. 机器人战胜人类时间表：2061 年完成所有人类任务[EB/OL]. (2017-06-20)[2024-01-28]. https://xueqiu.com/8433777499/87540341.

验的行业岗位会被技术取代，比如安保、客服、翻译等。

　　无论是科技创新竞争的加剧，还是危机性的加强，都对未来人的发展提出了新的要求和挑战。教育是培养人的事业，教育如何重新做出反思、做出改变，更好地促进人的发展，进而促进社会的发展，创生一个更加美好的未来，是每一个教育人都应持续实践与探究的问题。

二、思考：剧变下的未来人才特质

　　面对社会的迅猛发展，最可怕的是：时代已经不是那个时代，人还是那个人。与其消极等待，不如积极应对。教育在做出改变前，必须清楚今天的学生需要具备什么样的知识与技能、素质与品质、态度与价值观，才能成为不被时代所"抛弃"的一批，赢得属于他们的未来。为此，世界各国展开了研究。

（一）美国"21 世纪能力框架"

　　美国前教育部长理查德·莱利（Richard Riley）曾说："2010 年最迫切需要的 10 种工作，在 2004 年还没出现；我们必须教导现在的学生，毕业后投入目前还不存在的工作、使用根本还未发明的科技、解决我们从未想象过的问题。所以，我们必须要非常清醒，与知识相比，教会孩子们如何学习知识、如何应用知识解决问题、如何形成国际化思维，是帮助孩子们在 21 世纪成为合格人才的重中之重。"[①]美国 21 世纪技能联盟经过 10 年的研究提出了 21 世纪必备综合能力框架，简称"21 世纪能力框架"，并将其作为学习的中心投入数百所学校使用。[②]

　　其内容包括三个部分，分别为三套技能、核心科目与 21 世纪主题和教学支持系统。该框架认为作为 21 世纪公民，最不可或缺的三套技能是学习与创新技能、数字素养技能和职业与生活技能。其中学习与创新技能包括批判性思维和解决问题技能、沟通与合作技能、创造力与创新技能；数字素养技能包括信息素养技能、媒体素养技能和信息与交流技术技能；职业与生活技能包括灵活性与适应性技能、主动性与自我导向技能和社会交往与跨文化技能。

①　王艳敏. 新世纪职业生涯规划课程设计理念探析[J]. 职教论坛，2009(4)：32—34.
②　贺巍，盛群力. 迈向新平衡学习——美国 21 世纪学习框架解析[J]. 远程教育杂志，2011，29(6).

三套技能集中体现出了未来社会对人才素质的要求，为我们提供了教育方向的借鉴。

(二)欧洲 21 世纪必备综合能力框架

为了满足学习者的个人需求，并使学习者能够胜任工作任务，为社会的发展做出贡献，欧盟教育研究者协会成立了专家研究组，研究并明确了知识经济时代中学习者应该具备的重要能力，主张通过对这些能力的评估，为教育从业者提供策略支持，为教育研究人员提供理论研究支持，为成人学习者提供终身发展的支持。[①]

经过研究，2005 年欧盟正式发布《终身学习核心素养：欧洲参考框架》，提出了 8 项 21 世纪必备综合能力。这 8 项能力包括母语沟通能力、外语沟通能力、数学和科技基本素养、数字(信息)素养、学会学习、社会与公民素养、创新与企业家精神、文化意识和表现，并从知识、技能和态度三个方面对每一项能力做了阐释与说明。[②] 这一框架在明确文理知识与技能的同时，着重强调了学会学习的能力、创新品质和人文精神，为我们认识未来人才的发展方向提供了参考。

(三)中国学生发展核心素养

随着国际影响力的不断提升，我们越来越迫切地需要从进口新技术向发明和创造新技术平稳过渡，越来越认识到重塑教育哲学、培养创新人才的紧迫性。为了适应世界教育改革发展趋势，提升我国教育国际竞争力，推动高阶能力的培养，2014 年，教育部印发了《关于全面深化课程改革落实立德树人根本任务的意见》，提出"教育部将组织研究提出各学段学生发展核心素养体系，明确学生应具备的适应终身发展和社会发展需要的必备品格和关键能力"[③]。

2016 年，国家发布了《关于做好新时期教育对外开放工作的若干意见》，

---

① 蔡慧英，顾小清. 21 世纪学习者能力评测工具的框架设计研究[J]. 中小学信息技术教育，2013(Z1).

② 师曼，刘晟，刘霞等. 21 世纪核心素养的框架及要素研究[J]. 华东师范大学学报(教育科学版)，2016，34(3).

③ 《关于全面深化课程改革落实立德树人根本任务的意见》节选[J]. 教育科学论坛，2017(20)：3—5.

提出"通过加大留学工作行动计划实施力度，加快培养拔尖创新人才、非通用语种人才、国际组织人才、国别和区域研究人才、来华杰出人才等五类人才"。① 这些措施旨在通过教育对外开放，加快人才培养，以适应全球化背景下的国际竞争和合作需求，实现国家的长远发展和繁荣。②

同年 9 月，中国学生发展核心素养研究成果发布，中国学生发展核心素养以"全面发展的人"为核心③，包括文化基础、自主发展、社会参与三个方面，综合表现为人文底蕴、科学精神、学会学习、健康生活、责任担当、实践创新六大素养，并具体细化为 18 个基本要点。该研究成果融入了很多鲜明的时代特征，充分反映了新时期我国经济社会发展对人才培养的新要求。

一系列的政策出台，体现了我国人才培养的战略调整，同时让我们更加清晰地看到了 21 世纪中国的人才形象：既具有身份认同与文化自信，又具有高阶能力与自主的行动力，能够在国际竞争中保持潜力与优势。

无论是美国 21 世纪能力框架、欧洲 21 世纪必备综合能力框架，还是中国学生发展核心素养，都对未来人才发展观持有较为一致的看法，即突出强调了人的创新思维、解决问题能力、终身学习能力、人际关系能力(沟通、合作、共情)等方面的内容。大势所趋，教育必然在这些研究的基础上主动变革，探索与时代发展相匹配的改革策略。

三、预见：未来教育的变革方向

苏格兰作家罗伯特·路易斯·斯蒂文森(Robert Louis Stevenson)说，只有知道了通往今天的路，我们才能清楚而明智地规划未来。④ 当我们对社会发展与未来人才特质做出基本判断后，自然会对教育的变革方向产生思考。面对剧变的世界和未来，教育如何在变中谋发展，在变中求突破来顺应历史的发展潮流？对此，经济合作与发展组织(Organization for Economic Co-operation and Development，简称 OECD)曾对未来教育愿景与使命做出推断，我们也站在多方研究的基础上对教育的变革方向做出分析。

---

① 《关于做好新时期教育对外开放工作的若干意见》坚持扩大开放做强中国教育［EB/OL］.(2017-06-20)［2024-01-28］. http://www.moe.gov.cn/jyb _ xwfb/s6052/moe _ 838/201605/t20160503 _ 241658.html.

② 同上。

③ 核心素养研究课题组. 中国学生发展核心素养［J］. 中国教育学刊，2016(10).

④ 江河. 亲切的钟　中外名言大观［M］. 北京：解放军文艺出版社，1998.

（一）未来教育的使命

在知识经济改变整个世界经济劳动力市场的背景下，以知识为基础的行业迅速扩张，催生了社会发展的新样态，突出表现在社会成员受教育水平较高、社会组织机构转型、系统化知识上升、专业知识和知识生产呈多中心扁平化等方面。

投射到教育领域，其教育目标发生了重大变化，学校同样需要做出大幅度变革以适应知识经济的发展。如将知识作为工作和日常生活的中心，重新设计学习经验，将所学知识在将来应用于产品、市场或需要与之打交道的用户；让学习者成为主导适应变化的领导者，以免在面对未来社会形态时手足无措；在学习过程中培养 21 世纪能力，使学生能够独立或协作承担社会责任；创设一种富有建设性的多样性，以确保多元的个人经验和知识都能参与经济与社会发展；培养学习者的创新能力，支持他们建立在合理判断基础上的大胆创新，为创新精神的自由发展提供空间……①

为了统一关于面向 2030 的未来人类必备素质的共识，构建课程知识库，指导全球的教学设计，2015 年，经济合作与发展组织发起了"教育 2030：未来的教育与技能项目"，提出了"幸福 2030"的教育愿景和与之匹配的"未来教育的使命"，② 包括：

1. 教育要面向更广阔的目标——幸福 2030：未来教育的使命不仅包括针对就业与掌握技能的教育，还覆盖了国家和全球层面的"公民"教育，以及数字/数据智能教育。

2. 教育要致力于实现共同利益：重申一个"人"的社会性质。此外，教育系统不应只注重卓越和创新，导致脱离弱势群体，不应加剧现已存在的社会不平等现象。

3. 教育要发展个体的"主体性"：培养学生以负责且有意义的方式采取行动，发展个体的"主体性"。

4. 教育要塑造全人：包括培养社会和情感技能，陶冶道德价值，而不是单纯强调学业成就。

5. 教育要培育终身学习的热情：包括培养自学能力、激励好奇心和内在

---

① 格林斯坦. 评价 21 世纪能力[M]. 伍绍杨等，译. 上海：上海教育出版社有限公司，2021.
② 唐科莉. 指引学习迈向 2030 OECD 发布《学习罗盘 2030》[J]. 上海教育，2019(32).

驱动力。

6. 教育要解决真实世界问题：提供从现实生活中开展学习的机会，能够帮助学生发展抓住新机遇、识别新问题的技能与洞察力，并根据特定情境选择解决方案。

7. 教师角色从"讲台圣贤"到"俯身指导"的转变：教育系统不应假定教师或教科书可以解决学生在课堂上所遇到的所有问题。

8. 重新思考"学生成功"的内涵：从学习结果到学习过程的转变，学生的学习经历或学习过程与学习的结果同等重要。

该研究站在帮助重新建设能够为个人、社会和环境发展创造更好未来的角度，提出了未来教育对个人与团体发展所应承担的使命。强调了教育在促进社会的包容性增长、提高个人福祉和社会整体幸福指数方面的作用。

由此我们可以看出，未来教育的变革仍以人的发展为核心，注重人的全面发展和综合素质的提升，关注教育公平的实现和教育理念、教育方式的转变等。

(二)立足教育本质展望未来教育

世界在剧变，但教育的本质没有变，那就是提高人的生活质量和生命价值。随着学生学习的场景泛在化，学习的资源多元化，学习的方式自主化、合作化、探究化，教师正逐渐由权威变成陪跑者和学习者。我们认为教育要通过学习环境、教学内容、教学方式、教师角色四个方面的调整来适应时代的发展。

1. 学习环境更加开放包容

不断发展的科技创新也改变着学习方式，而随着学习方式的变化，传统的学习空间将逐渐无法满足学生的学习需求。未来的学习空间建设必将以学生为中心，创设适宜学生发展的、能够通过活动来学习的环境，能够最大限度支持学生个性化学习需求。这不仅能够激发学习的舒适感和愉悦感，还能满足学生的自主选择，如构造开放、通用的大空间，设计非正式的教育情境，打造高效、互联的社区空间来推动学习与互动。这种学习环境应该是充满安全感的、开放互动的，能促进有形界面和全身界面的交互的，儿童在这样的学习环境中能形成与上一代儿童不同的"基础认知"。[1]

---

① 索耶. 剑桥学习科学手册(第二版)[M]. 徐晓东等, 译. 北京: 教育科学出版社, 2021.

2. 教学内容注重整合与真实

内容在教学中占据着重要位置，教学目标、教学方法的设定与选择皆与教学内容有着密切联系。在能力本位和素养本位的课改背景下，教学内容要适应时代的发展，从简单的内容传授转变为复杂的思维养成，以满足 21 世纪对人才的需求，满足 21 世纪学生多样化发展的需求。强调 21 世纪的能力并不意味着取代知识的教学，而是强调将教学内容特别是知识的教学置于真实的情境下，与学生的生活发生链接，更富有意义，更促进迁移。这就要增强教学内容的结构性与整合性，关注大概念的运用，在新旧知识之间、不同部分之间、理论与学生真实生活之间建立联系，促进学生的整体认知，为核心素养的实现奠定基础。2022 年 4 月印发的《义务教育课程方案和课程标准（2022 年版）》提出要"增强内容与育人目标的联系，优化内容组织形式。设立跨学科主题学习活动，加强学科间相互关联，带动课程综合化实施，强化实践性要求。"①

3. 教学方式回归"学习"本质

对课堂的"升级"是一个关键环节。学生不再是单纯的信息接收者、知识的发现者，他们也将参与知识的建构与生产，在社会建构中形成具有面向实践性目标的知识建构经验，通过实际行动在知识创造中获得能力。因此，未来的课堂教学，必然会彻底摒弃死记硬背、机械训练的模式，将学生置于对拟真的、复杂的现象进行学习的情境中，通过自主学习、合作学习和探究学习等方式，形成并最终解决认知冲突，实现知识与态度、过程与方法的整合；课程内容与学生经验、社会生活的联系；在学习方式上，突出学科思想方法和探究式学习；加强知行合一、学思结合，倡导"做中学""用中学""创中学"。② 与此同时，充分发挥评价的杠杆作用，以多样化的评价手段和评价标准的落实，指向学习的本质，激发学生的学习动机、激励学生的学习行为，在课堂中有更多收获。

4. 教师角色趋向多元关系

21 世纪的教师将不再仅仅处于传道授业解惑的地位，也不再代表着教室中知识最丰富的人，而更多的是作为导学者、组织者、合作者直接参与学生

---

① 中华人民共和国教育部 . 义务教育课程方案（2022 年版）[Z]. 2022-04-08[2022-05-05]. http://www.moe.gov.cn/srcsite/A26/s8001/202204/W020220420582343217634.pdf.

② 同上。

的学习，通过创建安全的学习环境，设计适切的学习情境与活动，提供丰富的学习资源，搭建有效的学习支架，给予建设性的学习反馈，促进学生在协作中理解内容、建构经验、提升素养。教师同样要成为终身学习的践行者，具备研究与创新的素养，能够在日常教学中探索先进的教育方法，发展实践性知识，提升自身的专业素养，主动转变角色，构建和谐的师生关系，适应未来教育教学的创新与变革。

美国科幻作家威廉·吉布森（William Gibson）说过：未来已来，只是还未流行。[①] 身处时代发展的浪潮，教育的变革已经悄然发生，并在以越发深刻的方式发挥作用，只有准确把握社会的发展趋势，更新对人才观的认识，才能遵循教育发展规律，更好地推动教育的变革，进行教育教学实践，在持续的研究与探索中突破发展瓶颈，化解重点难题，实现可持续发展。

第二节　什么是有价值的学习

在我国先秦经典《论语》中，开篇即道："学而时习之，不亦说乎?"这告诉我们学习是一个时时回顾、渐渐精进、令人快乐的过程。21 世纪的今天，我们对于学习的重视程度有增无减，相关的研究与成果更为丰富，但学习的结果却不尽如人意。当社会的发展对人才的要求越来越高，我们对学习同样提出了更高的要求。学生需要能将其在学校所学的知识，自如自信地应用于越来越不确定、越来越复杂的真实世界。学校 2.0 时代强调的规模化、同质化的人才培养模式和以标准化考试为目的的知识学习与当今时代的发展格格不入。[②]"学习"，这一被人们千百年来津津乐道的话题再次引人深思，我们该如何重新定义学习？我们需要考虑一些学习的底层逻辑：传统教育下的学习存在哪些弊端？当今时代需要怎样的学习？什么样的学习才是有价值的学习？从对这些问题的思考与回答中，我们或许可以对未来教与学的变革方向做出判断。

① 张盖伦. 未来已经到来，只是尚未流行[N/OL]. 科技日报，2016-09-18. http://www.banyuetan.org/chcontent/zx/mtzd/2016918/209174.shtml.
② 张治. 学校 3.0 时代的教育新图景[J]. 上海教育，2018(19).

一、对传统教与学方式的反思

网上有一个段子是这样写的，有人问：为什么同一位老师教出的学生成绩差别那么大。老师形象地比喻道：老师以 4G 的速度讲，学霸以 Wi-Fi 的速度听，学神以 3G 的速度记，有的学生以 2G 的速度瞅，有的学生听着听着掉线了，还有个别学生压根就没开数据连接，还有的孩子一开始上课就自动关机了。①

这段话形象地再现了传统教学模式中"我讲你听"的课堂常态，学生的学习效果被分为"4G""Wi-Fi""3G""2G"等不同级别，而评判的标准就是学生的成绩。我们知道在一个班级之中，"学霸"总是少数，更多的学生成绩平平，有的甚至出现严重问题。虽然学生的个性禀赋存在客观差异，但传统的教学方式同样值得我们进行反思。

传统的课堂教学是指 19 世纪初由德国教育家赫尔巴特（Herbart）创立，后经不断改进而形成的教学思想与模式，其中以"五段教学法"②最为人们所熟知。传统的教学方式以其高效性和经济性的特征被普遍采用，并在教育普及和人才培养方面发挥了重大作用，对社会的发展产生深远影响。但我们站在今天乃至未来的视角来审视这种带有工业时代特征的基于班级授课制的教学模式时，会发现其本身存在着诸多弊端，随着时代的发展越来越突出，甚至成为中小学课改的障碍。主要表现在以下几个方面。

（一）在教学思想上常常以"书"为本

传统的教学聚焦于书本知识的单向传授，将学生视为盛放知识的容器，而忽略了学生在学习中的地位和权利。现代教育心理学研究指出，学生的学习过程和科学家的探索过程在本质上是一样的，在这个过程中学生既会暴露出各种问题，同时又会展示出自己的聪明才智。显然，在以书（或教材）为本的教学思想下，过于强调知识的客观真理性，学生的个性化思考与创新被排斥在外，学生在这个过程中变成了被动的接受者，他们只需要听讲、记忆与习题演练就能够达到老师的要求，成为老师心目中的"好学生"。而这种"教材

---

① 一个班有差生有优秀生，这是孩子自己原因还是老师的原因？［2024-01-28］http://zhidao. baidu.com/question/1966416278292142020.html.

② 余文森等. 经典教学法 50 例［M］. 福州：福建教育出版社，2010.

就是我的世界"的思想导致了学生在校学习与真实世界的隔离，学生很难进行知识的应用、迁移，产生了大量的惰性知识。① 同时，这种教学思想还导致了教学过程的庸俗化，进而让学习成为没有灵魂的功利化行为，使学生成为"单向度的人"。②

（二）在教学过程中往往忽视学生的学

在传统的课堂教学中，教师更关注"怎样教"的问题，习惯于钻研教法，以是否完成所规定的教学内容为第一标准，其次考虑在这个过程中，如何更好地进行教学设计，以及如何有效地传递课程内容。在传统教学者的课堂中，我们更多地看到教师讲解多，学生思考少；一问一答多，探索交流少；布置任务多，自主探究少；知识层面多，实践层面少的现象。而学生是否会采用某种方式探究未知，是否学有所得，是否能调节与监控自己的学习，是否能协作建构知识等问题并未得到充分重视，更不用提及课堂教学如何激发学习动机，如何促进深度思考，如何培养学习力、合作力和创新力等深层次问题。当教学过程变成"教"为主角而"学"为配角时，教学的效果以及学生的真实获得便难以保障，有价值的学习便被拒之门外。

（三）在教学评价上标准过于单一

在传统的教学中，评价标准的单一性主要体现在评价内容、评价主体和评价方式三个方面。在评价内容上，传统的教学评价通常以纸笔测试的形式出现，往往是良构的试题，主要围绕知识和技能两个方面展开，考查学生对知识技能掌握的熟练程度，对于学生情感、态度、价值观等方面的发展以及是否能学以致用，思维是否得到发展鲜有体现；在评价主体上，评价主要由教师执行，教师成为整个教与学过程的"主宰者"，是比赛中的"裁判"；在评价方法上，主要是各类测试，测试的结果以分数的对比和排名进行呈现。评价标准的单一性影响了学习的完整性，降低了学习的积极性，同时造成对于成绩和排名的过于看重。这样的评价机制虽然高效而简便，但却将学习导向了一切为了"分数"的畸形状态，造就了大批高分低能、低分低能的学生。

---

① 张良. 论素养本位的知识教学——从"惰性知识"到"有活力的知识"[J]. 课程·教材·教法，2018, 38(3).

② 马尔库塞. 单向度的人[M]. 刘继，译. 上海：上海译文出版社，2008.

简而言之，传统教育的特点，正如杜威（Dewey）所说"在于消极地对待儿童，机械地使儿童集合在一起，课程与教学方法划一。概括地说，重心是在儿童以外。重心在教师，在教科书以及在你所喜欢的任何地方和一切地方，唯独不在儿童自己的直接的本能活动"。① 而这种教学模式显然已经难以满足社会发展所带来的挑战与需求，更难以跟上时代的发展步伐。

二、当今时代呼唤有价值的学习

19 世纪，英国社会学家赫伯特·斯宾塞（Herbert Spencer）认为教育的目的是为"完满生活"做准备。他提出了"什么知识最有价值"的问题，最终他给出的答案是：科学知识最有价值。② 21 世纪的今天，戴维·珀金斯（David Perkins）在《为未知而教，为未来而学》一书中再次提出了"什么才是有价值的学习"的问题，珀金斯指出："传统教育的重心常常在于'信息—知识'而非'智慧—知识'，让我们反过来想象一下，假如教育把重心放在实现'知识—智慧'的深远目标上，放在能够通达智慧的知识上，那或许这些知识就真正具有生活价值了。"③

社会的深刻变革呼唤有价值的学习，期待通过有价值的学习来实现"知识—智慧"的深远目标。而有价值的学习将表现为对核心素养的重视、对知与行的结合、对深度学习的追求三个核心特征。

（一）重视核心素养的培养

随着互联网世界、大数据的迅猛发展，我们可以轻而易举获得各类知识与信息，然而如果仅有知识而没有智慧，将被知识所奴役；片面追求知识的"量"则会渐渐失去选择和判断的能力，这样的学习是无效、无价值的学习。在《21 世纪技能：为我们所生存的时代而学习》④一书中，作者强调了 21 世纪的学习趋向，包括学习研究、数字化生活方式、知识劳动和思考工具四个方面，从根本上强调了学习要从被动转为主动，从教材转向现实世界，从单纯

---

① 杜威.学校与社会·明日之学校[M].赵祥麟等，译.北京：人民教育出版社，2005：30.
② 陈铁成，熊梅.什么知识最有价值——基于斯宾塞课程思想的思考[J].外国教育研究，2013，40(5).
③ 珀金斯.为未知而教，为未来而学[M].杨彦捷，译.杭州：浙江人民出版社，2015：245.
④ 特里林，菲德尔.21世纪技能：为我们所生存的时代而学习[M].洪友，译.天津：天津社会科学院出版社，2011.

记忆转为丰富探索，从简单接受转向小组合作。可以看出这些趋向的背后，均是对核心素养的追求，是对学生品格和能力的关注，而非纯粹的知识本身。因此，有价值的学习一定是以核心素养为本的，将学习的落脚点放在素养本身，如健康素养、公民素养、学习素养等，才能使传统的教与学的弊端得到补救，使学习得到解放，使学生获得真正的成长。我国为顺应教育改革发展趋势提出了"中国学生发展核心素养"，以此来引领我国育人模式的变革。

(二)强调"知"与"行"的统一

学习本身就是知与行的统一体，缺少了任何一环都不能称之为真正意义上的学习，有价值的学习必然遵循这一本质，探索实现知行合一的方式方法。在学习中，知和行是相互渗透、同时发生的，正如对于"热"或"冷"的认知，一定是建立在被烫一下或被冰一下的基础上；对于苹果的味道，学生亲自尝一口才能真正知道。因此，在教学中只有贯穿知行合一的原则，才能引导学生深入思考、理解知识、灵活运用，进而充分感受学习的乐趣与意义，避免学习仅仅停留在"口耳之学"的层面。荀子说："闻之不若见之，见之不若知之，知之不若行之。"①当我们把学习当作真实世界中的主动建构的过程时，当我们把学习当作运用所学的知识解决问题的过程时，当我们把学习当作将惰性知识变成活性知识的过程时，学习才能真正发生。

(三)以深度学习激活发展潜能

"深度学习"②的概念源于计算机科学、人工智能和脑科学的发展，与之相对的是低水平的认知加工、被动的浅层学习。我们追求深度学习，其原因在于深度学习更加体现了时代的发展需求，更贴近社会对学习价值的追求与理解：注重批判思维，面向问题解决和知识的迁移运用等方面，能够有效促进学生对于知识的深层思考、体悟。在深度学习的过程中，学生需要具备六大能力，即知识有深度的能力、批判性思考以及解决复杂问题的能力、学术性思维、合作能力、沟通技巧、学会学习的能力。③

---

① 朱静蔚，文心工作室.中文经典100句荀子[M].上海：上海三联书店，2019：173.
② 瑞芳.深度学习的教学策略解析——基于项目的学习和基于挑战的学习[J].中国现代教育装备，2018(22).
③ 王金妹.美国"深度学习"项目(SDL)的研究进展及启示[D].曲阜师范大学，2018.

三、如何实现有价值的学习

在知识经济时代，人们越来越认识到学习不应是停留在传统意义上的背诵记忆、机械训练与题海战术，它的内涵被不断发掘与丰富，形式被不断改进与拓展。当我们开始回归学习的本质来重新思考学习，并试图通过改变教与学的方式来提升学生的学习效果时，教学中如何实现有价值的学习成为我们关注的焦点。苹果公司教育副总裁约翰·库奇（John D. Couch）认为当下教育面临的最大问题之一，就是教育者仍然在用过时的方式，去教育伴随数字化长大的孩子。因此，需要重塑教育、重塑学习。"教育体系真正需要重新布线，升级教育操作系统，以便更好地将学生、教师、家长和社会连接起来"。[①]走访了众多学校与课堂，借鉴了多种类型的教学方式后，我们认为实现"有价值的学习"要做到以下几点。

（一）有效调动学生兴趣

有价值的学习起始于兴趣，从根本上说是因为智慧的获取是一个发挥主观能动性，形成独特思考与认识的过程，而兴趣正是这一过程的重要支撑。没有兴趣，便没有内驱力；没有内驱力，学习就变成了被动完成一个接一个的指令。皮亚杰（Piaget）曾指出，所有智力方面的工作都依赖于兴趣。[②] 那么，我们耳熟能详的"兴趣"这一概念到底指什么？学习科学的研究者桑德拉·海蒂（Sandra Hidi）和安·伦宁格（Ann Renninger）将其定义为"一种心理状态，一种随着时间的推移不断重新接触特定学科内容的倾向"，是一个有关"认知和情感的动机变量"。他们认为兴趣分为被触发的情境兴趣、得以保持的情境兴趣、形成中的个体兴趣和成熟的个体兴趣几个阶段。[③] 对于学生来说，只有对学习产生兴趣，才能在过程中赢得主动，在结果中收获真知。现代科学研究证明，人脑是一个耗散系统，而兴趣可以使这一系统处于开放状态，学习的兴趣越是浓厚，信息在传输过程中受到的干扰就越小，信息的输入量就越大，智能水平就越高。实践告诉我们，激活学生的兴趣也许不难，但是要使学生保持学习兴趣则需要考虑学习内容的新颖性、挑战性、惊奇性、

---

① 库奇，汤等. 学习的升级[M]. 徐烨华，译. 杭州：浙江人民出版社，2019：7.
② 皮亚杰. 教育科学与儿童心理学[M]. 傅统先，译. 北京：文化教育出版社，1981.
③ 索耶. 剑桥学习科学手册(第二版)[M]. 徐晓东等，译. 北京：教育科学出版社，2021：690—691.

复杂性及不确定性等多个变量。① 因此，我们提倡有价值的学习，在教学中首先要将学生放置于中心位置，尊重学生作为学习主体的权利，考虑如何调动学生的学习兴趣，让他们有持续的、深入探究的愿望和信心，以快乐的心态投入学习的过程中。

(二)促成学生的自主探究

活动是儿童学习最根本的途径，儿童的心理发展特点决定了让儿童在动手、动口、动脑的协同作用下进行探究活动，是建构其知识结构、促进其思维发展的必然选择。我国著名教育家陶行知先生也曾提出"六大解放"的理论，包含"解放他的头脑，使他能想；解放他的双手，使他能干；解放他的眼睛，使他能看；解放他的嘴，使他能谈；解放他的空间，使他能到大自然大社会去取得更丰富的学问；解放他的时间，不把他的功课表填满，不逼迫他赶考，不和家长联合起来在功课上夹攻，要给他一些空闲时间消化所学，并且学一点他自己渴望要学的学问，干一点他自己高兴干的事情"②。因此，学习要达成"知识—智慧"的深远目标，就要在学习活动中使儿童得到"解放"，通过将学生暴露于自然的问题情境之中，创造在不同课程内容之间建立联系和提供统一的、一致的概念框架的机会，使学生在解决问题的过程中接触到跨领域的内容，完成真正的概念转变；建立复杂系统的启发式思维，整合错综思路，形成思维的网状结构，最终成为"系统的思考者"，③ 使知识在有限的学校之外依旧有用，从而使学习得以真实发生；促成学生的自主探究，培养学习者自主学习的意识和自学的能力，使学生能够根据自己的目标、能力等制订学习策略、计划，并据此在学习过程中进行自我监控和调节，进而让学生成为学习活动的"主角"，成为学习意义的发现者和建构者。

(三)实现对知识的迁移运用

杨振宁说，知识的积累不是目的，知识要有利于创造。④ 意大利著名诗人

---

① 索耶.剑桥学习科学手册(第二版)[M].徐晓东等，译.北京：教育科学出版社，2021：692.
② 陶行知.陶行知文集[M].太原：山西教育出版社，2021.
③ 陈怡倩.统整的力量：直击 STEAM 课程核心的课程设计[M].长沙：湖南美术出版社，2017.
④ 李一民.永远的哲思：世界名人名言集萃[M].沈阳：沈阳出版社，2001.

彼得拉克曾说："你知道得很多，但如果你不善于把你的知识用于你的需要，那就没有什么用处。"①运用是知识价值的直接体现，也是学习的最终目的，如果脱离了应用，再丰富的知识也失去了拥有的价值。因此，迁移和运用是有价值的学习的必要条件，也是判断学习效果好与坏的关键。在教学过程中，只有重视知识的迁移和运用，才能逐步克服传统教学中以"书"为本、忽视学习过程的弊端；学习的价值才能被充分发掘。因此，教师在教学中应积极探索先进的教学方式，如项目式学习、探究性学习、综合实践活动等，为学生搭建实践与运用的平台，引导学生手脑并用，在实际问题的探究中加深对知识的理解，强化情感道德方面的休悟，促进学生的全面发展。

在新的时代发展浪潮下，传统的教学方式已经无法满足人们的发展需求，我们重新思考学习、定义学习，追求有价值的学习，从本质上说是教育发展规律的必然。我们要清晰地知道我们希望并要求学生知道什么、理解什么、能做什么，才能使他们在现在及未来的世界中立于不败之地。随着项目式学习、主题教学，以及集科学（Science）、技术（Technology）、工程（Engineering）、艺术（Arts）、数学（Mathematics）多学科融合的 STEAM 教学等先进教学模式的推广与应用，我们越发能够看到教与学变革的强劲动力。相信在持续的探究与实践下，我们会看到越来越多有价值的学习真实发生，学生在学习中收获更多成长，教师在教学中获得更多成就感，学习成为一件更加令人向往的事。

---

① 李一民. 永远的哲思：世界名人名言集萃[M]. 沈阳：沈阳出版社，2001：249.

第二章　走进项目式学习

在当今世界的大背景下，项目式学习再一次受到了世人的关注并收获了越来越多的支持者。那什么是项目式学习？项目式学习有哪些特点……让我们一起走进项目式学习，厘清概念，准确把握项目式学习的内涵和理念，唤醒真实的学习，让学习自然发生。

第一节　项目式学习历史溯源

多个趋势表明，基于项目的学习被采用为 21 世纪教育策略。人们从认知科学到神经科学的不同视角出发，均阐明了项目式学习对于学习者的强大吸引力。

很多人会认为项目式学习是一个新鲜事物，却不知它有着 400 多年的发展历史。[①] 是什么让项目式学习在 400 多年的发展历程中，从一种教育理念转变为真实的教学实践，从名不见经传的课程实施方式变为风靡全球的教学方法。作为一名项目式学习的研究者或实践者，对于这些问题的探究将是我们认识项目式学习（Project-Based Learning，也译作项目化学习，基于项目的学习，简称 PBL）[②]的开端。同时鉴古知今，尝试预测项目式学习的未来发展趋势。

一、项目式学习的理论"前身"

任何事物的产生和发展都是一个过程，项目式学习也不例外，它的产生和发展具有深厚的理论基础。项目式学习的思想内涵最早可以追溯到 2000 年

[①] 刘育东 . 国外项目式学习的历史沿革及发展趋势[J]. 教育理论与实践，2019，39(19).

[②] 拉尔默 . PBL 项目式学习：初学者入门[M]. 董艳，译 . 北京：光明日报出版社，2018.

前。从孔子到苏格拉底，从杜威到蒙台梭利，在这些思想家或教育家的理论学说中，早已渗透了项目式学习的理念。

我国著名教育家、思想家、政治家孔子，很早就倡导在实践中学习（"做中学"）。孔子曾说"先行其言而后从之"，（《论语·为政》）其意思是对于你要说的话，先实行了，再说出来。表达了君子不要眼高手低，而要先将自己的想法付诸行动，等到自己成功后，再告诉别人。这一思想表达了孔子对于实践的重视，以及在实践中求得真知的教育方法。

大约与孔子同时代的西方思想巨头苏格拉底（Socrates），则采用了包括"讥讽、助产术、归纳和定义"四个基本步骤在内的"产婆术"来省察灵魂。[1] 他传授知识不是靠教师的权威强行灌输给学生，而是通过师生对话、共同探讨问题的方式，帮助学生获取知识。当学生有困惑时，他并不直接告知答案，而是举出一些实例，引导和启发学生从中得出正确结论。他的问答式教学法对后世产生了深远影响。

当历史快进到杜威，我们听到一个关于学习的有力的支持：学习是建立在学生的经验之上并受兴趣所驱动。杜威挑战了学生是知识的被动接收者的传统观点（以及老师是一个静态知识的传输者）。为此，他强调鲜活的经验为学生不间断地学习这个动态的世界做了准备。正如杜威指出的那样，"教育不是为了生活做准备，教育即生活。"[2]

20世纪，玛丽亚·蒙台梭利（Maria Montessori）在全球掀起了关于学前儿童学习方式的国际运动。她通过例子来说明教育的发生不是通过听字词，而是通过在环境中积累经验发生的。这位意大利医生和儿童发展专家倡导好的学习环境能培养有能力的、适应性强的公民和问题解决者。

起源于皮亚杰的建构主义学说进一步阐明了人类学习过程的认知规律。他认为知识不是通过教师传授得到的，而是一个通过人际间的协作活动而实现的意义建构的过程。"情境""协作""会话""意义建构"是学习环境中的四大要素，[3] 教师创设有利于学生建构意义的情境；让学生以协作的方式进行学习，包括协作对学习资料的收集与分析、假设的提出与验证、学习成果的评价等；学习小组成员间要进行充分的对话交流，最终使学生理解事物的性质、

① 刘莉，刘铁芳. 重审苏格拉底的"产婆术"[J]. 全球教育展望，2021，50(9).
② 康桥. 杜威：教育即生活[M]. 上海：上海辞书出版社，2014：37.
③ 陈连丰，赵觅. 解读建构主义学习理论四要素——"情境""协作""会话"和"意义建构"[J]. 科技创新导报，2012(24).

规律以及事物之间的内在联系，达到意义建构的目的。

这些具有代表性的理论学说均从不同角度说明了学习的发生不能仅仅依靠书本或教材，也不能是教师单方面灌输的结果，它必须调动起学生的感官与思考，从学生的实际经验出发，通过自主的探究，建立起个人经验与客观真理间的桥梁，从而获得对知识的真实理解，心智的逐步成熟，个性的逐渐养成，各种能力的锻炼，以及综合素质的全面提升。这些今天看来依然具有借鉴价值的思想，为项目式学习的诞生和发展奠定了扎实的理论基础。今天，学习科学的发展让我们更加认识到了如何通过教学的、技术的、社会政策方面的创新来促进教育的改善。而项目式学习则主要依据积极建构、情境学习、社会交互、认知工具这四个方面学习科学的观点来组织儿童学习的有效方式，从而将学习推向更加真实、广泛、立体的情境，学生得以生成概念间的联系与深层次的理解。①

二、项目式学习的早期应用

值得玩味的是，历史上项目式学习的出现与这些先进的教育思想并无关联。而是源于欧洲建筑大师们对于自身社会地位提高的愿望。在这种功利思想的驱使下，项目式学习首先在欧洲的建筑界应运而生。

1577 年罗马创建了圣卢卡学院，该学院为那些优秀的学生提供富有挑战性的设计项目，项目之于学生犹如实验之于科学家、案例之于律师，让学生在实践中领悟原理，在实践中学到技术。至此，"项目"一词首先出现在教育界，但彼时的项目都是为了让学生参加学院组织的建筑设计大赛而虚设的，并不是真正真实而复杂的问题，且这些项目并不属于常规的培训课程。

直到法国巴黎皇家建筑学院的成立，彻底改变了这一局面。该学院中所有培训课程都通过项目来实施，项目式学习第一次成为正规学校课程大纲的一部分。18 世纪末，项目式学习最终在欧洲扎根，受到学术界的普遍认可。但人们对于这一教学方法的理解仅停留在克服理论学习过重的弊端，强化学习者的实践能力和创造力层面。

19 世纪，项目式学习由欧洲传到美国，并因其能够弥补传统书本知识的不足，提升学生的操作能力而受到越来越多的关注。此时，项目式学习也完成了从艺术界到工程界的跨越。伊利诺伊州工业大学机械工程学院的斯蒂尔

---

① 索耶. 剑桥学习科学手册(第二版)[M]. 徐晓东等, 译. 北京：教育科学出版社，2021.

曼·罗宾逊教授(Stillman Robinson)提出理论与实践不可分割，项目式学习应该贯穿课程始终。19世纪末，在杜威实用主义教育思想的影响下，人们对于项目式学习的认识进一步加深。1918年，威廉·赫德·克伯屈（William Heard Kilpatrick）首次对项目进行了广义的定义，并提出了项目的"通用（目标）模型"，明确了项目不只局限于手工操作训练和特定教学阶段，而是适用于任何时间、任何学科，包括各种形式的活动和学习。杜威则强调项目是师生共同完成的任务，在做项目的过程中，教师对学生具有引领和指导作用；他认为项目式学习是通过问题解决来培养学生建构知识的技能。① 这些理论创新为项目式学习的发展和应用奠定了理论基础。21世纪以来，项目式学习被视为学习方式的革命。

从项目式学习首次在欧洲出现到广泛在世界传播，大约经历了300年。它因带有强烈功利性的目的而被创造，并在实际的运用中得到推广。随着新教育思潮的兴起，人们对教育、学习、课程、儿童等概念有了新的认识，当我们反观项目式学习，发现这种模式更加贴合教育的规律、学习的规律，在教育实践中具有强大的生命力，于是很多教育家开启了针对项目式学习的研究，项目式学习进入快速发展、专业发展的轨道。

三、项目式学习的发展现状

到了21世纪的今天，项目式学习的价值和意义被充分发掘，人们普遍认识到项目式学习可以适用于所有受教育群体和环境，也可用于教授任何内容。多数学者认同项目式学习中蕴含着传统教育所无法替代的创新思想，在不断丰富的教育实践下，项目式学习已经成为很多国家推动教改和课改的抓手，并取得了丰硕的研究成果。

目前，项目式学习法已经在全世界范围内得到较为普遍的应用。仅在2016年美国就有上千所学校开始使用项目式教学取代传统教学法。2019年，我国《国务院办公厅关于新时代推进普通高中育人方式改革的指导意见》提出要注重"项目设计"等跨学科综合性教学，② 同年中共中央、国务院印发《关于深化教育教学改革全面提高义务教育质量的意见》，提出开展"项目化学习"。③

---

① 刘育东.国外项目式学习的历史沿革及发展趋势[J].教育理论与实践，2019，39(19).
② 国务院办公厅关于新时代推进普通高中育人方式改革的指导意见[J].人民教育，2019(Z2).
③ 中共中央国务院关于深化教育教学改革全面提高义务教育质量的意见[N].人民日报，2019-07-09(1).

2020年年末，上海市教委宣布正式启动"义务教育项目化学习三年行动计划"①。作为教育改革的风向标城市，上海市极有可能释放了一个重要信号，并将加快其他地区的推进步伐。

项目式学习正作为重要课程教学理念嵌入各国国家课程纲要。芬兰2016年新的国家课程纲要强调用跨学科整合式的教育打破科目壁垒，培养学生横贯能力，通过专题式项目式学习帮助学生应对未来需求。同样，新西兰2010年实施至今的国家课程纲要中，倡导通过项目式学习的理念进行课程设计与教学改革，例如在课程纲要中以学习领域的概念代替学科的概念，侧重学生个体参与和贡献度。② 我国《义务教育课程方案和课程标准（2022年版）》特别强调要注重"做中学"，积极开展主题化、项目式学习等综合性教学活动，发挥一个教学活动多方面的育人价值，促进学生举一反三，融会贯通，形成正确价值观、必备品格和关键能力。③

四、项目式学习未来的发展趋势

随着工业革命4.0的到来，人工智能正在被广泛运用于各个领域。科技的发展不仅使社会各领域发生巨变，而且正在推动教育走向一场更为深刻的变革。随着全球化趋势的日益加强，世界各国都在通过教育变革探讨学生核心素养和全球胜任力的培养问题，于是项目式学习成为各国课程教学改革探索的现象级主题。未来，我们认为项目式学习会呈现出以下发展趋势。

（一）项目实施从规范到升级

虽然项目式学习提供了培养21世纪技能和核心素养的实践机会，但由于实施难度大、效果不明显、易受到冲击等因素，致使学校中的教师和学生常常无法做到专注与深入。但在未来的发展中，随着教师资源质量的提高、人们教育理念的转变，项目式学习会在教学中逐步常态化，带动项目式学习的实施过程更加规范、专业，并走向深入。在此基础上，随着技术支持与资源支持更加丰富，项目式学习会得到持续创新与升级，逐步走向"挑战式学习"，

---

① 上海发布义务教育项目化学习三年行动计划[J]. 中小学信息技术教育，2020(11)：6.
② 宋佳，张佳. 全球教育变革的六大趋势与挑战[J]. 人民教育，2020(Z3).
③ 中华人民共和国教育部. 义务教育课程方案和课程标准（2022年版）[Z]. 2022-04-08[2022-05-05]. http://www.moe.gov.cn/srcsite/A26/s8001/202204/W020220420582343217634.pdf.

即通过教师与学生一起设计自己的项目、贯穿对技术的使用，以及投入更加广泛的社区环境，针对直接影响他们生活的实际问题设计方案并实施，进一步增强学习的相关性、创造性、协作性和挑战性。[①]

同时，项目式学习的综合性、创新性、过程性和复杂性也为很多一线教师的教学带来了挑战。项目离不开设计，教师们希望能有一种模型帮助他们更好地设计他们的项目。近年来，设计思维作为一种心智框架引起了越来越多的教育者的关注。设计思维是一种以人为本的创造性解决问题的方法，旨在帮助学生以反映现实世界设计过程的方式参与真实的项目，并在设计的过程中发展思维。设计思维所提供的思路和步骤可以使项目式学习的设计更具操作性、创新性、持续性和深度。[②] 因而，它成为项目式学习的高标。

（二）相关的理论体系将更加完善

很长一段时间以来，尽管各类专家学者对项目式学习的内涵与价值进行了研究，但仍然没有形成一套完整的理论体系，在教师的实际操作层面也缺乏有效的理论指导。随着人们对项目式学习研究的加深，对其规律的挖掘与理论精髓的提纯，一套适应创新人才培养的、本土化的、多元化的项目式学习理论将更加清晰。其中包括针对教师的发展与培训理论，针对课程框架的构建理论，多元评价体系和评价指标的研究理论等。这些内容共同构成一个完整的理论体系，指导一线项目式学习的落实，逐步扎实与丰富其理论支撑框架。

（三）形成基于信息技术的合作共同体

随着数字技术的迅猛发展，学习的物理空间被无限扩展，学习成为一种随时随地都能发生的泛在活动，这为学术团体间的相互交流学习，项目式学习的创新与发展提供了充分的技术支持。因此，我们认为，在未来的发展中，项目式学习领域会在科技的飞速发展下创造出覆盖范围更广的合作共同体，会通过计算机等高科技设备的应用打破学习时空限制，为教师与学生提供混合式学习的环境，实现学习资源、课程资源、教师资源等方面的合作与共享。

---

① 库奇，汤等. 学习的升级[M]. 徐烨华，译. 杭州：浙江人民出版社，2019.

② SPENCER J. PBL by Design-Exploring the Overlap of Project-Based Learning and Design Thinking [EB/OL]. 2022[2022-06-01]. http://spencerauthor.com/pbl-by-design/.

这将进一步促进培养具有可持续发展的创新人才的目标的达成，也将以学习方式的重塑促进教育公平，为全球性的教育变革做出贡献。

由项目式学习的历史走向它的未来，无论是初期先进的理论思潮，还是功利性的实践尝试，都赋予了项目式学习强大的生命力，我们确信这种教学方式的巨大价值。随着未来社会的迅猛发展，在信息技术和人工智能的加持下，项目式学习必将焕发出新的活力。期待项目式学习在理论研究领域越来越具有深度，教学实践领域越来越成熟；在人才培养，促进教育改革，满足人民对教育日益增长的需求中发挥越来越重要的作用。

第二节　项目式学习的基本内涵

什么是项目式学习？它与传统的课堂教学相比有何不同？相信对于刚刚接触项目式学习的教师而言，这是一个大大的问号，也是教师在教学实践之前首先要理解的问题，只有理解其本质与内涵，才能把握实践在正确的轨道上。

一、解读概念，准确认识内涵要义

通常情况下，我们会看到这些关于项目式学习的定义：

"一种关于'教'与'学'的模式"；[①]

"一种基于建构主义理论的情境化学习方式"；[②]

通过创设驱动性的问题情境，设计具有实际意义的任务——项目，引导学生通过解决问题，开展自主、合作、探究的学习活动；

学生要在一段时间内调查、回应一个需要参与其中的、复杂的问题，从中获取知识和技能，并将研究成果进行外显形式的展示；

……

在这些关于项目式学习的概念中，一些词语显得较为陌生，如"建构主义""情境化""项目"，对这些核心词汇的理解是我们认识项目式学习的基础。

[①] 胡佳怡. 从"问题"到"产品"：项目式学习的再认识 1[J]. 基础教育课程，2019(9)：29-34.

[②] 索耶. 剑桥学习科学手册(第二版)[M]. 徐晓东等，译. 北京：教育科学出版社，2021：285.

(一)定义"项目"(Project)

对于"项目"这个词我们应作何理解？它是课堂当中的一道思考题，还是老师布置的一项家庭作业？答案是否定的。

从词源角度出发，"项目"一词在《现代汉语词典》和《古今汉语词典》上的解释都是指事物分成的门类，与国外常说的"project"意义更接近的是辞典中的"工程"一词，含义为需要投入人力和物力的建设项目。[①]

从管理学角度出发，美国项目管理专家约翰·宾(John Ben)等人认为项目是在一定时间里，在预算规定范围内需达到预定质量水平的一项一次性任务。[②] 而杰克·吉多(Jack Gido)和詹姆斯 P. 克莱门斯(James P. Clements)认为项目就是以一套独特而相互联系的任务为前提，为实现一个特定的目标而有效利用资源所做的努力。[③] 这些学者都将项目看作有时限的，以任务为主线最终达成一个目标，而目标最终以产品的形式来呈现给客户。表述的区别在于，宾等人认为，项目是一个一次性任务，而吉多等人认为项目是由一个个相互联系的任务构成，组成一个完整的任务系统。

从教育学角度出发，巴克教育研究所(Buck Institute for Education，简称BIE)、夏雪梅、斯托勒等学者阐明了项目的教学地位和时间跨度，即项目在教学中占主体地位而非传统课程的附属品，澄清了项目可大可小，单学科的小项目时间最短要超过一课时，可以是一至两周，跨学科的大项目时间可以是半年到一年。而格兰特·威金斯(Grant Wiggins) 和杰伊·麦克泰格(Jay Mc Tighe)等人不仅肯定了项目包含学生的作品，还指出项目是聚焦在智力挑战的复杂集合，有助于教师区分"项目"与"非项目"，即项目要求学生既"动手又动脑"。[④]

综上所述，项目式学习中的"项目""Project"，是管理学科中的"项目"在教学领域中的具体运用。两者的不同之处在于，教育领域中的"项目"并不是一次性的任务或任务系统。学生在完成一个项目之后，需要开展下一个项目，

① 刘景福. 基于项目的学习模式(PBL)研究[D]. 江西师范大学，2002.
② 刘易斯. 项目经理案头手册[M]. 王增东，译. 北京：机械工业出版社，2001.
③ 吉多，克莱门斯. 成功的项目管理(第三版)[M]. 张金成，译. 北京：电子工业出版社，2007.
④ 威金斯，麦克泰格. 追求理解的教学设计(第二版)[M]. 闫寒冰等，译. 上海：华东师范大学出版社，2017.

结束只是暂时性的。完成的项目将作为下一个项目的经验和知识支撑，学生将在项目的不断完成中，使深度学习变为可能。前人对于项目的概念界定规范了后续研究的项目时长和项目的目标指向。

(二)解读"项目式学习"内涵

项目式学习的界定很多，BIE、斯坦福大学的琳达·达林和哈蒙德(Linda Darling-Hammond)教授等人都有过阐述，BIE 将其界定为：一套依据课程标准的教学方法，是对复杂、真实问题，设计项目作品的探究过程；哈蒙德教授指出，项目式学习旨在让学生在项目活动中获得解决实际问题的方法，这些问题通常都是劣构的。

这些早期对项目式学习的研究影响了香港教育署课程发展处、夏雪梅等对其的认识。研究者普遍认同：项目式学习是一种教学方法，强调以下要素：真实的驱动问题和情境；协作小组；促进问题解决的多种工具和资源。[①] 但在项目式学习的学生素养提升与制作产品的关系层面尚存在分歧。上述 BIE 代表的研究者们既关注到了项目式学习对学生素养的发展作用，也强调了产品可作为评价学生所得的重要依据，较全面地阐述了项目式学习中各要素及它们之间的关系。而在实践操作中，很多教师认为项目式学习是学生以制作作品为目的的探究性学习模式。他们注意到了最终产品的价值，但未能阐明素养与产品之间的关系，弱化了项目式学习过程中的产品制作以及背后的素养提升的价值。

总体来说，项目式学习以建构主义为理论依据，通过"项目"的载体，将教师和学生纳入一个真实的解决问题的场景当中，学生通过扮演特定的专业角色并借助多种资源开展有意义的探究活动、制作有形的产品，以完成对知识意义的建构，实现学生综合能力与核心素养的培养。

二、特征分析，感知由"问题"到"产品"的教学模式

项目式学习以"做项目"的方式让学生主动参与到对知识的学习与建构当中。但项目式学习不等于"做项目"。它要从一个不易回答的问题开始，到一个回应问题的成果或产品结束，构成一个由"问题"到"产品"的学习闭环。这

---

① 夏雪梅．项目化学习设计：学习素养视角下的国际与本土实践[M]．北京：教育科学出版社，2021．

种模式有别于传统的课堂教学，在趋近于真实的问题解决中，让学生真正成为学习的主人，让学习活动变得更有深度。

(一)学习开始于一个"好"的问题

在传统课堂中，我们经常看到教师以问题开启自己的教学，如"在刚刚过去的中秋节中，你做了哪些有意思的事情？想一想湿衣服放在太阳下与放在阴凉处哪个干得更快？为什么？如果你是爱迪生，在失败了这么多次后还会继续做实验吗……"但这些问题对于学生来说难度很低，只需要片刻思考便可做出回答，且其作用往往是一个"引子"，用以引出本课主题。

在项目式学习中，教师往往会将学生暴露于自然的问题情境之中，从中与学科领域的主要内容相连。[①] 因此，教师同样会以"问题"为开端，但这个问题对于学生来说有一定的难度，能够激发学生的挑战欲，同时问题贯穿始终，发挥着提纲挈领的作用。比如在 BIE 的 PBLWorks 项目库中有一个关于"创新许可(Creative License)"[②]的项目，老师提出的问题是"书或电影，哪个更好？"这一问题对于学生来说不是短暂思考就可以得出结论那么简单，他们必须经过一系列探究与讨论才能得出结论。学生为了回答这一问题，就要阅读原著并观看由原著改编的电影，如《哈利·波特》。在此基础上，学生还要自行制定"好"的标准来评判电影是否超越了原著。虽然在实际的项目开展中，学生最终并不是要对"书或电影，哪个更好"的问题做出二选一的回答，而是在项目中通过跨媒介学习，了解不同艺术形式的特点，进行艺术鉴赏，发展审美创造能力，并知道在鉴赏中要求同存异，提升思辨能力，而这正是新版课标尤为重视的核心素养。

通过以上案例我们可以看出，"问题"是一个项目的心脏，一个"好"的问题必须具有挑战性，指向核心素养，使学生始终围绕问题进行思考与探索。因而这些问题往往是现实生活中真实存在、基于大概念的，其复杂程度和抽象程度较高，如，"我如何撰写一篇反映我生命中重要经历的史诗？""作为一名科学家，我如何设计实验来揭穿一个广为流传的科学流言"等。这些问题能够充分调动学生的兴趣与挑战的欲望，他们能够像真实世界中的科学家、历

---

① 布兰思福特等. 人是如何学习的：大脑、心理、经验及学校(扩展版)[M]. 程可拉等，译. 上海：华东师范大学出版社，2013.

② Buck Institute for Education. Creative License Which is better the book or the movie? [EB/OL]. [2024-01-28]. http://my. pblworks. org/project/creative-license.

史学家、文学家一样参与到真实而有意义的问题解决当中，承担"在校学生"这一身份之外的专业角色。他们解决问题的情境与专家解决问题时所处的复杂的社会情境相似，同样地，他们也在模仿学科领域专家解决问题的思维与行为模式。这一解决问题的过程能够激起学生积极的学习动机和高级的社会性情感，催生独立的思考与创造，并在对真实问题的实践探究中成为优秀的学习者。

(二)学习的过程综合、持续而深入

学习过程的综合性、持续性和深入性是项目式学习区别于传统教学方式的重要特征之一。目前来说，单学科制的课堂教学在学校教育中仍然占据主流位置。教学内容由学校制定，教学的过程往往被简化为教师的"传"与学生的"输"，学生的学习被每一个 40 分钟或 45 分钟分割为小单位，在单位时间中完成对不同科目知识点的理解、记忆或运用。

与之相比，项目式学习在内容上更为综合，它打破学科边界，将多个学科融入一个场景，更加贴合真实的生活经验。学生通过一个项目的持续探究，有可能是几堂课，也有可能是几个星期，运用、巩固多门学科的知识，提高学科素养。

在过程上，项目式学习一般采用小组合作的形式推进，因此学生需要具备合作的思维方式与能力。学生在小组合作中享有高度的自主权，能够自主决定小组成员的分工、研究的方向、产出的成果等。教师的任务是参与到学生的研究当中，适时提供指导和帮助，运用各种各样的教学策略支持学生学习，为学生提供学习的脚手架。教师和学生在持续的学习过程中逐步接近问题的真相，最终以一个"产品"的方式回应初始的问题，形成一个完整的、具有延展性的学习闭环，并建构起自己对事物的认识和理解。

(三)学习的结果开放而多样

在一个阶段的学习过后，项目式学习将会以学生对不同"产品"的展示而结束，这也是项目式学习区别于传统教学的显著特征。在很长一段时间内，学生的学习成果被视为"分数"，分数的高低成为判断学习效果的主要指标。以分数为导向的教与学不仅造成了标准划一的困境，而且将学习变为机械的记忆与再现，阻碍了学生的全面发展。学习科学的研究表明，学生在创造产

品的时候学习效果最好，这一产品是知识建构的外在表现。①

项目式学习则为学生提供了一个没有标准答案的学习环境，在开放的学习环境下，学生可以有自己独立的思考和认识，并有机会将之转化为有形的、可见的"产品"与大家分享。如"出版自己的电子书"项目，学生被要求"撰写一本关于自己的电子书"。在了解了构成身份的核心要素，以及形成了对自身的身份认同后，学生开始了个性化的创作，如有的同学热爱网球，就会强化相关研究，并将自己对网球的研究报告呈现在书中。项目完成之际，学生像集市摆地摊似的将自己的作品展示出来，他们邀请自己的家长、朋友来参观，并在人家面前做演讲报告。在这个项目式学习中，学生通过五花八门的"产品"展现了对自己的认知和理解，提高了自己在写作、审美、设计、演讲等方面的素养和技能。

项目式学习以开放的结果再现了真实世界中问题解决的场景，激发起学生的兴趣与探究欲望。出版物、陈述、报告、发明、表演等多种形式的成果，更加生动地诠释了思维多样性与创造性，学生在呈现自己的研究成果的过程中，能够充分展现自己的个性与特长，体验学习的乐趣与价值。

在由"问题"到"产品"的推进过程中，项目式学习以"问题"为主线串联起学生的探究活动，在此过程中，学生成为学习的主人，经历了学习价值的创造与实现，在一个开放的学习环境中，学生的奇思妙想与学习内驱力得以激活，通过"做项目"的方式实现了深度学习和素养提升。

三、辨析同类，区分易混淆概念

项目式学习与我们常见的一些课程形态或多或少有些相似，但实际上，它们之间既有相同又有差别，了解这些异同，有助于我们更好地识别什么是项目式学习，避免概念上的混淆。

（一）项目式学习与综合实践活动

首先，二者最大的区别在于目标的设定。综合实践活动是课程层面的概念；而项目式学习则侧重于教与学的方式。综合实践活动课虽然强调对知识的综合运用，但很少从预定的学科课程目标入手，而是常常围绕某个开放性的主题或问题来展开，随着活动的不断展开，学生的认识和体验不断加深，

---

① 索耶. 剑桥学习科学手册(第二版)[M]. 徐晓东等，译. 北京：教育科学出版社，2021.

新的目标、新的问题、新的主题不断生成，创造的灵感与火花不断迸发。而项目式学习在项目开始前，教师就要依据学科的课程标准和关键知能，设置明确的项目目标，并考虑如何实现目标，如何检验目标的达成程度。其次，综合实践活动以外显的活动为载体组织学生的学习；项目式学习则包含多种学习的方式，活动只是其中的一种。

(二)项目式学习与基于问题的学习、探究性学习

项目式学习与基于问题的学习都可以被称为 PBL，只是 P 所代表的含义不同，前者表示的是 project，后者表示的是 problem。二者都是起始于一个具有挑战性的问题，并具有非常多的相似之处，如学生处于真实的任务中，需要学生长期以小组的形式工作，为学生的自我反省和自我评价提供充足的时间和方法等。但二者最大的不同在于"产品"或成果的不同。"产品"是项目式学习中重要的组成部分，学生需要用这个"产品"解决开始的问题，并能在现实的生活或工作场景中使用。而在基于问题的学习中，学生需要呈现的是问题解决的方案，而不必形成一个最终的"产品"。

很多时候，基于探究的学习环境，教师往往在某个教学环节，以一种孤立的布置任务的方式介绍课程主题。在许多情况下，呈现的主题彼此之间是割裂的。这导致学生仅能构建缺乏整合的表层知识。项目式学习的一个重要特征是真实性，当给学生介绍真实世界问题的时候，他们有机会应对主题的复杂性和参与深度学习。通过这种方式，学生可以在各种关于中心议题的观点之间创建联系，建构具有整合性的理解。为将来的学习做好准备。[①]

(三)项目式学习与主题式教学

二者最大的差别在于主题的选择。主题式教学往往围绕一个来源于学生生活经验的话题展开，这个话题是为学生所熟知的，从而打通了书本世界和真实世界的界限，并实现了整合多学科的、零散化的知识。主题式教学可以是多学科从不同视角进行教学，有时候各学科之间的融合度不够。而项目式学习的主题虽然也来源于真实的生活，但这个主题对于学生来说是不易解决的、具有挑战性的，其本质是一个涉及复杂内涵的核心概念和关键知能，学生就这一问题提出解决方案，并创作出相应成果。

---

① 索耶. 剑桥学习科学手册(第二版)[M]. 徐晓东等，译. 北京：教育科学出版社，2021.

(四)项目式学习与研究性学习

项目式学习与研究性学习具有很高的相似度，其学术定义几乎重合，其区别在于二者的侧重点不同。研究性学习更强调学生经历体验科学研究的完整过程；较多涉及科学思维，鼓励学生拓展知识、运用知识解决问题；有时与学科联系紧密，有时完全超越学科，呈现更为开放的、超越课程标准的学习；允许个人独立研究。首先，项目式学习虽然也十分关注过程，但其作品意识更强，更加注重学生对工程思维与设计思维的体会与经历；其次，项目式学习强调基于课程标准确定学习目标，旨在促进学生对核心知识的理解，形成自己的意义建构；最后，项目式学习注重学习活动中的社会性成长，不建议学生个人研究，希望学生在体会社交的过程中学习，学会沟通与合作。[①]

四、关于项目式学习的迷思概念

目前对于项目式学习的概念，尚存在一些误解与不全面的地方，集中表现如下。

(一)认为项目式学习是一道"甜点"

很多情况下，项目式学习被认为是学校课程的补充，是锦上添花的部分，比如教学单元之后的一个有趣的活动或应用型学习。实际上，这种观点是错误的。我们必须明确，项目式学习是"主菜"而不是"甜点"。在某种程度上，项目是课程的核心，并用以推动教学。作为一种教学方法，它应该占领所有学科的阵地，而不仅仅局限于拓展性课程、主题实践课程等领域。

(二)认为项目式学习是基于一定主题、概念、时间段、文化、地理区域下一系列相关联的活动

这种观点只看到了项目的主题或多样化的活动，但没有看到这些活动的内在联系。真正的项目式学习应指导学生在探究中回答核心问题、解决问题或迎接挑战。例如，在一个关于文艺复兴的跨学科单元中，老师要求学生们根据达·芬奇的画制作一台机器的模型、撰写并展示一位著名艺术家的报告、表演一部关于历史事件的化妆剧。这些活动虽然基于特定的主题，却不是真正意义上的项目式学习。如果它们能有机组合在一起，帮助学生发展并提出

---

① 张丰. 重新定义学习：项目化学习 15 例[M]. 北京：教育科学出版社，2020.

一个核心问题，比如文艺复兴是一个重生的婴儿，还是一个全新的婴儿？在这种情况下，该单元才是真正基于项目的学习。

(三)认为项目式学习是"做某事"或"动手学习"或"做活动"

"做项目"就等于项目式学习这一观点最具有迷惑性。我们常常下意识地认为有了动手实践，项目式学习就发生了。然而，那并不是真正的项目式学习。虽然，项目式学习通常专注于创造产品，但它必须涉及其他智力挑战性任务，让学生专注于研究、阅读、写作、讨论和口头陈述等活动，即聚焦于学习本身。如果学生只是简单地对一本小说进行拼贴、构建金字塔模型、分析湖水样本或者测量和计算建筑物的几何结构，那就不是真正的项目式学习。而只有通过这些活动能够帮助学生应对复杂的挑战，开发并得出一个核心问题的答案，才能成为一个真正的项目。

总之，项目式学习与上述各种学习方式之间在意义的旨归上有颇多重合，但项目式学习有以下两个侧重点。一是项目式学习的中心词是"学习"，即指向概念的深化与转变，因此项目式学习中的核心知识和关键能力占有核心地位；二是项目式学习强调有形的、外显的学习成果，在从"问题"到"产品"的跨越中打破了课堂的边界和学科的边界，实现了大概念下的深度学习。它让学生在完成作品的过程中，学习新知识、运用新知识。当然已有的知识作为基础，也会在项目中得到运用；它让学习的场域变得"无边界"，可能发生在教室，可能发生在实验室、体育场，也可能发生在社区、社会，为学习的个性化、多样化提供更多的可能。在越来越多、越来越深入的研究与应用中，项目式学习必将在不断完善中服务于更多的学生。

我们通常借助以下表格来分析某个项目式学习的特征(见表 2-1)，通过这个表格我们能够直观感觉到项目式学习相较于其他教学方式的差异，以及项目式学习鲜明的特征与风格。

表 2-1　项目式学习特征分析表

1. 在这个项目式学习中，学生的产出成果有哪些？	
2. 哪些标准与这些成果相一致？	
3. 这个项目着重何种知识领域和哪些关键知识概念？希望达到什么目的？	
4. 在这个案例中，学生的哪些能力得到了发展？	

续表

5. 项目的背景是什么？（比如：在什么课程、哪个/哪些年级设置？历时多长时间？）	
6. 教师为这个项目设置了哪些任务情境，以吸引学生参与进来？	
7. 这个项目涉及哪些受众人群？是校内还是校外？	
8. 在这个任务中，学生会面对和使用哪些材料/资源？资料来源是否足够丰富？	
9. 在这个案例中，教师为学生的发展搭建了哪些脚手架？教师是如何分解任务链以帮助学生完成任务的？	
10. 教师是如何评价学生产出的作品的？	

第三节　项目式学习的意义

项目式学习作为一种具有重要价值和推广潜力的教学模式，正逐渐受到广泛的关注。它所具有的独特教学价值，对于促进学生全面发展、教师专业进步以及推动传统教学模式的改革都具有深远的影响和积极的作用。

一、项目式学习之于学生成长的意义

诸多研究表明，项目式学习使学生在应用和概念上表现优异，在解决现实问题中表现良好。之所以能够取得理想的学习效果，在于项目式学习的应用让学习回归真实的状态，让学生在解决真实世界的问题的过程中把握核心知识，形成核心素养。而这恰恰是时代发展的需要，更是培养未来人才的需要。可以说，项目式学习为孩子适应未来的世界、创造更美好的未来提供了一把钥匙，它使教育重新关注学生的探究、实践与创造，其最大的意义如下。

(一)让学习走向真实：真实的世界是不分学科的

当学生坐在课堂上进行不同科目的学习时，我们是否想过真实世界中的问题是不分学科的。无论是发射一个航天器，完成一次产品的销售，还是处理朋友间的矛盾与摩擦，都需要多方面智能的参与和支持，涉及知识、情感、道德、品质等的综合运用……

一个完整的人的生活是不分科的，但科学的发展是分科的。在分科教学仍占据主流的背景下，学生在课堂有限的时间和空间内鲜有动手实践的机会，造成学生创新精神与实践能力的不足；加之当下教育教学碎片化现象突出，呼唤教育重新回归到自然、真实、整体上来。基于这样的背景，我国的教育改革、评价改革均强调了学生核心素养、综合能力与创新思维的培养，促进教育教学做出相应的变革。

项目式学习以真实世界中的问题为出发点，加强学科间的整合，重视学生对真实问题的研究，以及对知识的综合运用，尽可能将学习内容和现实世界关联起来，提升学生在项目中的参与度，最终让教育走向真实，让学习走向真实。

北京良乡四小"打造'绿色环保'多功能活动空间"案例中，校长针对学校三层小阳台一直没有开发和利用这一现象，向三四年级全体学生进行征集设计方案：假如你是设计师，你将怎样为学校的三层小阳台设计一个绿色环保的公共空间，来满足我校师生休息、娱乐、阅读、校园文化展示等多功能需求。学校最终将从中筛选出满足以上主题和功能的设计图纸并加以利用，同时，向小设计师颁发证书和奖励。这个项目涉及数学、美术、语文、工程、技术等学科，学生经过项目的实施操作，在多学科知识与技能的综合运用中收获与成长。在对空间的环保设计中，学生还达到了以下几点的科学课标的要求：1. 能够使用简单的仪器测量物体的常见特征，如长度、重量、体积、温度等，并使用恰当的计量单位进行记录。2. 对常见植物进行简单分类。列举当地的植物资源，尤其是与人类生活密切相关的植物。3. 动植物之间、动植物与环境之间存在着相互依存的关系。4. 知道周围所有的生活用品都必须经过设计和制造这个环节。5. 利用身边的常见材料制作简单的工具和器具。6. 操作和使用简单的测量仪器，如温度计、测力计、量筒、量杯等。7. 在设计的时候，分析可利用的资源。8. 简单评估完成一个产品或系统的重要因素，预想使用效果。9. 知道人们的生活和工厂生产会产生对环境有害的废物。[①]

---

① 案例来自北京市房山区良乡四小。

(二)让教育走向实践："知"与"行"需要合一

"讲得一事，即行一事，行得一事，即知一事"。[①] 知行合一并不是空洞虚幻的哲学思想，而是一个实用的方法论原则，为走向实践的教育教学和 21 世纪学习的革命提供了理论依据。

在传统的教学模式中，学校关注对学生"双基"的培养，对学生应知的重视大于对应会的重视。学生虽然基础扎实，但容易出现动手能力不强、实践能力薄弱等问题，导致进入社会中会出现各种"不适应"。然而"后教育的世界里没有作业，只有项目"。[②] 这就要求我们应该把重心从应知转移到应会。项目式学习则恰当地解决了"知""思""行"的统一问题。

它以"真实的世界""真实的问题""真实的获得"为特征，让学习的过程无限接近于真实的问题解决的过程，赋予学习以现实意义。在参与主体与空间上打破了以往封闭的模式，将学生、学校和社区连接在一起，让学生在与他人的合作、职业的体验以及专业的实验下走向知行合一，实现在做中学和学以致用。

河南省南阳市第十五小学在"遨游汉字王国"项目中，项目是与学生身边的事息息相关的，学生需要充分利用地方特色教育资源，去采访调研，以得出真实的数据促进项目的顺利进行。在最初的流程设置后，大家发现了以下问题：学生对汉字的相关知识知之甚少，只停留在教材所给的有限范围内；学生搜集的资料大而广，针对性不强，内容不聚焦；大多数学生采用了网络搜集资料的方法，资料的权威性无法保证。通过反思总结后，大家修改了流程，让学生了解收集资料的方法，引导学生要尽可能根据自己的实际情况，选择合适的途径完成收集，并注意资料来源的权威性，同时加强实地考察，如在街头巷尾、文旅景点等亲自调查，并将调查结果以调研报告和建议信的方式向有关部门反映，并得到了相关领导的大力支持，从而带动了全市文旅产业、文博场所和景区汉字书写错误及使用不规范问题的自查自纠活动。看似一个小小的修改，却激发了学生的学习欲望，看到了学习的意义与自身的关系，强化了学生的实践性、体验性、选择性，不仅让学生在对资料的收集

---

① 黄高才，余雪梅.中国文化教程[M].西安：西安交通大学，2015：239.
② 伦兹等.变革学校：项目式学习、表现性评价和共同核心标准[M].周文叶，盛慧晓，译.长沙：湖南教育出版社，2020：57.

问题上又有了新的认识，最终在完成项目后，促进学生认识了家乡、涵养了家国情怀。正所谓："小小红领巾文明城市显担当。"①

项目式学习在"真实"情境下，让学习成为一个具有自然意义的整体。学生不仅在解决现实问题的过程中掌握知识与技能、提升素质和能力，体验到学习的价值与创造的乐趣；更体现了作为未来公民的责任与担当，真正实现了立德树人。

(三)让思维走向高阶：以高阶认知策略应对未来的挑战

认知策略是指学生用来监控自己认知过程的技能。现实世界中的问题往往具有多维性与复杂性，特别是面对未来全球化 3.0 时代，各种问题与矛盾更是跨越国界与文化的。简单的识记、收集与整理已经无法满足现实及未来的需要。学生需要高阶认知策略来应对未来的挑战。

在罗伯特·J. 马扎诺(Robert J. Marzano)和黛布拉·J. 皮克林(Debra J. Pickering)的学习维度框架中，高阶的认知策略包含解决问题、创见、决策、实验、调研、系统分析等六大类别。② 如何在教育中贯穿对学生高阶思维的培养？项目式学习通过提高教育目标的概念性，增强内容的深刻性，丰富活动的层次性与多样性，实现了学习状态、学习内容、学习方式、学习结果的转变。同时，项目式学习关注的重点在于对关键知能的深度探究、问题解决与创见，而不仅仅是对知识的理解与应用。

在问题解决的过程中，学生的学习状态由被动变为主动，由接受转向探索；在学习内容上，整合学科内或跨学科的项目设计，对学生的思考与认知提出了更高的要求，促进了学生的深度思考与理解；在学习方式上，学生需要知行合一，参与解决一个真实与综合的问题；在学习结果上，学生需要建立模型、设计方案等，以实践创新解决真实问题。这一过程让学习由标准答案转变为解决方案，由机械的传递走向深入的探究，学生的成长性思维和内驱力得到激活与发展，能够以高阶策略驱动低阶，享受高效学习的乐趣。

如在"美妙的声音"这一项目中，学生需要运用所学知识制作一款小乐器。整个工作过程学生需要了解工程设计的过程、根据要求设计自己的小乐

---

① 王丙双. 市十五小：小小红领巾文明城市显担当[EB/OL]. (2022-06-29)[2024-01-28]. http://hnny. wenming. cn/wcnr/202206/t20220629_7685972. html.

② 马扎诺，皮克林. 培育智慧才能学习的维度教师手册[M]. 盛群力等，译. 福州：福建教育出版社，2015.

器、根据设计图纸制作小乐器并初次测试小乐器的性能、修改（或再建造）和再测试小乐器等工作。整个工作的过程涉及复杂的分析与思维的创新，是高阶认知策略运用的典型。①

(四)让学生走向全人：促进核心素养的生成

学校教育的目标应始终把培养人的素养放在首位。正如爱因斯坦所说："教育就是当你把学校所学的都忘光了之后还剩下的东西。"②面对社会对人才的要求，学者展开了如厘清概念、阐释内涵、建构理论等丰富的理论研究，深化了教师对于核心素养的理解和认知。然而，当新的教育理念已经具备，如何将理念转化为相应的教育实践，便成为新的教学难题。③项目式学习针对学生的核心素养的培养这一点很好地给出了答案。

项目式学习之所以在我国获得如此推广，就是因为项目式学习指向学生核心素养的生成，在发展学生主体性、促进其生活化的基础之上提高其综合能力。同时，它也推动了传统教学活动的改变。"不鼓励对惰性的学科科学事实的记忆，而是鼓励学生通过与学科知识和认识方法的接触来发展对科学内容的深度的概念化的理解。"④

在项目式学习中学生运用已有知识经验和能力发现问题、分析问题、解决问题，又在此过程中习得了新的知识、技能、情感等，使核心素养真正得以落地。其强调为学生设计挑战性问题，构建安全健康、充满关爱、尊重且积极向上的课堂文化，为每一位学生的发展提供支持，使学生在完成项目后可以缩小原先的知识和技能与期望的知识和技能之间的差距，实现共同进步，并促进学生全员、全人发展。⑤

项目式学习的设置就是从人的角度出发，培养全面综合的人，助力他们走向社会后能够成功地应对人生各个阶段的挑战，用核心素养去创造未来的健康幸福生活。一个成功的项目能够引导学生以不同的方式参与或看待世界，

---

① 案例来自北京市海淀区中关村三小张海龙老师，后文不再标注。
② 匡清鹏. 地理教育与"学力"培养[J]. 考试周刊，2011(21)：161－162.
③ 刘静. 项目式学习的教学意义及其实现研究[D]. 山西大学，2020.
④ 索耶. 剑桥学习科学手册（第二版）[M]. 徐晓东等，译. 北京：教育科学出版社，2021：585.
⑤ 哈蒂. 可见的学习——最大程度地促进学习[M]. 金莺莲等，译. 北京：教育科学出版社，2016.

了解关于世界运作方式的新知识；以不同的方式与世界互动，并看到其他人如何以不同的方式与世界互动。

首都师范大学实验小学王韬副校长认为项目式学习通过解决问题的实验操作、学习论坛、学习共同体研究等学习方式培养了学生的科学探究能力。研究报告、微电影、小模型等学习成果体现了学生学习的创造性。学习成果交流及评价中的展示、答辩、表演等，促进了学生思维能力的提升及核心素养水平的提高。特别是能与我校的育人目标——培养有梦想、能自主、会生活的蓬勃少年和致远教育理念、课程体系有机融合，体现了学校在落实国家"双减"政策中的决心、智慧与探索。

我们看到，在现实的推广与应用中，项目式学习在一定程度上改变了长期以来"窄化"的课堂教学模式，有效促进了学生核心素养的形成，逐渐成为课改的发展趋向。让学习真实地发生，让学生全面地发展。相信在未来的课改进程中，项目式学习一定能够在促进我国教育质量的提升和未来人才的培养方面发挥日益重要的作用。

二、项目式学习之于教师发展的意义

项目式学习对教师要求很高，无论是教师的人文素养，还是教师的系统思维等，所以实施项目式学习不仅是利于学生的，对于教师的个人专业成长同样是意义重大的。

(一)项目式学习推动教师专业发展

在项目式学习中，教师的角色不再仅仅是传统的传道授业解惑者，也不再是单纯的知识最丰富的人。相反，教师更多地扮演着导学者、组织者和合作者的角色，直接参与到学生的学习过程中。这种转变对教师的知识能力和综合能力提出了更高的要求。为了更好地发挥引导作用，教师需要不断提升自身的综合能力，以应对项目式学习中的各种挑战。

首都师范大学实验小学王韬副校长对此感受颇深。她认为项目式学习的开展也在改变着师生关系和学校的育人生态。在开展项目式学习研究期间，通过专家团队的指导，教师的教学观念和师生关系在发生变化。教师越来越多地关注学生在真实情境中解决问题的能力。他们能及时捕捉学生对真实生活的观察与思考，将其开发成探究项目；他们学会了设计课程规划，自主研发探究课程，引导学生综合运用各学科所学习的知识与技能，使学生在探究实践中，学会生活、学会学习。在这个过程中师生之间、生生之间、师师之间组建了学习共同体，师生交流的方式也在悄然发生着变化，在行动中促进教师的专业发展。

(二)项目式学习推动教师团队的发展

项目式学习的一大特点在于项目主题的设计，这些主题不仅涵盖不同年级同一学科内的知识联系，还涉及同一年级内跨学科的知识整合。这样的设计模式对教师提出了更高的要求。仅凭一己之力，教师难以应对整个项目的需求。因此，教师之间的合作显得尤为重要，教师只有通过相互学习、共同谋划，才能实现项目的顺利进行。这一过程不仅推动了教师团队的整体发展，也加强了教师之间的交流与合作，能够有力地推动教师队伍的高质量发展。

首都师范大学实验小学虞蕾等老师说：在项目式学习中，我们不同学科的老师密切配合，没有"主角"与"配角"，没有主科与副科，而是根据教学目标选择合作策略，根据学生表现实施调控，以学生能够达成学习目标作为宗旨。这样的合作提升了项目式学习课程的品质，同时，老师能对学生言传身教，学生也能潜移默化地学到合作策略。

其实，无论是学生之间的合作，还是教师之间的合作，抑或师生之间的合作，都应该在团队磨合中建立相互信任的互赖关系，角色分工和管理分工兼顾，保证每一个成员能力上平等成长，像真正的专业领域的团队一样合作，进行深度的探究式对话，保障深度学习真正发生。①

河南省南阳市第十五小学的老师认为，首先，项目式学习与日常的教育教学的有机融合，扩宽了教育教学的途径，收获了一些新思路新方法，对我们的教育教学方式产生了很大的影响。其次，以前我们是各自教自己的学科，很少沟通。但是在项目式学习中，大家经常交流，思考如何使我们的项目化学习实现真正的学科融合，大家朝着同一目标形成了合力，并且从对方身上学到了很多。②

项目式学习以一种新的课堂模式打开了学生学习的大门，同时也以一种新的教学模式打开了教师成长的大门。这种新的模式需要教师去适应、去改变，更需要他们去创新，只有这样才能在新的天地里创造出新的教育奇迹。

---

① 案例由首都师范大学实验小学虞蕾、杨贺、刘宁老师提供。
② 案例由河南省南阳市第十五小学刘晓芳、詹婉娣等老师提供。

三、项目式学习之于学校教学的意义

目前，我国素质教育已朝深度发展，并追求其内涵的拓展。课程和学习方式这两大领域的变革是推动这场教育变革向纵深方向发展的主渠道，且具有实质性的意义。课程改革已全面铺开，但学习方式变革却严重滞后。项目式学习的出现，实现了以"教"为中心向以"学"为中心的转化，为学习方式的变革带来新的希望。

(一)项目式学习注重跨学科整合

近年来，一系列关于课程改革的政策文件应运而生，例如《基础教育课程改革纲要(试行)》《关于深化基础教育课程改革进一步推进素质教育的意见》《关于全面深化课程改革落实立德树人根本任务的意见》等。尤其是 2022 年 4 月，我国教育部发布的《义务教育课程方案和课程标准(2022 年版)》，明确了课程改革的关键领域。文件强调，以培养目标为核心，以核心素养为导向，坚持五育融合，优化课程内容组织形式，关注跨学科整合，突出实践育人，倡导在做中学、用中学、创中学。目标是培养学生正确的价值观、必备品格和关键能力，为未来新人奠定基础。项目式学习作为一种以学科为基础、强调跨学科整合的教学方法，被视为非常有效的策略。通过大单元教学设计，项目式学习能够整合不同学科的知识，突破分科课程的限制，促进学生综合素质的发展。据美国相关研究显示，在 2011—2012 学年，参与项目式学习的学生在大学先修课程通过率方面，相较于传统教学方式培养的学生高出 30%。[①]

(二)项目式学习促进知行合一

项目式学习致力于提升教学与实际生活的融合度，它提倡通过将理论知识与生活事件相结合，以增强教学的实用性和生活化。与此学习方法不同，传统的理论传授往往忽略知识与实际生活的联系。而项目式学习则从学生的既有认知出发，通过模拟真实情境，引导学生发现问题、分析问题并解决问题。在这一过程中，学生不仅获得了理论知识，更学会了如何将这些知识应

---

① 马丁内斯，麦格拉斯 . 深度学习：批判性思维与自主性探究学习[M]. 唐奇，译 . 北京：中国人民大学出版社，2019.

用到实际生活中。这样的学习模式有助于培养学生的实践能力和创新思维，使得学习过程不再是静态的灌输，而是动态的实践与探索。

（三）项目式学习实现教学评一体化

传统的评价方式过于关注结果，而忽视了对过程和非预期结果的评估，这限制了教学评价在推动师生持续全面发展方面的作用。项目式学习评价的核心目标不是为了进行优劣评判或证明是否达到目标，而是通过评价来促进师生的持续改进。通过获得评价反馈，学生可以了解自身在学习过程中的不足之处，进一步完善自我；教师也可以改进自身的教学方法，以更好地促进学生的发展。

（四）项目式学习推动学校育人机制创新

项目式学习被众多教育工作者视为教学改革的重要范式。对于一所学校而言，项目式学习的实施应当基于对整体育人目标的深入思考。在项目式学习中，学生围绕特定项目展开学习，通过自主探究、解决问题，最终掌握知识与技能，并将所学应用于实际生活。这一过程不仅增长了学生的知识与见识，还培养了他们终身学习的习惯和能力。同时，教师的教育观念、教学方法、学生观和评价观也在实践中发生了积极的变化。可以肯定的是，在实施项目式学习的过程中，学校也在不断深化、细化、优化其课程体系和评价体系；以育人为导向，以素养为核心，借助项目这一载体，引领全校师生创造性地开展课程设计、开发、实施和评价工作。这有助于使学校的课程体系更加系统化、科学化，从而实现立德树人的根本任务，满足学生多元化发展的需求，全面提升教育教学质量，并打造出学校的特色品牌。

河南省南阳市第十五小学的刘晓芳副校长在谈到项目式学习给学校带来的变化时说：项目式学习带来了教师思想理念和教学行为的转变。小学教师最容易出现的问题是"保姆式"教学，由于老师对学生的不放心，课堂上就会出现讲得多，指导过度，没有给学生对知识探索、求证的机会。项目式学习实施后，教师会反思自己的教学行为，学会了观察、等待，能做到指导到位不越位，给予了学生更多独立思考、自由表达的机会。另一个表现是教师思维方式的转变。做过项目式学习的教师，不管是在教育教学中，还是在活动设计、规划中，都会围绕最终目标制订计划，而不是像以前那样就事论事，他们思考问题更全面，更关注学生的长远发展，不仅如此，老师们不论做任何事，都会以终为始，评价先行，而后开始行动。老师们的这些变化，均得益于项目式学习。①

在访谈中，中关村三小的宋立亭老师谈道：基于学校"真实的学习"理念，项目式学习处于学校三层课程结构中的开放层。我们希望学生可以在真实的社会情境中，体验不同的社会角色，以学生感兴趣或有意义的真实问题为核心展开跨年龄、多学科课程，培养学生更开阔的学科视野和核心素养。因此，学校把前期做过的项目进行了科学化、系统化的梳理、归类，希望通过六年经历不同领域的项目式学习，实现一般课堂上比较难涉及的目标与内容，拓展不同领域的认知与研究。从教师的层面说，学校也希望通过学习方式的改变来推动教师对于教与学方式的松土；通过班组群的这种项目式学习的实施，促进全体教师对于课程设计的一种新理解，并且反过来推动我们学科教学的变革。②

通过项目式学习，学校教育的核心目标已从单纯的实现三维目标，升级为全面提升学生的核心素养。教师的教学方式发生了变化，不再局限于传统的知识体系传递，而是更关注学生的个体发展与知识获取，为其未来的可持续发展奠定坚实的基础。与此同时，学生的学习方式也发生了深刻变化，他们不再仅仅依赖于记忆和理解教师、教材所传授的知识概念，而是更加注重实践与互动，回归学习的本质。

项目式学习不仅仅是一场教与学的变革，更是学校育人模式的一次重大转型。这种全新的教育范式，无疑为我们展现了一个美好的教育未来。正如著名哲学家和教育家杜威所言："如果我们用过去的方式教育现在的孩子，就是在剥夺他们的未来。"项目式学习正是开启这扇未来教育大门的金钥匙。

在享受其带来的丰硕成果的同时，我们也应保持清醒的头脑，继续深入探索、实践和改进。愿我们共同努力，不断挖掘项目式学习的深层价值，为推动未来教育的发展贡献力量！

① 案例由河南省南阳市第十五小学提供。
② 案例由北京市海淀区中关村三小提供。

第三章　基于设计思维的项目设计

　　项目设计是项目式学习有效应用的起点。从宏观来看，聚焦项目设计的黄金标准、项目的逆向设计思维、DEEP教学设计法等整体的设计；从微观来看，涉及驱动问题、项目目标、阶段任务等局部的设计。可以说，做好项目设计，绘好项目蓝图，为项目式学习的真实落地奠定好坚实基础。实践证明，设计思维与项目式学习的叠加对于项目设计非常有效。正如约翰·斯宾塞(John Spencer)所说：PBL为学习过程提供了元素，而设计思维为创作过程提供了元素。

　　图3-1以"DEEP"为核心，简要说明了"DEEP教学设计法"产生的底层逻辑和应用原则。"DEEP"一词源于驱动问题(Driving question)、项目评价(Evaluation)、深度参与(Engagement)、项目成果(Products)四个要素的首字母组合，同时巧妙地构成了英文中的"深度"一词，强调项目式学习是指向深

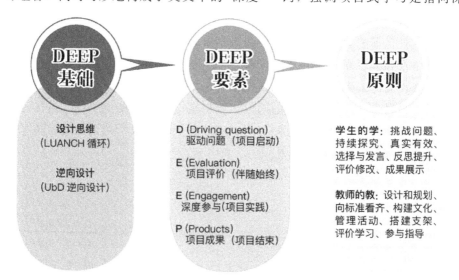

图 3-1　DEEP 教学设计法结构

度学习的。该模式以课堂实践中的设计思维教学法（LUANCH 循环）以及逆向思维下的逆向教学设计框架（Understanding by Design，简称 UbD）为理论支撑；它遵循项目式学习"黄金标准"，串联起了项目式学习中教师的教与学生的学，从而显著提升了项目式学习的整体实践成效。

第一节　把握项目设计的黄金标准

任何一个项目都离不开设计。正如约翰·麦克林（John McClean）在《有助于项目顺利开展的 20 条注意事项》中所说："设计工作的复杂性往往被低估。许多人认为自己知道很多关于设计的知识。他们没有意识到要想做出独特、精致和完美的设计，还需要知道更多。"①在项目式学习中，项目设计至关重要，而我们教师作为"设计师"，其基本工作就是精致地设计课程和学习体验活动，以满足特定的教学需求。②

教育学教授阿瑟·戴安·麦格拉斯（Arthur Diane McGrath），曾强调设计项目时要摆脱传统思维。她认为："一个好项目是在前人所做的基础上的一种更深入的探究。"③因此，作为项目"设计师"的我们，更要关联高阶思维，遵循一定的标准和规范。BIE 提出的"项目设计的黄金标准"就是一个重要的指导标准，它聚焦教师在项目设计和课堂执行的诸多问题，通过搭建一套项目式学习的指导框架，为更好地实施围绕项目式学习的教学指明了方向，为今后衡量、调整与改进项目式学习教学实践提供了方法、路径和策略选择，从而以高质量、高品位的项目设计，持续引领学生体会项目式学习应有的意义和乐趣，助力学生走向更美好的未来。

因此，把握项目设计的黄金标准是推动项目式学习深入开展的必要前提。到底什么是"黄金标准"？多年的教学经验告诉我们，一个好的标准应该是一体两面，可以从学的角度和教的角度分别看待审视，对二者都能起到脚手架的作用。从学的角度包含基于项目的教学实践要素；从教的角度包含项目设计的目标以及诸多要素。前者强调教学实践，强调学生在项目式学习中的体

---

① 威金斯，麦克泰格. 追求理解的教学设计（第二版）[M]. 闫寒冰等，译. 上海：华东师范大学出版社，2017：13.
② 同上。
③ 博斯，克劳斯. PBL 项目制学习[M]. 来赞，译. 北京：中国纺织出版社有限公司，2020：90.

验，后者强调教师在项目式学习中所起到的设计师作用。基于这样的思考，对于其定义，我们认为项目的标准主要覆盖三个方面，其一是学生的学习目标，其二是项目设计的核心元素，其三是基于项目的教学实践。

一、学生的学习目标——有效项目设计的根本

学生的学习目标是项目式学习本身要实现的目标，是项目设计要达到的具体结果。在全球化、多元化和信息社会向纵深发展的大背景下，现有的知识观、学习资源的分布形态与拥有关系正在发生显著变化，以往以知识为导向的人才培养模式越发难以满足未来社会的需要。因此，培养学生的核心知识和能力，不仅是当今时代教育发展的必然趋势，亦是项目式学习一直指向的目标。任何精心设计的项目，都需要把对学生知识和能力的培养放在核心，它是出发点，也是最终归宿。在"项目设计的黄金标准"中，我们将关键知识与技能的学习、成功素养的培养作为学生的学习目标。

（一）关键知识与技能的学习

项目式学习要学生学的是关键知识和技能，最终是要学生实现知识的再建构。这些关键知识与技能可以是关键学科概念、学科技能，也可以是与学生成长、世界运转密切相关的知识和技能。"黄金标准"下的项目式学习应帮助学生系统学习知识的框架、概念，并深入理解、学以致用。通过这些核心知识，学生发现知识与真实世界的联系，能够将学到的知识在新情境中进行迁移运用、转换为新的知识，并尝试运用到具体的实践行动或活动中，灵活借助周边的各种资源解决实际问题。因此，在项目设计中要把项目式学习的焦点和重心放在学生关键知识和技能的学习与发展上。若项目对学生没有丝毫挑战性和驱动性，只是纯粹的知识应用，或是已学会技能的展示，这就不是真正意义上的项目式学习。

在实践中，我们常常看到老师们愿意追求项目的大而全，试图在一个项目中承载很多的内容，其结果却往往是什么也做不好。实际上，好的项目通常来源于某一学科的课程目标，由一个学科主导，其他学科的教师参与其中是因为"其学科独有的能力能支持学生达成项目挑战"[1]。

---

① 伦兹等. 变革学校：项目式学习、表现性评价和共同核心标准[M]. 周文叶，盛慧晓，译. 长沙：湖南教育出版社，2020：67.

好项目的多学科性是有机的，而不是必需的，更不能为所谓的学科融合而做成拼盘。这种现象在当今的教学中非常普遍。要变"拼合"为"整合"，就需要教师有大概念意识，促进学生在"寻找规律、相同性和不同性的比较中深化心智处理和概念性理解"①。大概念所具有的跨文化、跨时间、跨情境的可迁移性能够帮助教师在项目设计时不再以某一知识点为教学的终极目的，而聚焦于更能引发对核心问题的思考。在一个项目中，应该以一个大概念和核心问题串联起项目的全过程，体现学生对学科的理解。如，针对三四年级进行的"制作台风生存急用包"项目②，以"完成某项任务需要特定的工具"为大概念，学生充当急救包设计师的角色，以"制作台风急救包"为话题，以"你将如何使用关于台风的科学知识拯救你的社区?"为引导问题，设计一款台风急救包，并进行售卖。

在这个项目中，学生以科学学科为主，学习与恶劣天气相关的知识；学习使用纸板制作台风天气生存工具包；学习利用市场营销策略和业务概念，为特定的受众制作有关台风天气生存工具包的广告，学习利用计算体积、图形化数据和确定价格的知识来制作台风天气生存工具包。对任务与所需工具之间关系的认识，将不同学科有机串联在一起，既不是知识点的记忆与简单应用，又避免了学科之间的拼凑。从学生素养的角度看，学生的创造性思维、问题解决能力、小组合作能力、时间管理与人际交往能力均得到提升。

(二)成功素养的培养

项目式学习指向的目标是综合统整的，除了关注学生关键知识和技能的学习外，更加重视学生在探究问题、完成项目的过程中达成发展能力、导正态度和养成正确价值观的素养目标。这种素养，我们称之为成功素养，也就是众人所熟知的 21 世纪技能。在项目设计中，我们要有意识地把项目式学习的焦点和中心放在如何帮助孩子在学校和未来的社会生活中取得成功上，放在学生核心素养与能力的提升上。

值得引起注意的是，在 21 世纪众多技能中，批判性思维能力、解决问题的能力、团队协作的能力、自我管理的能力是最为关键的，是学生走向未来

① 埃里克森，兰宁. 以概念为本的课程与教学：培养核心素养的绝佳实践[M]. 鲁效孔，译. 上海：华东师范大学出版社，2018：13.

② 案例由首都师范大学初等教育学院孙铭明老师提供。

社会、获得未来成功的基石。因此，我们建议所有的项目在设计和执行时都应该考虑如何融入这几项成功技能的培养。

二、项目设计的核心元素——有效项目设计的关键特征

目标的确立为我们开展项目式学习指明了方向，但在具体项目设计中，我们还要关注项目设计的核心元素（见图3-2），这是促成高质量项目化学习的前提。基于大量的文献研究和十几年的实践经验总结，我们认为，一个成功的项目需要具备以下几个核心要素，以最大限度地支持学生有效的学习和参与。

图 3-2　项目设计的核心元素①

（一）具有挑战性的问题

具有现实意义的、有待深入探究和实际解决的问题是项目设计的核心。它赋予学习以目标，让学习变得有意义。通过关注一个问题或疑问，学生不仅能够掌握新的知识，也能够学习什么时候以及如何使用这种新的知识，增加知识的运用程度。教学经验证明，学生更容易记住有意义和有目的的知识。

项目可以说是由需要解决的、有意义的难题或需要回答的问题组成。因

---

①　Buck Institute for Education. Gold Standard PBL: Essential Project Design Elements[EB/OL].（2023-05-30）[2024-01-30]. http://www.pblworks.org/blog/gold-standard-pbl-essential-project-design-elements.

此，当我们在设计或者执行一个项目时，可以从现实角度出发，将待探究或待解决的核心课题以开放式问题的形式引出，引出的问题要具有一定的现实意义和挑战难度，但也不能让学生望而生畏，挑战难度是符合学生最近发展区的，对学生来说是适当的，最好是能够让学生们一起参与进来，就像围绕一个论点展开一篇文章一样，通过这种具有挑战性的困难或问题的提出，引导学生围绕问题进行指定课题的深入探究。

(二)持续探究

杜威的思想为项目设计的黄金标准做出了大量贡献，但其中影响最深的还是他对探究重要性的坚持。我们认为，项目式学习的历程是持续探究解决问题的历程。探究包含调查、知识建构和问题解决，可以是设计、决策、发现问题、解决问题、建立模型等，相比仅仅从书本或者网络上查询信息，这是一个更积极、更深入的过程。因此，当我们在设计或者执行一个项目时，需要推动学生不断进行持续性的探究，这种探究是类似真实世界中的学科专家式的探究，让学生不断经历"提出问题—收集资料—尝试解答问题—再提出更深刻的问题—再收集资料—再尝试解答问题……"的过程，这是一个循环往复的过程，直到学生得到一个满意的答案或解决方案方才停止。

(三)项目的真实性

学校教育旨在使学生在未来社会中能够适应并解决真实情境中的复杂问题。只有借助丰富多样的、真实的学习情境，才能真正将学习还原到生活中。项目的真实性，强调学习与真实世界的链接，它能够组织和提高学生在项目式学习中的参与度和学习效果。特蕾西·K. 希尔(Tracey K. Shiel)认为表现性任务越真实，学生的学习动力越大，因为学生可以从中找到与自身的相关性。[①] 在 2022 版新课程方案中，也强调要培养学生具有学会学习的能力，要能在真实情境中发现问题、解决问题，具有探究能力和创新精神。因此，老师们在日常教学中也努力创设"真实的情境"。在此，我们有必要厘清这一概念。如何理解真实性？希尔认为：真实的任务包括实际的和真正的任务；前者表现为一个现实世界的任务(Real-world Task)；后者是使其真实或看上去

---

① 希尔. 设计与运用表现性任务——促进学生学习与评估[M]. 杜丹丹，杭秀，译. 福州：福建教育出版社，2019.

真实的任务。^① 刘徽强调：真实与真实性不是等同的概念。"真实性问题情境的目的是使学生形成未来解决现实世界中问题的专家素养，而非真实性问题情境常常是为了传授专家结论而人为制造出来的。"^②郑昀、徐林祥认为：情境的真实性很大程度上是隐喻性的，它不能被局限于某一时空或某一任务之中，不能简单地被理解为现实世界，而是指向"真实发生"。"从教师的层面来说，是能够提供让学生真实地享有并使用的丰富的信息与资源；从学生的层面来说，则是能够接触信息、资源，能够接近共同体中的其他成员，获得共同体成员资格。"^③在项目设计中，我们强调真实性，其实现形式有以下四种，可以简称为4A(4 Authenticity)。

第一种，项目是基于现实的场景。换言之，学生们正尝试解决的是实际生活中人们会遇到的真实问题。以很多学校都做过的水污染项目为例，项目大都通过对水污染的治理的研究，引导学生到实地去做调研、收集水源，进行水污染的分析，通过实验确定污染源，并提出防治水污染的具体方案。

第二种，项目融入了真实的流程、任务、工具以及质量评价标准。学生完成的任务以及使用的工具与现实世界中人们所使用的一致，但可能程度或难度有所不同，是一种模拟的真实。这些任务和工具就能够让一个项目变得真实可信，至少，看起来像是真实的、是能够发生的。如，设计网站、举办展览，制作文创产品，种植、制作、设计并售卖薄荷膏，准备预算，进行电话调查，或是给编辑写信。

第三种，项目有来自学校之外的、现实世界中的业内人士参与的，并将有形的学习成果展示给真实世界的受众，从他们那里获得真实的反馈。这就使得项目能对现实世界产生真实的影响。业内人士的参与使得学生能够了解现实世界的行业情况、职业特点，同时也能学习专家的思维方式和真实世界中解决问题的方式。而一旦开始将观众从教师和学生扩展到学校之外的真实对象的时候，特别是不认识、不熟悉的人的时候，学生的学习动机、成就感等全方位能力都能得到提升。比如通过调查为所在城市建言献策，为年轻读者写书并创建辅导计划，为野生动物保护区筹集资金而设计和销售便利贴等。

---

① 希尔. 设计与运用表现性任务——促进学生学习与评估[M]. 杜丹丹，杭秀，译. 福州：福建教育出版社，2019.

② 刘徽. 大概念教学[M]. 北京：教育科学出版社，2022：182.

③ 郑昀，徐林祥. 语文"真实情境"再认识——来自人类学情境学习观的启示[J]. 语文建设，2022(8).

第四种，项目具有个体真实性，能够真实地表达学生生活中关心的问题，或与学生个人兴趣相关，或涉及学生的需求、价值、语言和文化习惯。学生在用真实的想法、真实的语言、真实的行为展示真实的实践过程，而不是为了取得好成绩而"抄、背、套"，实际上却没有真正发生学习。如学生为学校校服提出的改进方案，开展校园研究项目，设计多种课间文明活动，设计入学手册帮助新来的学生熟悉学校，这些项目都可以融入学校教育日常。

(四)发言权和选择权

我们倡导、呼吁学生在项目进行中勇于发表自己的看法并做出决定。如果学生在项目中不能依据自己的判断来做出与解决问题相关的决定，以及对自己的学习选择和安排负责，那这种项目只会让学生觉得是在完成作业或者是按照指令完成项目而已。教师应该尽可能地给学生机会表达自己的想法和观点，并在完成项目期间做出选择，让学生实现自主的学习。这不仅仅表现在探索解决问题方案中，更体现在任务完成过程中的时间管理、团队合作方式、学习工具的使用等方面。

比如，我们通常会根据要解决问题的难易程度给学生安排长线作业，所谓长线作业是需要至少半个月以上的时间来完成的作业。在这段时间内，学生可以根据自己的学习习惯和进度来制订个性化的学习计划，实现高效的学习。再比如，根据要完成的不同任务，学生通常会进行小组合作学习，在小组合作中，如何有效进行分工，小组合作中出现分歧如何处理等问题都需要学生自主解决，这也是培养学生社会交往技能的重要途径。还有，在学习中采用哪些信息技术、学习工具，以及如何使用，我们教师也应该赋予学生足够的自主权。

(五)反思

杜威认为反思的功能是"把经验含糊的、可疑的、矛盾的、某种失调的情境转变为清楚的、有条理的、安定的以及和谐的情境"。[①] 如果没有反思的参与，不能用一项活动导引另一项活动，学生只会记住细枝末节，而忽略了重大而完整的观点，也就不能形成有条理的思想。[②] 这种观点持续影响着我们对

---

① 杜威. 我们怎样思维·经验与教育[M]. 姜文闵，译. 北京：人民教育出版社，2005：88.
② 同上书，第 52 页。

项目式学习的思考，使得反思成为项目活动的关键部分。在整个项目过程中，学生和老师都需要就学习内容、学习方法和学习目的进行反思。这些反思能够保证项目正常进行。

比如，对书本知识的反思能够帮助学生巩固所学知识，并思考如何应用到项目以外的地方；对于成功素养培养的反思，则能够帮助学生内化这些技能的意义，并为进一步的发展设定目标；对于项目本身的反思，包括项目的设计和实施，能够帮助学生厘清下一个项目需改进的地方，也帮助我们提高项目式教学的质量。

(六)评价与修改

评价和修改能够保证项目式学习的质量和素养目标的达成。在项目式学习的"黄金标准"中，高质量的学生作品是一个重要的标志，而这样的成果离不开全面、深入的评价与修正、迭代。项目式学习的评价主体多元、方法多样、内容全面，且强调评价贯穿始终，强调项目式学习开始之前的诊断性评价、贯穿项目始终的过程性评价和针对结果的终结性评价三者相结合。

具体来说，评价的主体不限于教师，而是包括教师、同伴、学生自己以及其他相关人员。评价的方式多样，有制作嵌入单元的评价量表，对学生活动过程进行评价；有建立学生成长记录袋，跟踪指导学生建立优秀成果库；有通过献花、喜报等奖励方式对学生的表现进行评价；有通过读后感、读书笔记、小论文等书面报告形式对学生进行评价；有通过学生会谈、辩论、演讲、朗诵等口头形式进行评价；有对摄影、美术、音乐、展板、手抄报、海报等实物作品进行评价；等等。评价的内容涵盖了项目本身、学生发展等方方面面，如驱动性问题的设置、项目的设计、学生的表现、整体计划、时间安排、结果表达和成果呈现及展示等。总之，在项目式学习中将对结果的评价和对过程的评价结合起来，尤其强调学生过程中的表现性评价，突出了对学生主体性的关注，注重发挥评价的反馈、激励与导向功能。

值得注意的是，在项目式学习中，我们要引导学生学会如何给予和接受同伴建设性的意见，并基于其来改善项目的进度和产品，教会学生使用评估量表、评估模型等评估反馈工具，并学习正式反馈和评论的技巧。

(七)成果公众展示

在项目式学习的"黄金标准"中，公开展示项目"产品"成为一项重要内容。

值得注意的是，这里的"产品"可以是一个实实在在的东西，也可以是一个解决方案的展示或对一个问题的回答。一般来说，大部分学校作业都会放在老师的办公桌上、电脑文件夹里，或是压在学生的笔记本之中。相反，项目式学习强调提供给学生创造作品并与班级之外的观众分享的机会。研究表明，学生只有 14% 的时间在学校里度过（见图 3-3），如果只关注学生目前在校的学习，会忽视许多在其他情境中引导他们学习的机会，因此鼓励将项目与校外世界建立联系会带来积极的影响，不但能大幅度提升学生在项目式学习中的参与度与参与积极性、促成高质量的产出，更能有效促进讨论和学习共同体的形成，实现组织群体中的高效学习以及合作的人际关系，更有效地向家长、社区成员和更多的人，展示项目式学习是什么，以及这种教学方式能为学生带来什么。

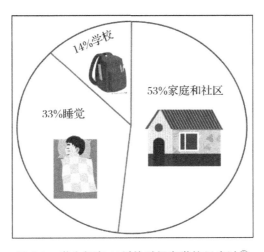

图 3-3　学生仅有 14% 的时间在学校里度过①

三、基于项目的教学实践——做好项目式学习的前提保证

项目式学习要想发挥出最大的功效，教师作为设计师的作用毋庸置疑。但仅仅有好的设计师还远远不够，我们还必须考虑项目落地时所面临的挑战。在项目式教学实施的过程中，许多教师面临的最大障碍之一就是，必须放弃对教室的某种控制，并且信任他们的学生。但是，尽管教师更倾向于"站在一

① 布兰思福特等. 人是如何学习的：大脑、心理、经验及学校（扩展版）[M]. 程可拉等，译. 上海：华东师范大学出版社，2013：23.

边的向导"而非"舞台上的圣人",这并不意味着教师们在项目式教学课堂上"什么也不教"。许多传统教学方法依然存在,但在项目实施的具体情境中被重新组织。① 这也就是"项目设计的黄金标准"中的重要部分之一——基于项目的教学实践,它是做好项目式学习的前提保证,如图3-4所示。

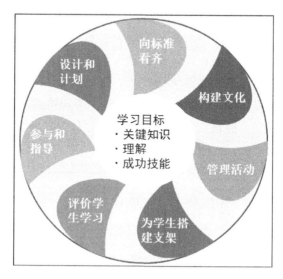

图3-4 基于项目的教学实践②

如果说图3-1侧重于从设计要素的角度阐释项目式学习的黄金标准,那么图3-4则更聚焦于项目式学习的实施层面,二者不可分割,共同为项目的成功保驾护航。

(一)设计和计划

设计和计划,指的是我们教师要根据教学情境和学生情况创建或调整一个项目,设计与计划应指向目标的达成。项目目标明确了项目的方向,学生应该了解、实践并产出的内容。进而,教师基于目标,设计、计划和引导整个项目实施过程。从活动启动到成果完成的整个设计过程中,教师要在一定程度上允许学生发声和选择。

为实现项目式学习的目标的深度和复杂性,阿卡西娅·M. 沃伦(Acacia

---

① Buck Institute for Education. Gold Standard PBL: Project Based Teaching Practices[EB/OL]. [2024-01-30]. http://www.pblworks.org/what-is-pbl/gold-standard-teaching-practices.

② 同上。

M. Warren)设计了目标组织模型以帮助教师架构项目目标，促进学生认知发展和积极参与。该模型包括四大类，分别是思考类、理解类、来源类和行动类。思考类与思维技巧相关；理解类指向知识内容，这里的"理解"强调的是"大概念"而不是具体的事实性知识；来源类有助于研究证据的收集；而行动类则直接指向最终的显性结果。她建议在编写项目目标时，涵盖以上四类语言，这能确保学生为他们的项目"努力思考，充分理解，获取信息来源，并采取行动。"[①]同时，教师在运用模板进行项目目标/项目概况的撰写时也应避免陷入过于空泛、可操作性不强的境地，见表3-1。

表 3-1　项目目标设计模型表（改编自阿卡西娅·沃伦）

思考	理解 （概念性理解）	来源	行动
识别并描述 （识别并解释）	技术进步 （技术的发展与进展）	互联网 （网站、博客、播客、网络会议等）	写作 （短文、手册、简讯、故事等）
比较 （把一件事与另一件事联系起来）	理论 （科学、数学和教与学等领域）	定性数据 （访谈和观察）	流程图或概念图 （示意图流程/步骤或关系示意图）
对比 （把一件事与另一件事区分开来）	因果 （根源与影响）	定量数据 （调查和统计数据）	制作模型 （积木、黏土、纸制品、吸管、小棒、金属、塑料、木头等）
分析 （研究并调查）	发展趋势 （模式和时间）	实地考察 （博物馆、科学中心、大学、商业、剧院、音乐会、主题公园、图书馆、大自然等）	数字工程 （网站、平面艺术、电影、应用程序、游戏、图书馆等）
论证证明 （测试和确定）	目的和功能 （是什么、为什么、怎么样）	可视文本 （视频、图片、图表、海报等）	插图或演出 （拼贴画、图画、图片、图表、海报、舞蹈、戏剧、小品、音乐会、辩论等）

---

① 沃伦. 跨学科项目式教学：通过"+1"教学法进行计划、管理和评估［M］. 孙明玉，刘白玉，译. 北京：中国青年出版社，2020：99.

续表

思考	理解 （概念性理解）	来源	行动
评价 （检查并评判）	法律 （规则、法令、原则、法律等）	信息文本 （杂志、电子杂志、报纸、电子报纸、书、电子书、文章、期刊、电子期刊等）	数字展示 （演示文稿、视频、音频等）

案例1:

教师在开展关于国防教育的项目式学习时,最初的项目目标是这样写的①:

1. 通过了解国防历史、国家疆域、军史、兵种、兵器,掌握基础国防知识,树立居安思危的国防观念。

2. 通过到武警支队研学,感受军纪军风,培养规矩意识与责任感。

3. 通过了解国防英雄的事迹,树立人生榜样,培养爱国情怀。

4. 通过学习军体拳,强健体魄,培养吃苦耐劳的精神和顽强的意志。

5. 通过深入研究国防知识,进行与之相关的创作,激发学习国防知识的兴趣。

由此可见教师的项目目标设计是以传统的课时目标教学设计进行的,项目式学习中的成果意识体现不充分,层析不够清晰,情感目标大而空。经过师生多次研讨,并借助表3-1的模板,项目目标改为:

能识别并描述国家疆域、兵种、兵器、军装、军衔等特点(思考),能讲述国防的历史、技术的发展、兵器的功能、国防英雄的故事及其理想信念,树立人生榜样(理论),通过到武警支队研学、学习军体拳,从互联网、图书和视频中收集相关信息(来源),并以画册、小论文、模型制作、视频、棋牌设计等方式制作"国防教育云博物馆"及微信公众号内容,向全校同学及社会人士展示他们的发现,唤起全校师生及全社会居安思危的国防观念(行动),并对这一过程进行反思(思考)。

这样的目标对后续整个项目的设计和具体计划制定了较为清晰可见的、操作性强的蓝图和行动路径。这样学生在开展项目的时候可以时时参考目标,以确保他们的项目实施没有偏航。

---

① 案例由河南省南阳市第十五小学提供。

(二)向标准看齐

标准意味着学生需要学习的东西，也是他们最终的目的地，代表着对学生学习的要求。[①] 向标准看齐，指的是教师应使用一些标准来设计项目，并确保其涵盖相关学科内的关键知识点，确保主题范围内关键知识的传递与理解，避免项目活动化、表面化。教师从标准与课程着手进行项目设计，有助于他们将相似或相关的对象内聚在一起，形成联结，从而创造出有意义的教学单元。通过为这些教学目标和教学单元创作指向关键知能的核心问题，大脑会集中在更为重要的要点上，[②] 也更容易将项目聚焦在学生的学习目标上，包括基于标准的内容和技能。在实际操作中，我们不仅要关注所有学生应该知道什么，还应关注学生在特定年级应该做什么。我们也更加注重学生批判性思维、问题解决能力、合作意识与能力、自我管理能力的发展。而这要建立在教师对等级水平和学科标准清晰而准确的理解上。对标准的良好把握不仅体现在一个项目中，也能帮助教学保持连贯性与进阶性，从而对项目群的建构产生积极的影响。

项目式学习往往带有跨学科的性质，因此这里谈到的标准，既包括覆盖学习重点的优先标准或主要标准，也需要将对本项目起支持作用的其他学科的标准作为次要标准列出来。主要标准可以 3—5 条，次要标准可以 1—2 条。[③]

案例 2：

防疫期间有关如何辨别谣言的调查报告[④]
——浙江新闻客户端开设的"捉谣记"

年级：5 年级

学科：语文、数学、科学、信息技术

时长：3 周或 4 周(3 次或 4 次)

简述：聚焦社会热点，让学生在真实情境中思考"人与自然的关系"；整合小学科学、语文、数学学科的重要概念和能力要求，形成跨学科综合性学

---

① 希尔. 设计与运用表现性任务——促进学生学习与评估[M]. 杜丹丹，杭秀，译. 福州建：福建教育出版社，2019.

② 詹森等. 深度学习的 7 种有力策略[M]. 温暖，译. 上海：华东师范大学出版社，2010.

③ 希尔. 设计与运用表现性任务——促进学生学习与评估[M]. 杜丹丹，杭秀，译. 福州：福建教育出版社，2019.

④ 案例由杭州市余杭区星桥第二小学戴一苗老师提供。

习；学生将通过设计、发布调查问卷的形式来获取数据，通过数据处理及分析的方式找到问题解决的发力点，在制作、实施科普讲座的过程中形成基本概念，并同步提升团队协作、信息技术应用等能力。

实施：

1. 以挑战性问题（驱动问题）导入

新冠疫情防控期间，各种新闻铺天盖地地袭来，各类真假新闻不断涌现，其中虚假信息也带给我们很多烦恼和不便，你和你的家人是否也有过相同的遭遇呢？最近，浙江新闻客户端设立了"捉谣记"栏目，你作为特邀小记者能否就此展开调查，勇于"捉谣"，为大众提升对谣言的"免疫力"呢？

2. 建构知识和技能

基于各学科特点，梳理、研究本项目中聚焦各学科的核心知识与能力培养，并列出相关学习资源。如学会收集新闻、问卷设计、使用问卷星、进行分类、学习批判性阅读的方法、撰写调研报告，见表3-2。

表3-2　各学科核心知识点及相关学习资源表

学科	核心知识点	相关学习资源
语文	①感受新闻语言的严谨准确； ②图文结合读懂新闻（非连续性文本阅读）； ③怎样写调查报告？ ④如何完成一次采访？	①收集相关疫情新闻； ②语文教材五年级下册《调查报告》。
数学	①正确读取图表数据； ②制作各种图表。	收集疫情防控期间相关图表新闻。
信息技术	①如何制作调查问卷； ②如何剪辑小视频。	①问卷星App； ②推荐"剪映"等视频软件。
科学	①以口罩为切入点，普及新型冠状病毒的知识； ②掌握病毒防疫的基本知识和生活常识； ③就如何制作有更好防护效果的口罩提出自己的想法。	①新型冠状病毒相关知识收集整理； ②病毒防疫的生活常识整理； ③准备制作有防护效果的口罩的材料。

3. 不断完成并修改作品

关注真实的对象、真实的评价。谣言调查组邀请了两位资深媒体人来论证方案；网课调研组邀请从事教育、IT行业的家长加入团队，见表3-3。

表 3-3 调查小组及媒体发布

调查小组	媒体发布①
《疫情防控期间关于口罩使用的调查报告》	浙江新闻客户端 2020－03－14；学校公众号(777)
《居家抗疫时期小学高年级网课学习调查报告》	辣妈分享会 2020－03－10(1828)；FM93 交通之声 2020－03－14(4291)；小学生时代(801)；青年时报牛通社 2020－03－10(2095)
《疫情时期如何分辨谣言的调查报告》	杭州日报客户端(6035)
《小记者专访浙报集团武汉前方记者》	浙江新闻客户端 2020－03－01
抗疫宣传手册	首印 200 册

4. 展示作品

云发布、新闻客户端、微信群、学校公众号。

(三)构建课堂文化

研究表明，培育学生互动的课堂文化，有利于让学生在课堂学习中占据主导地位，帮助学生理解学习是一个不断纠错的过程，课堂是一个容忍错误且欢迎错误的地方，每一个人都应参与到其中，被看到、被听到。因此，教师必须创建良好的课堂氛围，尊重学生之间的差异性，鼓励互相理解，彼此关心和信任。② 只要学生有信心与大家分享，就要给予其充分信任。这就要求教师在设计项目时必须要习惯放弃某些控制权，不再是一个人喋喋不休，不再是单方面灌输大量内容。而是有智慧地让位，给予学生有更多的发言机会，让学生的兴趣和需要被教师听到、被看到、被尊重，从而构建一种开放的、平等的、安全的、有归属感的学习共同体的文化氛围。在这样一种积极的文化氛围中，学生感到无威胁、无压力，并且乐意去学习。这就要求老师必须信任学生，学生也必须相信老师，相信彼此，相信自己。③ 我们主要基于真实的情境、任务、有质量的标准或需要产生现实影响的，或是围绕学生的个人

---

① 注：括号内数字为浏览量。

② 哈蒂. 可见的学习——最大程度地促进学习[M]. 金莺莲等，译. 北京：教育科学出版社，2016.

③ 希姆勒. 让每个学生主动参与学习的37个技巧[M]. 杨颖玥，译. 北京：中国青年出版社，2014.

关注点、兴趣及生活中的议题来展开项目式学习。这种赋权可以激励学生成为学习的主宰者，而不再是一个"收听器"。[1]

案例 3：

首都师范大学实验小学以"路"为主题的项目实施

首都师范大学实验小学在实施以"路"为主题的项目时，项目设计团队的老师，一开始是直接使用学校已有的"四道口十字路口交通安全研究"项目式学习方案。但是当老师对学生进行调查分析时发现，学生普遍对该主题没有兴趣，缺乏研究动力。

基于此，教师决定改变研究主题，并与学生一起围绕"路"进行讨论，发现他们的兴趣点。有不少学生对北京的中轴线很感兴趣，还有些学生观察到最近周围很多同学喜欢买故宫文创产品，去故宫游玩拍照；有些同学发现关于故宫的纪录片和文章很多。于是老师引导学生在全校师生中进行调研，了解大家的需求，最终确定了大家喜爱，且资料丰富的故宫作为研究对象。接下来师生进一步讨论，并且能在研究中感受故宫文化魅力的成果形式。最终确定以学生查资料时喜欢看的"秒懂百科"为原型，制作"故宫小百科"。

在期末成果展示中，学生们将收集到的资料化作自己的语言，介绍了故宫的龙椅、门钉、文物南迁……从研究对象选择到内容形式，都非常有创意。每个小组从自己感兴趣的角度介绍一个故宫小知识，让同学们感受到故宫深厚的文化底蕴，也激发了他们拓展研究的兴趣，学生们发现很多重大事件都离不开长安街，于是就促成了下个学期"长安街研究"主题的确定。项目就是在这种师生互动、生生互动，相互尊重、平等开放的文化氛围中持续开展，不断深入的。学生敢于对教师提供的项目说"不"，并且开展充分的调研，形成自己想做的项目。教师也充分赋权给学生，鼓励他们更深入地研究他们感兴趣的东西，这就变"要我做"为"我要做"，其参与度、积极性和持久性完全不同。[2]

(四)管理学习活动

每一个项目式学习都是一个严格而持久的过程，教师应该同学生一起组织任务和制定时间表，设置检查点和最后期限，寻找和使用资源，形成成果

---

[1] 希姆勒. 让每个学生主动参与学习的 37 个技巧[M]. 杨颖玥，译. 北京：中国青年出版社，2014.

[2] 案例由首都师范大学实验小学王乙老师提供。

并公开展示。在具体管理中，教师要注意引导学生始终聚焦在驱动性问题上；注意对学生进行适当的分组；规划好每次的项目式学习活动；并不断进行信息澄清；对于学生的"下一步要做什么""哪些内容是必须要知道的""需要花费多少时间"等疑问予以指导，如图 3-5 所示。

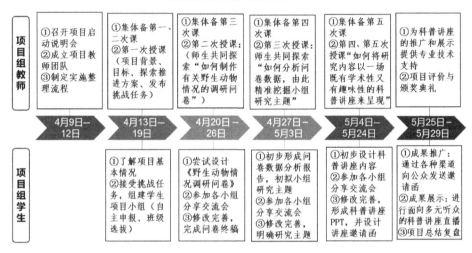

图 3-5　"保护野生动物"项目式学习规划①

（五）为学生搭建支架

我们教师应使用各种课程、工具和教学策略来支持所有学生达成项目目标。这具体可分为知识讲解类、技术支持类和优质资源类。如在"我们的小镇"的项目式学习中，教师通过带着学生共读一本书，说明照片的使用；与学生讨论摄影师使用的不同策略，如特写、焦点、距离和灯光等，引导学生思考自己的小册子里照片的使用；告诉学生一些摄影技巧，练习使用在线摄影技巧……

---

①　案例由为明教育集团刘晓非老师提供。

案例 4：

关于我们的小镇[1]

——使用小册子教信息类文本的写作

教学目标：

1. 通过探索各种各样的关于他们小镇的信息资源，了解不同的写作交流有不同的目的。

2. 练习收集信息的技巧，利用阅读的宣传册和网站学习采访。

3. 通过收集镇上的一些重要的、有意思的、地方性的事实，整合信息，选择一个地方进行写作。

4. 通过编辑学生自己的写作，学习语法和拼写。

5. 发展协作能力，与同学合作，审阅及收集信息，在班级内制作宣传册。

教学计划：

第一次课

1. 准备 5 张纸，贴上不同的标签；对小镇的各个方面（娱乐、餐饮、企业，或历史地标）进行头脑风暴；将学生分成五个组，通过轮转的方式依次讨论这五个标签，思考他们的小镇有哪些地方可以归到上述类别中。

2. 给学生展示宣传册的样本，向学生解释宣传册的特点是图文并茂。通过提问，促使学生思考何时和为什么人们可能需要使用一个小册子，如"当人们去旅行，小册子可以帮助他们决定他们会做什么"或"当搬家时，可以帮他们知道他们的新家的环境是什么样"。教师要把学生的答案列在大纸上，写上标题"关于宣传册"。

3. 把这张大纸挂在每个人都能看到的地方。告诉学生，你希望他们自己或与一个合作伙伴浏览一些小册子（每一个学生或两个学生应该看几个不同的小册子）。给一些时间让学生浏览教师收集的小册子。当学生这样做的时候，教师要巡视，通过提问引导他们注意小册子的内容，并让他们在图表上写出他们所看到的特点。

4. 15—20 分钟后，和学生一起整理并回顾他们编写的特征清单，给每一个特征找到一个例子，并让学生不断补充他们自己整理时的遗漏之处。

---

[1] MANNING E. All About Our Town: Using Brochures to Teach Informational Writing[EB/OL]. [2022-06-01]. http://www.readwritethink.org/classroom-resources/lesson-plans/about-town-using-brochures? tab=4.

5. 告诉学生，他们的任务是为一个新来的学生做一个关于他们小镇的宣传册。在这个项目中，他们需要拍摄和写作自己的小镇。如果学生需要从父母那里得到资助，如相机，把家长信1给学生。

6. 提供有关进入新环境的访谈问题。告诉学生，因为他们将要创建的小册子是针对一个新到这个地方的学生的。所以，他们要思考并找出什么样的信息对该学生来说是有用的。为了帮助他们做到这一点，他们可以去访谈有过搬家经验的人，了解哪些信息对初来乍到的人最有用

第二次课

一上课，可以就学生已读的或已参观过的信息，让他们写一段话，以检测他们的能力达成度。

1. 针对访谈结果，就他们认为有用的信息(小册子、新学生)进行分享，把答案列在一张纸上。

2. 将学生的注意力引回第一次课中的头脑风暴表，请他们看一看所列出的地方，并结合他们的访谈信息，考虑哪些地方应该包括在小册子里。可以给学生一些指导性的问题，包括：如果你对这个小镇一无所知，哪些信息对你是最重要的？为什么？如果我们在小册子里只能写几个地方，什么是最重要的？对于一个新来的学生来说，什么是有帮助的和有趣的？

3. 学生应该在两个或三个小组里工作(每个组写一个地方)。如果班级很大，教师可能需要做一个以上的小册子。

4. 写出自己喜欢的三个地方，收集每个学生的列表，然后根据这些列表分配组。

第三次课

1. 开始研究他们将描述的地方，让学生组织好自己的想法后写一段话。

2. 引导学生分析这一段话的内容应包括什么，什么是最重要的。如位置电话号码和地址、为什么孩子们需要知道这个地方、花销、方向和地图等。把学生的反馈都列在大纸上。教师还应该和学生讨论应该避免写哪些信息，为什么。(例如，不应该包括个人轶事)

3. 分发小册子的计划表与学生一起检查，确定段落的内容，和小组成员一起，运用已知，填写计划表。

4. 在剩下的时间里，让学生研究他们所丢失的信息。学生可以使用黄页、网站或小册子，也可以使用教师提供的小册子来帮助他们查找信息。

5. 发家长信2，向学生解释他们是在家里完成的研究，他们应该决定如何分配他们小组中的剩余工作。如果要获得额外的信息，他们可以使用互联网来完成研究，也可以打电话给相关的办公室。

6. 布置家庭作业（在第五次课后完成）：完成他们的小册子计划表。

第四次课

1. 带着学生共读一本书，说明照片的使用。在看这本书的同时，讨论摄影师使用的不同策略，如特写、焦点、距离和灯光，在讨论过程中引导学生思考自己的小册子。讨论的问题包括：

• 人们在小册子上看到的哪些地方可能是最有趣的，有价值的，或重要的？

• 什么样的图片会说服他们参观小册子中提到的地方？例如，是一个水上公园的远景，还是一个孩子滑水的特写？

2. 让学生讨论可能在小册子中采用的照片。教师可以使用一些问题指导讨论。

• 这个地方的建筑有趣吗？

• 这个地方有员工穿有趣的制服吗？

• 什么样的图片会说服读者，这就是他们想去的地方？

3. 学生们结束讨论照片后，教给他们一些摄影技巧，练习使用摄影技巧，当然，学生也可以用这个时间来进行更多的研究。

4. 收集整理归类学生的照片。

第五次课

1. 以拼图的形式让学生读你提供的词语，排序、组成句子。提醒学生要关注读者和语气，告诉他们这是书面的，是写给同龄人的，所以，要考虑以下因素：

• 怎样以一个有趣的和令人兴奋的方式开头，钓读者的胃口；

• 如何告诉你的好朋友你最最喜欢的地方；

• 可以使用哪些描述性的词。

2. 老师示范如何进行修改、编辑、誊写，把最后誊写干净的稿子贴在全班同学可以看得见的地方。

第六次课

1. 小组合作，通过整理他们的信息，为小册子写段落。告诉学生要从每个人的手册计划表中选择至少一部分信息，并建议学生在他们的段落中交替写句子。

2. 当每一组完成他们的段落时，填写教师提供的编辑检查清单。

3. 学生完成他们的清单，教师帮助他们再次检查段落里的所有元素。

4. 分享所写的内容，互相评价，指出缺点和建议进行修改。

第七次课

1. 花大约 10 分钟的时间，让学生看教师打印出的若干张图片，讨论并命名图片中的地方。

2. 告诉学生要选一张照片在小册子里。提醒学生选择图片时要考虑到语气(从有趣的角度，图片捕捉的地方最具代表性)和适合读者(如果同学们有他们的读者，确保图片展示的东西，会让读者认为是诱人的、有趣的)。

3. 请每一组选择一张图片，在全班分享，并解释为什么选择。

第八次课

1. 与学生合作，选择适合的小册子模板。

2. 一旦教师选择了一个模板，让每个组都输入他们的段落和插入他们的照片。

3. 打印小册子，并与学生分享最终产品。让学生结合在第一次课中创建的"所有关于小册子"的清单，并讨论自己的宣传册是否包括了一本好的小册子的所有重要内容，核查是否需要加入新的内容。

4. 整理班级的小册子。教师可以决定在教室里给新学生留一些小册子；也可以放到办公室的前台。把小册子放在一个篮子里，当新的家庭来登记时，可以拿起小册子阅读他们的新城镇。

(六)评价学生学习

教师应对学生的知识、理解、成功技能方面进行形成性和总结性的评价，包括团队和个人工作的自我评价和同伴评价。学生给予、接受、使用反馈来提升他们的过程及作品。如，在"保护野生动物"项目式学习的设计中，教师是这样设计评价表的，见表3-4。

表 3-4　项目式学习整体评价方案表①

成果	评价主体	评价内容
①小组整体项目推进方案	·项目倡导组教师或专家 ·专题校课教师 ·各学生项目组成员	①依据时间节点、阶段性成果、人员分工等内容； ②记录实施过程中对项目的改进调整。
②有关野生动物情况的调查问答		①问卷内容和疫情有关联性； ②从生物、科技、法律等多个维度出发进行设计。
③针对问答数据形成分析诊断记录		①问卷数据中比较集中的问题统计； ②针对问题进行的诊断决策。
④科普讲座邀请函	·项目领导组教师或专家 ·各学生项目组成员 ·全校学生 ·学生家长及亲友 ·社会群众	①包含讲座举办的主题、主讲人、时间、直播二维码等内容； ②有一定的设计灵感，能够激发观看欲望。
⑤科普讲座 PPT 及直播		①讲座内容包含疫情的启示、问卷调查结果分析、科普内容等； ②能够根据需要选择不同类型的数据图表传递信息； ③直播尽可能动员更多人观看。
⑥通过学校公众号或其他渠道推广		①讲座前：邀请函； ②讲座后：讲座内容文字版、视频回看网址等。

在实施项目式学习的过程中，教师的评价理念也在发生着变化。正如南阳市第十五小学校的刘晓芳副校长所说："通过项目式学习，老师们发现学生各有所长，不再以传统意义的'好学生''差学生'去看待不同的学生，也不再以'成绩'这一把尺子来衡量学生，而是从多角度看待学生的成长，用发展的眼光看待学生，尊重每个学生自身的独特性和个性差异。由关注'冷冰冰的分'到关注'活生生的人'。"②

(七)参与和指导

在项目教学中，我们教师要能为学生的学习提供支架，与学生一起学习

---

① 案例由为明教育集团刘晓非老师提供。
② 案例由河南省南阳市第十五小学提供。

和开展创造活动，判断学生在项目研究过程中的不同需求，确定学生何时需要建立技能、重新确定方向、鼓励和庆祝，并能使用各种课程、工具和教学策略来支持所有学生实现项目目标；同时还要及时反思整个学习和探究过程的有效性、项目活动、学生参与的质量，遇到的问题障碍以及应对的方式方法。

在反思中，我们会不断论证教学过程和成果，使得项目式学习的教学更加丰富、完善。如在"光盘创意"项目中，项目设计之初，老师们提出了"如何利用收集的废旧光盘制作出既实用又美观的装饰品或生活用品"这一问题。经过一番讨论和价值追问，大家发现，这样的问题仅仅关注了手工制作。其后经过不断反思与论证，思考为什么和有什么，老师们逐渐聚焦内容的真实性和价值，将问题进一步完善，提出"如何策划一个'光盘短命史'的展览？"为使项目更贴合学生生活，最后一次迭代中，教师还赋予学生一种角色，聚焦更真实的任务，提出"作为儿童科技馆的策展人，如何策划一个'光盘短命史'的展览？"正是经过不断的反思与论证，我们的问题更加具有挑战性，更加具有真实性，能够吻合学生的兴趣、身份等，激活学生的学习与探究欲望，进而使得项目开展得更加顺利。[①]

再如，首都师范大学珠海横琴伯牙小学，在一二年级学生中，以项目式学习的方式开展劳动教育，设计了薄荷童趣园的"生产链"。[②] 学生经历了薄荷种植、薄荷膏制作、包装盒设计、薄荷膏售卖，投入再生产的全过程。学生需要分工合作，学会了解客户需求，制订项目计划；需要掌握种植薄荷的技巧，了解薄荷的生长情况；需要动手制作薄荷膏，设计个性化包装盒；还需要了解产品定价方法；最后还要学会推销产品，进行售卖，并能够核算成本，计算利润，如何进行投入再生产。首先，如此完整的薄荷膏的生产过程对于低年级的小学生来说，流程复杂，又要全员参与，对教师的管理能力提出的挑战可想而知。其次，这是一个多学科融合的深度学习，需要科学、语文、数学、美术各学科教师协同配合。教师还要监控项目进度，密切关注学生的学习过程，随时解决学生在学习、合作、交流过程中生成的问题。教师承担着全员、全过程的指导，基于劳动项目实现综合育人的目的。

随着对项目式学习热度的持续上升，越来越多的教师参与到我们的队伍

①　案例由北京市海淀区中关村三小高霁岑老师提供。
②　案例由首都师范大学珠海市横琴伯牙小学程晓红老师提供。

之中，我们欣喜万分，但也清楚地知晓，如果没有清晰的指引和恰当的准备，很多问题就会随之而来。而"项目设计的黄金标准"和"教学实践的黄金标准"为我们解决了这一难题，它通过对学生的学习目标、项目设计的核心元素以及基于项目的教学实践进行界定与解读，让每一位参与的教师能够更好地把握项目式学习的真谛，进而更好地实施项目。我们期待，在"黄金标准"的指导下，有更多高质量的项目进入到课堂和教育系统中来，共同助力教育走向更美好的境地。

第二节　基于设计思维的项目教学设计法

如何更好地进行项目设计呢？在多年的实践研究中，我们发现设计项目式学习时，教师往往因为要考虑的要素较多，出现顾此失彼的现象。有时候教师即使确定了美好的目标，解决了目标层的问题，在设计活动层和产品层时仍会感到束手无策，无从下手。为解决这一问题，我们通过行动研究的方式，不断观察教师的设计过程，了解教师对项目设计的思路与困惑，进而对如何开发一个用户友好的、实用的、操作层面的框架提出了自己的思路。本节重点讨论设计模板中项目活动层和产品层的设计。

如何从众多元素中提取最为核心的要点，协助教师锁定重点，从而高效完成项目设计，这是推进项目式教学常态化实施必须攻克的难题。基于设计思维的项目教学设计法，亦称"DEEP 教学设计法"，旨在帮助读者全面而精确地把握项目式学习的深层含义、本质特征、指导原则及实施方法，从而更有效地开展项目式教学。

一、基于设计思维的项目教学设计法·理论基础

(一)逆向设计

史蒂芬·柯维(Stephen Covey)在《高效能人士的七个习惯》提到了"以终为始"这一思维习惯。[①] 该思维方式强调在行动前明确目标，以便清晰地了解当前状况，并确保在追求目标的过程中不偏离轨道，避免徒劳无功。具体而言，

---

① 柯维. 高效能人士的七个习惯[M]. 高新勇等，译. 北京：中国青年出版社，2010.

"终"代表结果或成果，而"以终为始"则是一种逆向思维方法，即从期望的结果出发，反向分析过程和原因，寻找关键因素与策略，并采取相应措施来实现目标、创造成果或解决问题。

这一思维方式具有三个显著特点：一是逆向分析，它要求我们从结果出发，追溯起始步骤，从问题逆推至策略；二是科学选择，这涉及在逆推过程中对目标分解和问题成因进行准确、科学的分析和研究，做出合理的选择；三是追根究底，通过持续深入的探究来制订切实可行的行动计划，确保目标的完成。这些特点共同构成了"以终为始"的重要逆向思维模式，使其在多个领域，尤其是项目管理中展现出广泛的应用价值。

在教育领域，"以终为始"的思维同样适用。在这种思维指导下，教育活动都应针对明确的预期结果进行设计，采用最直接、简单、有效的策略，以期达到事半功倍的效果。但当前，许多教师总是惯性地从输入端开始思考教学，即从固定的教材、擅长的教法，以及常见的活动开始思考教学，而不是从输出端开始思考教学，即从预期结果开始思考教学。[①] 换句话说，太多教师只关注自己教的过程和方法，而不是学生如何学、学得如何。这样的教学活动纵使场面很热闹很有趣，也是伴随着有趣的体验，偶然产生的一种短暂的兴奋状态，但未必能让学生获得智力上的成长，始终葆有学习兴趣与动机。学生们认为自己的任务只是参与，认为学习只是活动，而不是对活动意义的深刻思考，这不利于培养学生知识的迁移力和持久学习力，最多只能算是有趣教学。

如何转变我们的教学思维，从有趣教学走向有效教学？"以终为始"的思维提供了一种解决方案。它不仅能帮助我们明确教学目标，指出方向，还能最大限度地激发师生潜能，提升教学效果。在实践中，结合项目设计和学生成长的实际需求，我们依据逆向教学设计框架（UbD）进行了尝试。UbD倡导的以终为始的逆向设计思维，通过"翻转"传统教学模式，显著提升了课堂教学的实际效果，促进了学生的主动和全面发展。

UbD是在对美国教育评价专家泰勒（Tyler）的"目标导向"模式进行继承与创新的基础上，由威金斯和麦克泰格共同开发出来的一种教学设计框架。该框架是一种以明确的学习目标为起点、以促进学生有意义的学习为宗旨、

---

① 威金斯，麦克泰格.追求理解的教学设计(第二版)[M].闫寒冰等，译.上海：华东师范大学出版社，2017.

强调评价设计先于课程设计和教学活动开展的创新型的教学设计模式。

它打破以往习惯性教学思维，从想要达到的学习结果开始逆向设计，即优先学习次序，根据学习目标的要求或暗含的表现性行为设计课程，这种"以终为始"，更多关注学习的内部过程而不是外部教学方法，更能使学生成功地完成学习任务，达到学习目标的要求。这就像导游一样，只有在清楚地知道希望"游客"对文化有哪些特定理解的情况下，我们才可能做出最好的决定：让我们的"游客"游览哪些"景点"，以及让他们在短时间内体验什么特定的"文化"。因此，在教学中，我们首先要明晰预期目标，只有知道了预期结果，我们才能专注于最有可能实现这些结果的内容、方法和活动，从而实现有效教学。

在教育领域中，当我们尝试从习惯和传统教学的"逆向"视角去理解时，我们就会发现，与常规教学实践相比，这种视角的一个主要变化是：设计者在决定教什么和如何教之前必须思考如何开展评估，而不是在一个单元学习即将结束时才构建评估。逆向设计要求我们在开始设计一个单元或课程的时候，就要通过评估证据将内容标准或学习目标具体化。①

如何建立这种以终为始的逆向设计思维呢？UbD逆向设计给出了三个阶段的方法，包括确定预期结果、确定合适的评估证据、设计学习体验和教学（见图3-6）。具体如下：

图 3-6　UbD 逆向设计的三个阶段②

阶段一：确定预期结果

预期结果是教学过程的起点，也是教学的终点和归宿。预期结果或既定

---

① 威金斯，麦克泰格. 追求理解的教学设计(第二版)[M]. 闫寒冰等，译. 上海：华东师范大学出版社，2017.

② 希尔. 设计与运用表现性任务——促进学生学习与评估[M]. 杜丹丹，杭秀，译. 福州：福建教育出版社，2019：48.

目标可以是标准、课程目标，也可以是学习结果。我们需要思考：学生应该知道什么？理解什么？能够做什么？什么内容值得理解？我们的目标是什么？我们期待产生怎样的结果？作为一个长周期的、复杂的任务，在完成任务的过程中，肯定会有其他的学习相伴而生，对此，我们并不排斥，但是在学习过程中无论遇到什么挑战，学生需要学习的东西是明确不变的。这就要求在整个项目实施中，我们始终要专注于目标和结果：我们要思考教学目标，查看已发布的课程标准，明确课程预期结果。同时，在这一阶段中，我们还要明确学习内容的优先次序及学习重点。因为通常要传授的内容比我们在有限时间里能够讲授的内容要多得多。在实践中，我们发现知识点（Know）的明确是老师们最容易明确的；学生们能够做到的（Beabletodo）稍难一些，但是仍然可以通过设想教学场景和结果，确定详细、精确的内容加上富有挑战性的"强行为动词"来表达；而"U（Understand）"即对"大概念的理解"，以及核心问题往往成为老师们实施的阻碍。为破解这一难题，我们通过教师间、师生间的头脑风暴，集思广益，相互质疑，不断追问项目的核心价值来确立大概念。我们最常问的问题就是："为什么做这个项目？""学生将从中获得什么？对他们今后的学习和生活有什么帮助？""学生如何将所学到的知识、概念、技能迁移应用于新的情境中，特别是现实生活中？"这样就能克服项目设计中过于关注大而全，但是浅而薄的现状。从一堆支离破碎、杂乱无章的活动，走向深入的、有组织、有层级的项目。也就是，常说的以"一英寸深"对"一英里宽"。而当我们的预期结果愈加清晰时，项目后面的问题也迎刃而解。

中关村三小的宋立亭老师在交流"光盘终结者"这个项目时，介绍项目起源于学生面对的真实问题。

每年发下来的英语教科书配套的光盘用一次就没有用了，这样每位同学都积攒了很多光盘。在设计之初，老师们开展了头脑风暴，对"光盘"这个元素进行更深、更多的挖掘。一般而言，大家最容易想到的是环保问题或是废物利用问题。但是经过不断追问、讨论，大家产生了这样的思考：为什么现在的电脑大多取消光驱了？为什么曾经风光一时的磁带、光盘在逐渐走下历史舞台？未来人们将会如何记录与存储信息？这样，大家的聚焦点就从浅层次的手工制作技能，走向思考光盘这个物品背后所承载的信息技术大概念。同时，我们也考虑到在小学阶段，孩子们很难接触到这些方面的内容，即便是信息技术课中也涉猎很少。因此，老师们希望通过这个项目发展学生对科学技术的溯源与展望的理解：一方面希望学生开始理解人类是如何利用科技与工具去记录信息的。学生们通过互联网或其他信息文本等来源,进行信息的搜集、筛选、整理和表达,培养信息素养。另一方面希望学生能利用自己对于过往信息技术的理解,展开一种对于未来信息存储工作的设计与合理想象,并通过写作、数字展示、图表、布展等来展示他们的获得。当老师们对项目的目标与价值有了清晰的认识以后,就不会将目光仅仅盯在操作层面上,对每个细节的取舍就不会争执不休,因为取舍的标准都可以追溯到目标与价值。[①]

阶段二:确定合适的评估证据

有了预期结果,在逆向设计指导下,我们还要"像评估员一样思考"。因此,在第二阶段,在正式设计学习活动前,我们需要整体思考并设定契合的评估方法,整理并收集合适的评估证据,来验证教师的教学是否达到了预期、学生的学习是否完成了预期,并依托评价,依靠对项目的评价、学生的评价以及成果的评价等来证明。这一内容,将在本书第四部分重点阐述。

阶段三:设计学习体验和教学

当在我们的头脑中有了明确的规划蓝图,有了明确的预期结果和合适的评估证据后,就该全面考虑最适合的学习活动和教学内容了,也就进入了逆向设计的第三阶段:设计学习体验和教学。这一阶段,我们以预期结果为出发点,紧紧围绕学生需要哪些知识(事实、概念、原理)和技能(过程、步骤、策略)展开设计,来整体设计教学活动,明确"我们需要教哪些内容、指导学生做什么以及如何用最恰当的方式开展教学"的关键问题,寻找出最合适的学习活动与教学内容,不断缩小预期目标与学生现有水平之间的差异。

(二)设计思维

设计思维(Design Thinking)是一套如何进行创新探索的方法论系统,包含了触发创意的方法。它是一种循环迭代的思考方式,也是一种促进问题解决的学习框架。设计思维最早可追溯至赫伯特·A. 西蒙(Herbert A. Simon)对于人工科学和自然科学区别的思考,他认为人在思考如何设计的过程中能够发展思维,促进人工与自然的融合。20世纪末期之后,创新设计顾问公司IDEO提出了影响较大的设计思维框架:同理心、聚焦、构想、制作、检验五步骤。该框架在 STEAM 等教育领域中应用广泛(见图3-7)。

[①] 案例由北京市海淀区中关村三小提供。

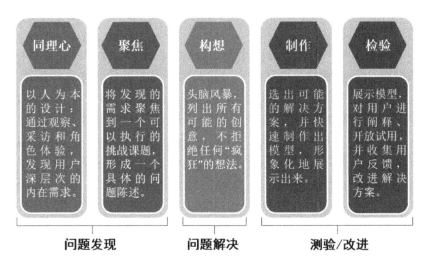

图 3-7 设计思维内涵

在美国兴起的"设计思维教学法"(Design Thinking Pedagogy)目前已成为一种风靡全球的创新能力培养方法。[①] 在高等院校面向未来工程师、教师、设计师、创业者等专业人才的培养中，以及中小学的 STEM 教育、创客教育等领域受到广泛关注。其发展经历了"设计思维—设计思维教育—设计思维教学法"三个阶段。[②] 邓恩(Dunne)和马丁(Martin)将设计思维描述为设计师使用的认知过程，与他们生产的设计物体相对。它通常被认为是一种将同理心、创造力和理性相结合的能力。设计师可以用之使解决方案更适合特定的环境。设计思维用于高校始于美国斯坦福大学在 2005 年建立的哈索·普拉特纳设计研究院(Hasso Plattner Institute of Design，简称 d.school)旨在培养不同专业的大学生和研究生。d.school 采用以人为本的方式，开展设计思维教育，培养学生创新性解决问题的能力。2007 年，德国波茨坦大学建立了哈索·普拉特纳研究院(Hasso Plattner Institute，简称 HPI)，它与 d.school 被称为设计思维教育的姊妹学校。随后越来越多的高校开展了设计思维教育。研究发现，设计思维可以成为一个高度反思的创造性过程。它允许学生回顾和批判性地

① 斯宾塞，朱利安尼.如何用设计思维创意教学：风靡全球的创造力培养方法[M].王頔，董洪远，译.北京：中国青年出版社，2018.
② 林琳，董玉琦，沈书生.设计思维教学法的理念框架与支撑技术[J].现代远程教育研究，2022，34(4).

思考自己的设计过程，从而更深入地理解设计思维有助于问题解决的相关活动。

设计思维还有助于成功地实现跨学科教学。其前提条件是：①设计的项目是真实的、有动手实践的任务；②有明确的结果，且允许多种解决方案；③促进以学生为中心的合作和更高层次的思考；④允许多次设计迭代来改进产品。① 设计思维教学法最初是由斯坦福大学的莫琳·卡罗尔（Maureen Carroll）等人开始尝试的。它强调"从现实问题出发为学生创设学习项目情境，引导学生团队通过移情、定义、构思、原型和测试等设计活动，在使用知能来定义问题和提出问题解决方案的过程中，发展学生的设计思维心智模式，并最终提升其创新自信力和创新能力的新型教学方法。"②

林琳等认为，设计思维教学法关注建立知识与设计的关联，尤其关注培养学习者的设计思维心智模式：以人为本的、合作化的、可视化的、元认知的和迭代化的心智模式，有利于个体心智结构的完善，表现为个体的移情能力、问题解决能力等的提升。③

我们认为设计思维既是一种教学理念，也是一种教学方法，是一种以同理心解决问题的创新方法，如 LAUNCH 循环设计思维框架。设计思维是一个循序渐进的过程。人是这个过程的重点。它关注人及其愿望和价值观。因此，它是为特定目的或个人设计的。我们在现实世界中试图解决问题时，就必须了解人们真正的需求。同样地，如果我们想培养一个有信心在现实世界中工作的学生，他们就必须做现实世界的工作。学生在解决现实世界问题的同时，学会与其他人产生共鸣。同时，他们学会如何借助所学的知识，为人类提供更好的、可持续性的产品和服务。④

因此，近年来，我们尝试运用设计思维进行项目设计。实验证明，由于有设计思维指导，学生可以非常有创造性地思考。他们不怕解决问题，他们知道如何分享想法；了解如何获得积极和消极的反馈，成为具有反思力的学习者。教师借助设计思维这一工具，提升对项目式学习的理论认识；加深学

① WRIGLEY C，STRAKER K. Design Thinking Pedagogy：The Educational Design Ladder[J]. Innovations in Education and Teaching International，2017，54(4)：374－385.

② 林琳，沈书生，李艺. 谈设计思维发展高阶思维何以可能——基于皮亚杰发生认识论的视角[J]. 电化教育研究，2019b，40(8).

③ 同上.

④ 葛斯特巴林. 设计思维的 77 种工具[M]. 方怡青，译. 北京：电子工业出版社，2020.

科的整体理解；实现了学习者中心、知识中心、评价中心、共同体中心环境的构建，从而提升了整个项目设计与实施水平。

设计思维始于挖掘学生的好奇心，强调同理心和循环迭代。同理心指通过思考项目用户的实际需要来创作产品。如根据调查的观众想要浏览的诗歌网页形式，学生创作并修改诗歌网页。循环迭代指学生的探究过程、产品制作不是一次完成的，而是多次修改完善的。

二、基于设计思维的项目教学设计法·核心要素

基于设计思维的项目教学设计法，即"DEEP"教学设计法，包含四个核心要素：问题驱动（Driving question）、持续评价（Evaluation）、深度参与（Engagement）和产品导向（Products）。其中，D代表驱动性问题；E代表项目评价；E代表深度参与；P代表项目成果。这四个要素构成了项目式学习的核心框架，每个要素都蕴含了特定的内容与方法。该设计方法强调项目设计依据DEEP，走向深度（DEEP）学习。如果能够妥善处理这四个方面，项目设计将能事半功倍，真正激发学习的实际效果，引领学生深入理解知识，走向深度学习的境界（见图 3-8）。

图 3-8　"DEEP"教学设计法

(一)基于关键知能设计驱动性问题(Driving question)

"DEEP"教学设计法中的"D"为 Driving question，指驱动性问题。驱动性问题是项目的灵魂。它是将项目主题和课程标准凝练成重要的、有意义的、"有待调查或解决的问题"的问题形式，以引起学生对项目的好奇心，使项目具有挑战性，激发学生参与，并且帮助他们在项目过程中能够精力集中锁定的目标。

在项目式学习中，驱动性问题基于深度思维设计，并贯穿项目的始终：项目开始，以驱动性问题开启探究；在过程中，学生建构知识和技能来回答驱动性问题，学生不断完成并修改作品以回答驱动性问题；在探究后，学生展示作品以回答驱动性问题。因此，一个好的驱动性问题对于项目的顺利开展至关重要(见图 3-9)。

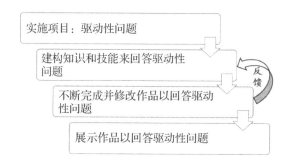

图 3-9 驱动性问题贯穿项目全过程

1. 驱动性问题的类别

驱动性问题分为解决问题或产品制作类驱动性问题、哲学思辨类驱动性问题、语言或阅读类驱动性问题、科学探究类驱动性问题四大类别(见图 3-10)。

第一类，解决问题或产品制作类驱动性问题，通常可以"……如何……"这样的句式提问，举例如下。

①一位旅游者要徒步到重庆的一座桥上游览，请帮忙制作一个能在手机上阅读的旅游攻略，这份攻略包括桥的工程信息、历史和三处停留点、到达方式以及其他有趣的内容等。

②作为博物馆馆长，我们在设计反映当地文化的展览时应该如何选择艺术作品。

图 3-10 驱动性问题的类别

③学完本单元以后，作为旅游代理商，我们要在客户的预算范围内，设计一个旅行计划去游览这些名胜古迹。

④作为作家，我们如何写一个小故事，来介绍学校的历史。

⑤作为设计师，我们如何设计茶叶包装盒，为来学校的客人送上自制的黄芩茶。

⑥作为艺术家，我们如何运用几何学创作艺术作品，来装饰学校的墙面。

⑦如何利用照片和艺术来创建一个关于特定形状的展览，以展示我们的世界中的形状。

⑧作为文化小使者，如何通过举办风筝节，让大家了解中国的传统文化？

⑨作为设计师，我们如何设计一个多功能产品来满足我们空间的需要？

⑩如何为学校设计一个图书捐赠活动？

第二类，哲学思辨类驱动性问题，通常可以以"是否应该……""为什么……"这样的句式提问，促进学生基于证据做出道德伦理方面的决定或思考事物的本质，举例如下。

①工程学需要更多的理论还是实践？

②是茶马古道成就了普洱茶，还是普洱茶成就了茶马古道？

③是谁决定了时尚潮流？

④人类该不该使用食品添加剂？

⑤作为历史学家，我要研究如果那天不下雨，陈胜吴广会起义吗？

⑥创世神话中英雄的行为在今天还值得称赞吗？

⑦为什么科学需要调查和研究？

⑧什么是真正的英雄？英雄通常有哪些品质？

第三类，语言或阅读类驱动性问题，通常可以是假设性问题，让学生利用已知提出不同结果的假设，可以以"如果……会怎么样"的句式提问，举例如下。

①唐僧如果想选第四个徒弟，他会选择谁？如果师徒四人和马，必须辞掉一个人，你会选谁？（《西游记》整本书阅读）

②若给梁山选个新统领，你会选谁？（《水浒传》整本书阅读）

③李白旅游的钱哪来的？（古诗/历史）

④如果请你为《鲁滨孙漂流记》设计书夹克（护封），你会如何设计？

⑤我们将绘制西湖、良渚、大运河三大世界文化遗产旅游宣传海报，为亚运宣传助力。一份吸引人的宣传海报可能是怎样的？

⑥新星电视台将在全校范围内开展"王蒙草堂"小小讲解员海选大赛，有兴趣的同学可以录制讲解视频发送到校园电视台指定的邮箱，评选出的"王蒙草堂优秀讲解员"，将有机会参加各类讲解活动。[1]

第四类，科学探究类驱动性问题，也可以用"如何……怎么做"这样的句式提问，举例如下。

①潮白河的水烧开了，能不能泡奶茶？

②作为农业专家，我们该如何在我们的学校里建个农场？

③作为营养师，我们如何设计营养食谱，来帮助我们所在社区的人们健康饮食，这样我们可以改善大家的健康状况？

④我们如何设计一份儿童版的《本草纲目》，给小学生介绍中草药的知识？

⑤我如何知道我居住地区的重力加速度是多少？

⑥作为一名科学家，如何设计一个实验来揭穿一个常见的科学谎言？[2]

2. 驱动性问题的设计

①驱动性问题的产生

驱动性问题是基于项目主题和课程标准设计的关键性问题。它是基于大概念，在项目目标的指导下，围绕生活问题和教学问题而形成的，同时它又通过创设基于生活实际的情境，以事件导入，让学生带着问题和任务去自主

---

① 戴一苗."让说"：基于项目化学习的口语交际情境创设与实践——以统编教材五年级下册《我是小小讲解员》为例[J]. 小学语文教师，2022(4).

② 博斯，克劳斯.PBL项目制学习[M]. 来赞，译. 北京：中国纺织出版社有限公司，2020.

学习和探索，指向探究后形成的产品。

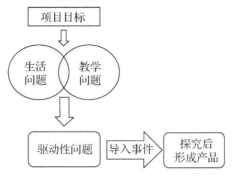

图 3-11　驱动性问题的产出过程

表 3-5　驱动问题自我检查量规表①

好的驱动问题	■驱动问题捕获项目的主要焦点。 ■驱动问题是开放式的，允许学生得出一个以上合理或复杂的答案。 ■驱动问题贴近学生的生活实际，表述清晰，可以让学生理解并能启发学生。 ■为回答驱动问题，学生需要获得预期知识、技能并理解。
需要进一步发展	■驱动问题与项目有关，但缺少主要焦点，可能更像是一个主题。 ■驱动问题符合有效驱动问题的某些标准，但在其他方面有所缺失，如： ▷非学生友好型，表述的清晰性、情境性、成果性有待提高； ▷教学问题，驱动问题将学生导向某一个特定答案； ▷与项目目标不完全匹配。
缺乏有效项目式学习的本质特征	■没有驱动问题； ■驱动问题有严重缺陷，例如： ▷答案单一和简单； ▷对于学生没有吸引力(听起来太"学术化"，或类似教科书或教师的"标准答案")； ▷驱动问题没有指向项目目标。

　　在驱动性问题的产生过程中，我们要注意两方面：其一，从教师来讲，驱动性问题的设计要考虑到项目目标。项目目标的制定要从学科课程标准(指向学生的深度学习)和中国学生发展核心素养(指向学生的全面发展)两方面着

　　① 改编自索利斯等. PBL 项目式学习 101 工作手册[M]. 胡英，乔长虹，译. 北京：光明日报出版社，2019.

手。从学科课程标准是一个很好的入手点，但教师要注意的是，不仅要关注事实性知识，也要关注概念性知识。当然概念性知识很难通过一两次项目式学习就能透彻地理解，但对二者的协同思考才能有助于发展学生解决复杂问题的思考力和创造新观点的能力，能促进其概念重构。

从核心素养方面出发，考察的维度主要包括合作能力、管理能力和问题解决能力。

以 2018 年浙江省教育厅与美国印第安纳州教育厅合作实施的平移课程"交通运输"项目为例，该项目设置了要举办"STEAM 博览会"的情境，号召学生响应博览会"保护环境、减少污染"的倡议，利用可回收材料设计、制作未来的交通运输工具。该项目涉及美国印第安纳州的课程标准包括：

- 四年级小学科学学习：制定解决方案，减少人类与自然环境间的相互影响。
- 四年级物理科学：研究在陆地、水下等运行的运输系统，了解影响它们运行的作用力；研究多个简单机器是如何协同完成工作的。
- 四年级阅读：阅读和理解各种复杂的纪实作品，能与文字内容进行互动。
- 四年级写作：能撰写各种主题的文章。

该项目除了关注科学素养的提升外，还特别强调了人文素养，特别是读写能力的培养，同时将创新能力与问题解决能力、合作能力等核心素养也作为项目的重要发展目标。

该项目的驱动问题是：学校将举办"STEAM"博览会，邀请你利用可回收材料设计、制作一种新型交通运输工具，帮助人们快速前往目的地，并在博览会上将你的设计与其他人分享。希望你们能创造应用于未来的发明！①

在设计驱动问题时，教师可以问自己这样几个问题：

目的性：我为什么要问这个问题？与项目目标是什么关系？

启发性：这个问题是否能引发学生思考？

挑战性：这个问题是简单的是非题吗？或者能从百度直接搜到答案吗？

多元性：这个问题的答案是唯一或多个吗？

真实性：这个问题与真实世界有关吗？

操作性：看到这个问题你想到哪些活动？

分解性：这个问题是否可分解为若干子问题便于学生开展？

---

① 管光海，周晓青.STEAM 学习与指导——项目与评析[M].杭州：浙江教育出版社，2019.

其二，从学生的视角看，驱动问题最终是面对学生的，它是通过一个简洁的问题传达项目的目的，使项目充满兴趣和挑战感，使得即使最不情愿的学生也会想：这个项目听起来很酷。因此，驱动性问题并不能简单认为是教学问题，两者是有着一定区别的。教学问题是事实性问题，指向既定的答案，而且不需要过多的探究，就能找到答案，而驱动性问题是开放性问题，答案不唯一，学生要在问题解决的过程中探索、推理和反思，它既能激发学生的兴趣，又与课标结合，与生活融合。从表 3-6 中可以看出，驱动性问题是教学问题的升级和具象化，它以教学问题为主干，结合生活实际，搭建真实事件和场景，引导学生像从业者或专家一样思考，引导学生有技巧地提问，形成具有完整的人物角色、任务、目标的问题，将"是什么"的问题转变成"为什么""如何""如果……会怎么样""是否应该"一类的问题。[1] 因此，驱动性问题不仅帮助学生获得事实性答案，也提供机会让学生学习解决问题和学会学习的技能，鼓励学生进行自主、合作和反思学习，将所学应用于情境中。驱动性问题也能帮助学生更好地为未来世界做准备，进行深度学习，有助于其知识获得，并导向有意义的学习。

表 3-6　驱动性问题和教学问题对比表[2]

教学问题	驱动性问题
地理学研究的五大主题是什么？	我们作为政府人员如何利用地理学的五大主题来判断我们的小镇是否有特色，如何帮助我们创建特色小镇？
图书馆提供什么服务？	我们作为临毕业的学长如何制作网页，如何帮助九年级的学生有效利用图书馆？
雾霾是什么？能造成什么危害？	如何减少与雾霾有关的交通事故？
如何减少垃圾？	"会说话的垃圾"——如何制作一份减少垃圾的公益广告？
世界上最古老的钱币是什么？	为什么会出现钱币？如果没有钱，我们该怎么办？

---

① MILLER A. How to Write Effective Driving Questions for Project-Based Learning[EB/OL]. (2015-08-20) [2024-02-20]. http://www.edutopia.org/blog/pbl-how-to-write-driving-questions-andrew-miller.

② 马卡姆. PBL 项目式学习（项目设计及辅导指南）[M]. 董艳，译. 北京：光明日报出版社，2015.

　　除此之外，在对于驱动性问题的设计中，我们还要联系生活中的实际问题，基于真实的情境，建立起问题与真实世界的联系，使项目更加贴合学生的生活经验，具有趣味性和挑战性，且更具现实价值和探究意义。

　　驱动问题也不是基本问题（Essential Question）。《追求理解的教学设计》的作者之一麦克泰格解释说，二者的主要区别在于意图不同。基本问题是比较宽泛的，指向大概念的，学科的本质问题，是整个项目的预期结果。教师不一定要直接告知学生项目的核心问题是什么，教师在将基本问题付诸实施时，需要将其变成一个更具体、更能引发学生兴趣的问题，引导学生不断质询，以提高学生的参与度，因此驱动问题是伴随学生整个项目进程的。如，核心问题可能是"科学如何拯救人们？"这个问题比较宽泛，学生可能只是通过列举的方法说明，而不是展开深度的思考，因此教师可以将其改变为"我们应该允许基因工程来预防疾病吗？"这就使得驱动问题变得更有争议性、思辨性，同时又聚焦于一个特定主体，研究范围也缩小了。①

　　因此我们可以把驱动问题看作"富含咖啡因"的基本问题。②

　　②创建驱动性问题的模板

　　很多教师都认为创建驱动问题是有效的项目式学习中最困难的部分之一。那怎么来创建驱动问题呢？创建驱动性问题可以利用"问题模板"。通常情况下，这个问题模板将赋予学生一个日常生活中的专业人员的身份，提出一个特定的解决方法以实现他们要完成的成果和达成的目标：我们如何作为_____（角色），_____（完成、做、创造、设计等），达到_____（结果、目的）？③ 具体来说，让学生思考现实世界中是谁做这个工作？这种角色的人创建了什么产品、采取了什么行动？产品或行动的目的是什么？说服、通知、建议一个要使用的解决方案等，谁是观众？例如：

　　作为作者，我们如何创作一个漫画故事，完成接下来的胡萝卜先生的故事，并通过网络和珠海伯牙小学的同学们分享？

---

　　① MILLER A. In Search of the Driving Question [EB/OL]. (2017-08-30)[2024-02-20]. http://www. edutopia. org/article/search-driving-question.

　　② MILLER A. How to Refine Driving Questions for Effective Project-Based Learning[EB/OL]. (2011-08-24) [2024-02-20]. http://www. edutopia. org/blog/pbl-how-to-refine-driving-questions-andrew-mille.

　　③ 马卡姆. PBL项目式学习（项目设计及辅导指南）[M]. 董艳，译. 北京：光明日报出版社，2015.

简单来说，驱动性问题可以用"是什么？为什么？怎么样"的思维方式进行设计。

③驱动性问题的迭代

一个好的驱动性问题是需要不断进行升级的，在思考升级问题的过程中，使学生深化对问题的思考，提高学生的兴趣和参与程度。那我们该如何对驱动性问题进行迭代和升级？

第一，聚焦真实性。在设计驱动性问题的时候，要充分考虑真实的问题情境，赋予学生一定的职业角色，如"作为漫画设计师，我们……?"当学生代入角色时，他们会更加具有学习的动力。同时，这个问题还要符合学生真实的需求，便于学生理解。

如首师大实验小学的老师们关注到很多学生并没有真正养成饭前便后要洗手的习惯，在开展以"健康"为主题的项目式学习时，老师们希望通过让学生们探究"细菌从手侵入人体的轨迹"，从观念上帮助学生认识到洗手的重要性。[①] 老师们最初提出："作为学校的卫生老师，你能通过什么形式让学生了解'洗手'的重要性，从而行动起来?"后来，在研讨中，大家认识到首先"卫生老师"这个身份距离学生的现实身份比较有距离，很难引起学生共鸣，而卫生值周生是学生们非常熟悉且愿意去承担的生活中的角色，于是就将角色做了调整。

第二，延迟驱动性问题的持续性。问题设计中要理解学科大概念或是关键知识与能力，在琐碎的学科知识点背后寻找到上位的核心知识与能力，将学科本质问题转化成具有知识建构、素养形成交织功能的、具备引导学生持续探究潜质的挑战性问题。尽管挑战性问题与学科核心问题紧密相关，但是并不是把核心问题直接抛给学生。对学生而言，挑战性问题要指向清晰而不能过于宽泛，便于他们更有方向性地进行深入探究。

在上面的例子中，"你能通过什么形式让学生了解'洗手'的重要性，从而行动起来?"貌似很开放，但对四年级学生来说，过于宽泛了，可以入手的点很多，反而让学生无从下手，不知道从哪个角度去想，研究的成果往往也是浮于表面，不能有效地推动学生有针对性地进行深入学习。因此，改为"作为学校的卫生值周生，你能通过展现细菌从手侵入人体的轨迹向全校同学宣传洗手的重要性，使大家能够得以重视从而行动起来吗?"这样学生们的研究点

---

① 案例由首都师范大学实验小学王思远等老师提供。

更加聚焦、更有针对性，也更清晰该从哪个方向去研究，从而驱动学生一步步走向深入探究。

第三，提高驱动性问题中隐藏的项目成果的标准。对项目式学习所要达成的成果有一定的要求和预设，让学生不断通过形成与修订来得到符合成果要求的解决问题的路径和方案，从而使驱动性问题引发起学生对科学精神、责任担当等核心素养的深层理解。

第四，增加驱动性问题中的复杂程度和思维含量。可以给一些问题增加一些限定条件，以增加其解决问题过程中的复杂性。比如添加争议导向，让学生站在不同的角度去阐述自己的观点，同时对自己的立场给出判断标准和理由，驱动学生调用。

第五，倾听学生的声音，为学生赋权。我们都有过这样的体会，我们很感兴趣的一个问题，可能对学生来说就不是。杜威曾说：要使儿童愿意做本来并不吸引人的事，最好的方法是让他理解工作结果的价值，使对价值的意识转移到工作过程中。① 因此，在制定驱动问题时，必须让学生能够理解并让他们参与进来。因此，教师可以花点时间与学生一起制定和完善驱动问题。要让学生感到，这是他们要做的项目，而不是我们要他们做的项目。

①如何将驱动性问题传达给学生——导入事件

为了将驱动性问题传达给学生，教师还需要对导入事件进行设计。导入事件像一个"钩"，类似于热身活动、电影预告片，提供情境，引人注意，引发认知失调，让学生了解到面临的挑战任务并激发进一步探究的热情。其目的有两个方面，其一，激发学生的研究兴趣，"撩拨"好奇心；其二，不仅是引起他们的注意，还要引导学生提出问题，而不是告诉学生要学习的具体知识，或者像布置作业似的把项目要求布置给学生，让他们被动执行。导入事件的类型多种多样，主要有书写、口头表达、视频、加强四种类型，具体来说如下。

 书写
★用户来信
★设计纲要
★时事通讯
★重大事件

---

① 杜威. 我们如何思维[M]. 伍中友，译. 北京：新华出版社，2015.

➢ 视频

★老师收集图片和音乐来发布挑战

★模拟学生最终成果的视频

★比赛的视频

➢ 口头表达

★角色扮演

★用户通过网络公开发布一个挑战

★对一个话题进行课堂讨论

★参观考察

➢ 加强

★综合以上几项

★运用网络或高科技创设情境

★动手操作并提出问题

在设计导入事件时可以从以下角度出发：一是可以与学生讨论最近发生的事，天气、地理；二是外出考察(到附近的公园走走，让学生观察记录垃圾的种类、数量，激发他们的兴趣，思考怎么减少垃圾)；三是让学生进行猜测。如可以让学生品尝果汁，猜测都有什么水果，分别占多少比例，引出分数的学习以及烹饪；四是让学生动手做；五是邀请他人(或录像)发布任务；六是展示照片。即使是开展在线的项目式学习，也同样能通过在共同的时间播放短视频，提供不同人的反应并邀请学生进行讨论；或者虚拟实地考察，如云上博物馆、虚拟旅行等进行。①

例如：

·生物老师设计了一个连环漫画作为导入事件。这个漫画是一个《细胞变英雄》的故事，呈现了细胞的功能和作用。她的导入事件模仿的就是希望学生最终创作作品的状态。她运用网上的资源来设计这个导入事件——连坏画。

·校长发布相关需求，请学生们迎接挑战。如，北京良乡四小的李红莲校长提出要利用学校的一块空地建设多功能空间，请五年级的学生为学校做空间设计。

·一年级老师发起了一个关于记录天气的项目。老师请城市电视台的天

① KAECHELE M. 7 PBL Entry Events for Remote Learning[EB/OL]. (2020-12-01)[2022-06-12]. http://www.pblworks.org/blog/7-pbl-entry-events-remote-learning.

气预报员录制了一个视频作为导入性事件。天气预报员在电视台录制了这个视频。视频中天气预报员告诉同学们由于自己身体原因请同学们帮忙记录本地天气及另外两个地区的天气。包括晴天、雨天、刮风等，并记录每天的气温。同学们将对比几个地区的数据记录，并制作数据图表呈交给天气预报员。

· 在得知学生们对意外事故和骨折感兴趣以后，老师带来了几张 X 光片，一副拐杖以及膝盖支架和空气模型等，孩子们用来进行角色扮演活动。

· 当学生研究生物群落时，老师视频连线当地国家公园的演讲嘉宾或者专家，通过对话开启项目。

· 美国加州的特雷弗·赫什伯格(Trevor Hershberger)老师，在学生开始阅读《蝇王》之前，根据书中的场景，重新布置了教室。学生进入教室时，发现有假藤蔓从天花板上垂下来，桌子都被翻倒了，形成了堡垒和路障。他回忆道："我的学生不确定地走进房间。有些人张大嘴巴，有些人笑得合不拢嘴，还有一些人的眼睛像碟子。他们所有嘴唇上都有'哇'这个词。他们环顾四周，好像他们刚刚踏入了一个完全不同的世界。这不是昨天的同一个英语教室。"①

· 美国高科技高中(High Tech High)的蒂娜·舒斯特(Tina Schuster)老师在"如何说服圣地亚哥的市民少浪费一样东西"的项目中，启动前的一个周五，给每个学生发了一个垃圾袋，让他们在周末收集所有的垃圾，但不能有食品(避免小虫子)和排泄物。此时老师并不告诉学生为什么收集，只是让他们收集。然后让学生与垃圾一起自拍，接着说出心情与感受，老师自己也参与其中。②

需要注意的是，导入事件不仅要吸引所有学生积极投入，还要将内容与最终成果和更广泛的观众相连。

在项目启动阶段，教师可以通过 KWL/KWH 等了解学生的先备知识，激活他们的背景知识，激发他们的探究兴趣，还可以通过开展头脑风暴，发散思维，梳理项目实施路径，形成小组共识，清晰项目结构。"是的，并且……"就是常用的头脑风暴法。

---

① WOLPERT-GAWRON H. Generating a Buzz About Learning[EB/OL]. (2018-09-12)[2022-06-12]. http://www.edutopia.org/article/generating-buzz-about-learning.
② Deeper learning China 2021 年会工作坊资料。

"是的，并且……"头脑风暴法①

①将班级成员分为四到六人小组(包含学生、教师或二者混合)。

②回顾合作准则：

- 人人参与；

- 追求数量；

- 接受所有的想法，并允许保留意见；

- 建立在彼此的想法的基础上；

- 写你的想法的时候也要大声说出来；

- 玩得开心。

③给每个小组一张大纸或是白板上的一块空间。

④给每个团队足够的马克笔，让每个人都可以同时写。

⑤每个团队都聚焦一个项目的构思，并写在纸的中心上(例如，"我们将建造一个操场"或"我们将创办一个电影节")。

⑥分享"是的，并且……"的规则，从中心议题开始，每个人都先承认别人的观点，说"是的，并且……"，并在页面中添加一个新元素。例如，"我们可能会建一个操场"，可以变成"是的，并且……我们将绘制蓝图！"；"是的，并且……我们会邀请一位工程师来帮我们完善！"；"是的，并且……我们将参观并拍摄学校附近的操场！"；"是的，并且……我们将学习操场设备的几何与物理知识！"；等等。

⑦播放音乐……(进行头脑风暴活动时，保持精力充沛，玩得开心)

⑧在投影仪上设置计时器或使用秒表计时。看看哪个团队能将新想法写满整个页面。

将清单张贴在教室墙上，或记在学习手册上(见图 3-12、表 3-7)，留作证据以指导未来的工作，产生新的想法等。

---

① 改编自：High Tech High，Graduate School of Education. Yes，And…! Brainstorming Protocol [EB/OL]．〔2022-06-12〕．http://pblessentials. org/wp-content/uploads/2021/05/Yes-And … Ideation-Protocol. pdf.

图 3-12　学习手册记录

确定驱动问题

选择一个或两个项目想法，并为之同驱动问题草稿。你可以在专家工作坊、漫游画廊之后或你希望的任何时候修正驱动问题。

表 3-7　学习手册表

驱动问题 1	
草稿	
修正	

（二）基于全人发展设计项目评价（Evaluation）

"DEEP"教学设计法中的"E"为 Evaluation，指项目评价。项目式学习的评价伴随整个项目进程的始终，在评价中对学生、学习等方面进行诊断和改进、区别和鉴定、激励和导向，保障教学效果。

在 DEEP 教学设计法中，项目评价包括对项目的评价、对学生的评价以及对成果的评价，它们均指向新时代的人才培养。

对项目的评价，主要包含以下要素：一是项目的设计和规划，是否有驱动性问题，是否有导入事件；二是是否有对项目过程的监控，是否科学；三是有没有搭建学习支架；四是参与度与选择权；五是是否有持续性的多元评价。

对学生的评价，主要有以下几点，一是核心知识；二是口头表达、写作、信息素养、科学素养等关键技能；三是创造、明辨、反思、逻辑等思维发展；四是动机、合作、协调等情感态度；五是时间管理、情绪管理、项目规划等个人管理。

如中关村三小六年级开展的"校园里的鲁迅博物馆"的项目评价，聚焦于对学生的评价，从关键技能入手，评价学生的听说读写等；从情感态度入手，评价学生的责任、合作、沟通等能力。[①]

表 3-8　"校园里的鲁迅博物馆"学生评价表

评价内容	评价指标	评价等级		
		A	B	C
整体感知	1. 有组织能力，表达能力强，善于沟通；积极配合同学，乐于帮助同学；认真听取和采纳同学的意见和建议，积极协调小组开展工作。			
	2. 文章内容概括很准确，得到同组确认。			
	3. 组内交流对任务的感受，推选代表全班交流。交流时目光和观众接触，有互动；声音洪亮，口齿清楚。			
欣赏影片	1. 认真观看，不干扰他人。			
	2. 边看边记录所感、所想。			
写写鲁迅	1. 结合资料背景、影片，写出鲁迅给自己的初步印象。			
	2. 绘制人物，突出特点。			

① 案例由北京市海淀区中关村三小高霁岑老师提供。

续表

评价内容	评价指标	评价等级		
		A	B	C
多才多艺用武之地	1. 结合文字，找到人物特点，画出心目中的鲁迅形象。			
	2. 创作诗歌，描绘鲁迅，凸显特点。			
	3. 自选形式展示我心目中的鲁迅形象（写作除外）。			
	4. 演讲中表情自然、亲近，能和台下观众有眼神交流，有互动；体态自然、真诚。			
	5. 小组录制展室导览，形成网页；有分工、有合作，有自己组的特色；收到参观者的好评。			
反思延伸	真正发现自己存在的问题，记录并思考，为下次的实践活动提供可借鉴的地方。			

对成果的评价，主要包含两个方面，第一方面是成果内容，聚焦问题生成的成果，判断其是否具有真实性、多样性、指向性、多元性；第二方面是成果形式，成果的形式有书面类、展示类、制作类、媒体类、实验类、工程设计类等。

（三）基于深度参与设计项目活动（Engagement）

"DEEP"教学设计法中的第三个"E"为 Engagement，指参与度。其更加强调学生参与项目的深度和投入程度。为此，我们需要运用"设计思维"设计项目，凸显学生的主体性，重视学生的体验感，强调项目的灵活性，以此促进学生全身心的深度参与。

1. 借助项目式教学设计框架，做好顶层设计

在进行项目教学前，我们首先可以借助项目式教学设计框架，做好顶层设计（见表 3-9）。项目式教学的设计框架构成要点有驱动性问题、适用年级、关键能力、任务分解、任务阶段以及时间节点、评价。其中，在进行关键知识能力的设计时，要考虑到课程标准和教材内容；在任务和相应时间的具体划分和分解方面，要考虑到受众、资源、成果形式；在对学习任务进行评价时，要考虑到如何评价学科知识，如何评价核心素养。

表 3-9　项目式教学设计框架表

构成要点	维度
驱动性问题	—
适用年级	—
关键知识能力	·课程标准·教材内容
分解成哪些学习任务	·受众·资源·成果形式
完成这些任务需要几个阶段？ 每个阶段的时间节点？	确定项目的里程碑
对这些学习任务如何评价，用什么方式？	·如何评价学科知识？ ·如何评价核心素养？

2. 用设计思维设计项目活动

项目活动是项目实施落地的重中之重，在项目设计中我们可以借助设计思维来设计项目活动。

Launch 循环设计思维框架是 2016 年约翰·斯宾塞等人将设计思维运用于教育场景，提出要在原有设计思维框架的基础上新增"观察、倾听、了解""多多发问""发布产品"三个步骤，同时强调同理心和迭代联系，促进学生的自我反思，从而形成一个螺旋上升的创造历程。该循环将设计思维与教学实践密切地联系起来，具有较强的可操作性，具体来说，它主要包含以下阶段。

第一阶段：观察、倾听、了解(Learn/Listen/Look)，产生同理心。

这一阶段是 Launch 循环的起始，也是项目的启动阶段，往往体现为一个调查的过程(见图 3-13)。学生们通过观察、倾听，形成思考，发现问题，产生同理心，激发研究欲望。同理心是设计者在尝试提出一个解决方案之前，先真正理解人们所面对的问题，即学生要站在用户的角度去思考问题的实质，强调以人为本，用户体验。其焦点从人们使用的产品转移至人们的行为、需求。这一思考方式将直接决定学生作为一个设计思维中的设计者，能够更全面地思考驱动性问题，以找到更符合现实需求的解决方法，保持与真实世界的紧密联系。设计思维给出了具体展开"同理心"的步骤，有助于启发教师设计合理的驱动性问题来帮助学生了解问题的真实背景和真实受众。

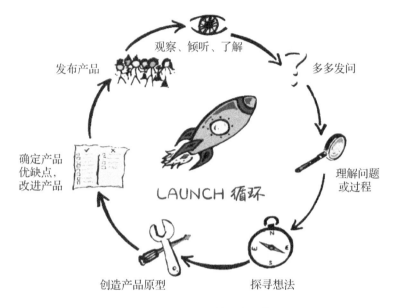

观察、倾听、了解

发布产品

多多发问

确定产品
优缺点，
改进产品

LAUNCH 循环

理解问题
或过程

创造产品原型

探寻想法

图 3-13 Launch 循环内涵①

　　什么情况下，学生会去了解问题呢？可能是自己自主发现的，比如有时只是因为自己简单好奇心或者困惑而关注某一问题，或者因为同理心，会关注某一群体所面临的一系列问题；也可能是他人引导的，比如教师有时候提出的一个问题；还有可能是学生自己看到或者亲身经历过一些事情之后，激发了他们对某个问题或者想法的探究欲望。针对这些问题，教师可以让学生以调研问卷、访谈、需求评估或观察等方式进行探索，以确保他们的研究能对应用户的需求。在这个阶段中，引起共情是重要的目的，同时学生们通过交流，也知道其他学生是如何思考的。对学生而言，他们在项目的开始可能只是凭借自己的兴趣与冲动进行设计，而没有全盘考虑解决问题的流程，特别是用户的需求，缺少系统思考(见表 3-10)。

　　例如""云游'故宫"项目，受疫情影响，近期无法浏览故宫的游客会产生云游故宫的渴望。以前去过故宫但近期无法参观的人和从来没有游览过故宫的人，二者对故宫的了解程度和游览需求不同，但都渴望"云游"故宫，我们

　　① 斯宾塞．如何用设计思维创意教学，风靡全球的创造力培养方法[M]．王頲，董洪远，译．北京：中国青年出版社，2018．

作为导游，可以为他们做些什么呢？①

学生在制作的过程中必须要了解客户需求，才能制作有意义的产品。

再如，在"我们的小镇"项目中，老师告诉学生，他们的任务是通过拍摄和写作为初来乍到的人做一个关于他们生活的小镇的宣传册。教师引导学生认识到，因为他们将要创建的小册子是针对一个新到这个地方的学生的。所以，他们要思考并找出什么样的信息对这类人群来说是有用的。可以设想，如果你对这个小镇一无所知，哪些信息对你是最重要的？为什么？也可以访谈有过搬家经验的人，了解哪些信息对初来乍到的人最有用。学生通过观察、访谈，聚焦新来的学生这一特殊对象，思考他们将面临的问题，产生同理心。因此，他们的研究也更具目的性和价值感。

表 3-10　用户调查需求表

我们产品的预期用户是：
他们遇到的问题是：
他们希望在哪些方面得到帮助？
我们将用什么工具调查他们的真实需求？
我们打算调查的时间是：
我们的调查提纲：
我们需要得到哪些帮助？

---

① 案例来自人大附中实验小学。

续表

我们的调查结果是：ఆ
我们将如何使用用户调查结果？
我对客户的感受了解多少？我在用户调研中学到了什么？

第二阶段：问题激荡（Ask），确定驱动性问题，引发探究欲望。

思辨性思维主要包括三个方面：有一套互相关联、环环相扣的关键问题的意识；恰如其分地提出和回答关键问题的能力；积极主动地利用关键问题的强烈愿望。[①] 项目式学习也是发展学生思辨性思维的重要渠道。麦格拉斯指出：设计项目时要摆脱传统思维，要建立一种能吸引学生卷入其中的情境。"在这种情景中，学生想要提问，想要学到更多，想要知道他们未知的事物。并且相信这一切对他们来说很重要。"[②]在项目式学习中，教师不是要通过提问来检查学生是否知道答案，学生也不是去复制前人做过的实验，或去验证某个知识，而是从教师的提问中获得启发，去进行一种更深入的探究，或是以教师的提问引发学生的问题，关键在于让学习者负责提问。[③] 这就需要他们在解决问题的过程中，不断地提出问题以及发现问题，能"自己设计各种子问题，并且试图寻找如何解决这些问题的方法。因为学生认定了他们所做的事，并充满信心。"[④]

质疑比解疑重要。多多发问这一步骤利于增强学生的主动权，利用多种手段进行发问式的探究，了解受众的真实需求，以此为依据进行探究和产品制作。尽管一开始学生提的问题可能是天马行空，甚至与项目设计关联性不大，但是作为教师仍然要鼓励学生葆有对世界的好奇心和求知欲。正如约翰·斯宾塞所说："有一些最好的发明正是始于一个看似'愚蠢'的问题，一个

---

① 布朗，斯图尔特·基利. 学会提问[M]. 吴礼敬，译. 北京：机械工业出版社，2013.
② 博斯，克劳斯. PBL项目制学习[M]. 来赟，译. 北京：中国纺织出版社有限公司，2020：90.
③ 珀金斯. 为未知而教，为未来而学[M]. 杨彦捷，译. 杭州：浙江人民出版社，2015.
④ 博斯，克劳斯. PBL项目制学习[M]. 来赟，译. 北京：中国纺织出版社有限公司，2020：90.

模糊、不完整的想法常常能激发创新，而这些创新又足以撼动现状"。①

在这一阶段，学生就某个话题会开启天然的好奇心，比如伯牙小学一年级三班的小朋友在"有味道的植物——水培大蒜"这一项目中②，会针对大蒜的生长过程提出各式各样的问题：

① ××的大蒜发芽了，可是我的大蒜为什么一直不发芽啊？

② 大蒜为什么拨开才能发芽？

③ 为什么大蒜会臭啊？

④ 为什么大蒜上面会有黑点？

⑤ 种大蒜为什么需要换水？

⑥ 为什么大蒜泡久了会有泡泡？

⑦ 为什么生的大蒜吃起来会辣辣的？

⑧ 为什么大蒜可以驱蚊？

⑨ 为什么大蒜会发霉？

⑩ 为什么大蒜泡水会烂掉？

⑪ 为什么大蒜有那么多种植方法？

⑫ 为什么下面的根需要泡水，芽不需要泡水呢？

⑬ 为什么大蒜上面的蒜苗剪掉之后还可以再长？

⑭ 为什么有的大蒜长得快有的长得慢？

⑮ 为什么大蒜不长在土里也可以长大？

为此，教师可以让学生在分享小组问题之前，先单独提出自己的问题，然后以小组为单位进行头脑风暴。但有的时候学生会缺乏表达自己好奇心的语言，这就需要提供一些句干或者一些问题的例子，来帮助学生切身明白如何才能提出颇有见地的问题。同时在这一过程中，教师一定要善于倾听孩子的声音，以此来唤醒学生主体意识，激发学生的好奇心，调动学生的积极性，让学生在好奇心的驱动下自丰提出问题并寻求答案。这个阶段的核心是发展学生的发散思维与聚合思维，最终明确学生要研究的问题。这个问题不是教师强加的，不是"我要你研究的问题"而是"我要研究的问题"，这样学生的主

---

① 斯宾塞. 如何用设计思维创意教学. 风靡全球的创造力培养方法[M]. 王颐，董洪远，译. 北京：中国青年出版社，2018：96.

② 案例由首都师范大学珠海市横琴伯牙小学提供。

体性才能得以彰显。①

　　然而，在课堂教学中，我们常常发现孩子们并不会提问题，尤其是低年级的学生。当我们问学生：你们有什么问题吗？常常陷入无人回答的窘境，有时则是漫无目的地"海提"。因此，怎样为学习者的表达过程提供支持，以及何种表达形式对学习最有帮助，如何让提问既具有开放性，又符合探究取向，还能激发学生的好奇心，成为当下学习科学研究的重要内容。

　　美国学者丹·罗斯坦(Dan Rothstein)、鲁兹·桑塔纳(Luz Santana)针对这一现象开发了名为问题制定技术(Question Formulation Technique，简称QFT)的流程，以帮助学生学会自己提问，而不是回答老师提出的问题。具体来说，QFT包括以下五步(见表3-11)②。

表 3-11　问题制定技术(QFT)流程表

步骤	操作要素
第一步：提出你的问题	● 尽可能多地提出问题。 ● 不要停下来讨论、评判或回答问题。 ● 认真写下每个问题。 ● 将陈述句改为疑问句。
第二步：改进你的问题	● 归类：将问题归类为封闭式或开放式。 ● 评估：说出每种问题的优缺点。 ● 改进：将问题变得更清晰。
第三步：选择优先问题	● 选择你认为最重要的三个问题。 ● 你为什么选择这三个问题作为最重要的？
第四步：使用你的问题	● 行动计划或讨论后续步骤。 ● 分享。
第五步：反思你的问题	● 你学到了什么？ ● 你是怎么学会的？ ● 你对于提问有什么不同的见解？

　　在让学生提问之前，教师需要设计一个"问题焦点"。这并不是一个具体的问题，而只是一个提示，可以以陈述或视觉或听觉辅助工具的形式呈现，

---

　　① 威金斯，麦克泰格. 追求理解的教学设计(第二版)[M]. 闫寒冰等，译. 上海：华东师范大学出版社，2017.

　　② ROTHSTEIN D，SANTANA L. Make Just One Change：Teach Students to Ask Their Own Questions[M]. Harvard Education Press Cambridge，Massachusetts，2011.

以吸引学生的注意力并快速刺激问题的形成。

如美国马里兰州的朱莉·格林(Julie Grimm)老师针对二年级的学生开展关于"天气概念"的科学项目。该项目涵盖的核心知识是关于不同类型天气事件(例如龙卷风、飓风和洪水)的信息。此外，她还希望她的学生发展特定的研究技能，如获取信息，评估资源的有用性，协作规划，以及更好的阅读、写作和思维能力。她在设计焦点问题时，并不确定学生会如何处理有关天气事件的术语，但她很想知道他们在开始学习时会问什么问题。于是，这便成为她的问题焦点，她只是让学生就龙卷风、飓风和洪水提出自己的问题。①

在第四步之后，教师还应促进学生反思他们学到的东西。比如格林老师用了45分钟，让学生经历了这样的四步：提出自己的问题—分析问题的列表，并对问题进行分类；将问题从开放式改为封闭式，将封闭式改为开放式—再对问题进行了优先排序—讨论了他们将如何使用问题。在这个过程中，二年级学生询问了关于各种天气事件的力学、原因、后果、变化、保护、反应以及对生命和安全的影响的基本研究问题。最后格林老师只问了全班两个简单的问题："你学到了什么?"和"你是怎么学会的?"一位学生谈道："我们是如何通过提问就学到了很多关于飓风的知识，我听到了我永远不会想到的问题。"另一位学生描述道："我不知道你可以改变一个问题，然后你从新问题中发现了更多。"还有学生说："这很难，你不得不想很多，但很有趣!"更有的学生说："这让我觉得我是老师!"

从上述过程，我们可以看到学生们拥有了自己的问题，因此拥有了研究过程。他们在提问中学会提问，而这也成了深度学习的催化剂。在这个过程中，学生先是思维飞扬，大胆发问，然后缩小问题范围，明确问题的指向，同时还学会如何清晰地表达自己的问题。他们学习像实验室的科学家或任何领域的研究人员一样思考。当他们进行研究时，他们会想出他们想探索的新问题。当学生学会提出自己的问题时，他们在进行更广泛和创造性的、批判性的思考；当他们反思学习过程时，就会发展元认知技能。这有助于他们成为更复杂的提问者、思考者和问题解决者。

通过实验，教师们看到了QFT可以在很短的时间内发展学生的发散(头脑风暴)、聚合(分类和优先排序)和元认知(反思)思维能力。他们也注意到课

---

① ROTHSTEIN D, SANTANA L. The Right Questions[EB/OL]. (2014-10-01)[2024-02-20]. http://www.ascd.org/el/articles/the-right-questions.

堂文化和实践也在发生着重要变化：使用 QFT 不断增加对团体和同伴学习过程的参与，改善课堂管理促进所有学生的公平发展。①

第三阶段：理解问题（Understand），澄清核心概念，指向问题解决。

这一阶段进入问题研究阶段，学生首先要进一步明确项目涉及的核心概念，并尽可能地多收集信息，以便为下一阶段制定解决方案提供更多的参考和方向。在这一过程中，学生将聚焦于学科的学习，主要围绕"如何解决问题"这一大致思路，以学科书籍阅读、网上查阅信息、与专家讨论等方式，多方面、多角度地了解与问题相关的系统和关键信息。如，学习相关的知识，也可能会对前人尝试解决问题的方法做相关研究，还可能会进行更多的采访和需求评估以明确受众，并最终找出与他们所探究的问题存在一定关联的信息，或是在实际发明创造什么东西之前，提出一个新的想法。在这个过程中，他们不仅在学习书本上的知识，也将发展批判性思维。他们将判断信息的来源、确定其权威性、准确性与相关性，而不是接受所有信息；进而他们将整理、整合收集到的信息，形成自己的理解，并用自己的语言重组信息，还要注意遵循学术规范。

其中，最主要的是找到问题的关键要素，围绕核心概念，展开深度的思考和概念学习。除此之外，还要进一步明确产品形式和展示方式，确定问题解决中的突破点和实施步骤。需要注意的是，在这一阶段，学生有权确定或者有权选择自己要做什么样的产品。

学生在项目实施的过程中，常常会随着兴趣的发展偏离最初的目标。因此，教师需要不断提醒学生回顾项目目标，明确驱动性问题，找准项目的方向，并围绕核心问题澄清相关概念，展开有针对性的探究。

如南阳市第十五小学六年级学生的毕业项目，不仅让学生回顾六年小学生活，更以提案征集的形式开展"让校园生活更美好"这一项目。② 有一个组的女生针对提高女生夏季校服的质量开展了项目探究。她们结合自身感受，并通过问卷和访谈了解到高年级女生对夏季校服存在一定的意见，他们以"如何让高年级女生的夏季校服更安全、更舒适"为问题，经过梳理和总结，确定了防止走光、面料的透光性、面料的透气性以及价格为研究点。这样研究的问

---

① Right Question Institute. What is the QFT？［EB/OL］．［2024-06-01］．http://rightquestion. org/what-is-the-qft/．
② 案例由河南省南阳市第十五小学提供。

题就非常明确且聚焦了。

　　教师在这个阶段还可以不断地澄清概念，扩展学科词汇和关键知能。教师可将项目中要用到的重要概念以词汇表的形式放入学习手册中。这样做也可以使学习更加聚焦和深入，增进学生对概念的深度理解，避免活动化。如，首都师范大学实验小学虞蕾老师在"中药——守护健康生活"项目中，呈现了下面的词汇表。

表 3-12　亚健康状态词汇表①（主要概念）

亚健康状态	睡眠紊乱、头昏头痛、易于感冒、疲乏无力等

　　由此可见，设计的过程就是发展知能的过程。学生在设计挑战中重构、强化的学科关键知能，经历知能感知、知能理解、知能应用和知能创新的过程；同时，也自然地培养了心智模式。②

　　第四阶段：探究体验（Navigate），构思产品，形成方案。

　　这一阶段通常是一个闭环的循环体系：先发散再聚合。首先学生们在将某个具体概念塑造成具体想法前，开展项目体验。他们要在前期对问题深入理解的基础上集思广益、头脑风暴、自由发挥、多元发散；然后聚焦每个想法进行具体分析、补充细节；接着从碰撞到整合，聚焦几个核心问题；最后进一步明确受众的需求，构思产品，并做好时间安排，形成解决方案。

　　从本质上来讲，这一阶段过程复杂，持续时间较长，也略显凌乱、需要协作。对于学生而言，他们在项目的开始可能只是凭借自己的兴趣与冲动进行设计，而没有全盘考虑解决问题的流程和用户的需求，尽管他们前期做了用户的同理心调查，但是在这一阶段，他们仍然可能沉浸在自己的兴奋中，

---

　　① 案例由首都师范大学实验小学虞蕾老师提供。
　　② 林琳，董玉琦，沈书生. 设计思维教学法的理念框架与支撑技术[J]. 现代远程教育研究，2022，34(4).

缺少系统思考。因此，教师可以引导学生以列表或网状图的形式，将想法进行罗列整理；还可以创建一个规划图，对作品（或可物化的产品）进行展示，说明作品的内容、实现过程、要实现的功能或表达的主题等。规划图尽量符合这样的标准：能让作品内容一目了然，主题明确，适当的符号或标注表达实现过程。总之，学生经历这一构思过程后，会对自己所创造的作品有大致清晰的构思或者画像。由此可见，设计思维秉承着以人为本，以学习者为中心的原则，从信息共享向学习共享转变，实现学习的深度发生。

仍以河南省南阳市第十五小学"提高女生夏季校服质量"这一项目①为例，学生们在明确了研究内容问题之后，确定了研究计划。她们分工合作，针对扣子与扣子之间的距离问题、领口、袖口的宽度问题、面料的透光性和透气性，开展了多次实验，并与校服厂家、设计师等进行了深度交流。关于面料的选择方面，她们通过上网搜寻及实地考察，最初选择了四种材料，分别是棉布、麻布、混纺、丝绸，并分别对棉布、麻布和混纺几种面料的透光性和透气性进行了实验。最后提出，当前校服材料是以棉毛和麻布两种材料混合纺织而成，建议新校服的材料应以棉、麻、丝三种材料混合纺织而成，这样可以透气性更高而透光性更低。

第五阶段：创造产品雏形（Create）。

设计思维强调快速原型制作、不断试错、从失败中学习、重新设计等理念。这一阶段是学生首次亲自动手创建产品的阶段。学生将在此环节依据受众需求和时间安排初步创作，将自己的想法转化成现实的产品。这个产品模型可能是产品的设计稿，也可能是模型，还可能是编程完成的电子游戏，或杂志的初稿、视频的脚本、故事的草稿等。总之，其需要学生先创作一个雏形。学生应该认识到，任何产品都并非一蹴而就，需要在前期打好基础，这样才能更加顺利、专注地进行创造。同时，产品也需要迭代，而不是一次成型。

如河南省南阳市第十五小学的学生在经过前面的系列探究之后，设计出了改进版校服，见图3-14。

———————————

① 案例由河南省南阳市第十五小学提供。

图 3-14　改进版校服

第六阶段：依据评价，修正改进，实现产品迭代（Highlight）。

在创作雏形以后，学生需要开展评价反馈。评价可以来自教师、同伴，也可以来自专业人士，如学生想制作微视频，可以让从事相关工作的大学生、家长或媒体人参与进来，进行专业评价，这样便于学生依据专业人士的评价反馈，反复修改产品。

在现实生活中，设计师在找到产品的不足之处后，会花费大量的精力或时间改进原有的产品，再确定改进后产品的优缺点，然后反复循环，直到产品做好准备发布。在项目式学习中学生也应经历产品的改进过程。他们在迭代产品的过程中，应清楚认知这样三个方面：其一，任何好的成果是改出来的，一件高质量作品需要付出艰辛的努力，不要指望一次成功，更不要害怕甚至拒绝别人提意见。这是对学生意志品质的培养。其二，要明确什么是典范，产品应该达到何等质量，要对质量有追求，而不只是完成任务。这是对品质的追求。其三，作为作者，要能分析受众的反馈意见，并依据优秀成果的样例和别人的反馈进行修改，提升自己的产品质量，实现成果迭代；作为受众，要学会给予作者鼓励，并提出建设性的意见，而不是批评指责。这就是工匠精神。通过体验真实生活的这一过程，学生磨炼了性格，能更耐心、更严谨、更有韧性地做事，同时，也能形成这样的观念：项目的初稿只是创作、反馈、反思和修改这一"学习循环"的起点，"学校就是修改作业的地方"。①

---

　　① 马丁内斯，麦格拉斯. 深度学习：批判性思维与自主性探究学习[M]. 唐奇，译. 北京：中国人民大学出版社，2019：53.

"修正是通向精通的途径"。①

教师可借助反思修正表帮助学生改进自己的原型设计(见表 3-13)。

表 3-13　反思修正表②

存在什么问题？
如何解决？
新的设计：

在这一过程中，教师常常面临学生不会评估，不愿意被评估，或不愿意就别人的作品发表观点的情况。要解决这一问题，教师可以采取如下策略：

·充分利用例子和模型展示，对其加以分析和说明，也可以讲述产品背后的故事，而不是仅仅指出问题所在。

·在评价学生作品之前，先让专家或学生通过暖反馈(指出积极的方面)或冷反馈(提出建议)评价作品，然后教师给学生示范如何接受反馈，减少学生的尴尬或紧张感，详见评估部分。

·通过追问，帮助学生进一步清晰自己的想法。

·可以运用结对思考交流策略(Think-Pair-Share)，让学生经历个人思考(1 分钟左右)、结对讨论、交流(10 分钟左右)，而不是一上来就全班展示。

教师还可以采用"7 分钟项目调整策略"来帮助团队形成共研、共助、共

---

① 伦兹等. 变革学校：项目式学习、表现性评价和共同核心标准[M]. 周文叶, 盛慧晓, 译. 长沙：湖南教育出版社，2020：98.

② 由首都师范大学实验小学王思远等老师提供。

享、共进的良好氛围。

7分钟项目调整策略①

小组准则：严谨治学，宽以待人；善良，互助，具体；营造共享的氛围，轮流发言。

实施方案：每人7分钟；安排4—5组学生。

角色：展示者、参与者（4—5人组成小组坐在一起），协调人（可以是老师）。

①项目概况（1分钟）：展示者概述他们的想法，并分享他/她对关键设计问题的思考。

此时，参与者认真倾听，保持沉默。

②小组思考时间（1分钟）：参与者写下他们想要更多了解的内容及对主讲人的看法（可借助相关表格）。

此时，展示者是沉默的；参与者也是静静地做这些工作。

③澄清问题（1分钟）：参与者向展示者提出需要"澄清性"问题。此类问题可以帮助小组更容易理解展示者的想法。澄清问题往往会得到简短、事实性的答案。

④小组讨论（3分钟）：参与者从积极的反馈开始。然后参与者确定展示者有什么需要我们帮助的？这个想法是来自真实的问题还是需求？这个想法最强大或最令人兴奋的部分是什么？我们如何在这些基础上进一步发展？我们能在课堂上完成这个想法吗？

在此期间，展示者可以从组内抽身而出，在房间四处走动，聆听反馈并记笔记，但要保持沉默，不能回答问题或参与对话。参与者应该就彼此的观点进行评论，而不是评论展示者。会议协调人需要提醒参与者注意那些演讲人感到两难的问题。记录者要记录"暖反馈"和"冷反馈"。

⑤反思（1分钟）：展示者对讨论做出回应，分享是什么触动了他/她，使他/她从讨论中获得的启发，接下来可能采取的步骤措施等。

这是帮助展示者，不需要辩护。此时，参与者是沉默的。

总之，这一阶段的目的在于让学生感到自己已经取得了一定成果，但仍

---

① High Tech High, Graduate School of Education. Seven Minute Project Tuning［EB/OL］.（2021-05-07）［2022-09-07］. http://pblessentials. org/wp-content/uploads/2021/05/7 – minute-Student-Project-Tuning-Protocol. pdf.

存在改进空间，可以变得更好，而不是让学生感觉要推倒重来，产生强烈的挫败感。对学生的评价永远不应该以学生的失败告终。南阳市第十五小学女生夏季校服改进项目在向学校主管老师和同学进行说明之后，获得了更多的建议，并在老师的推荐下，与制作校服的厂家直接联系，讨论沟通，进行了多次的改进，并将在新学期投入使用。

第七阶段：发布产品，庆祝成功，并进行反思。

产品的发布一定要面向真正的受众，并且受众面一定要广，开放度越大越能进一步拉近与真实世界的距离，让学生收获真实的反馈，得到真实的体验。比如"把学生带去养老院，与老人们分享自己的艺术作品""制作电子书发表到网上""学生制作视频或在抖音上直播，跟作者的粉丝们一同分享读后感"。发布产品的方式推荐面越大，受众面越广，开放度越大。

在这一阶段，教师和学生要不断明确：

· 你将要展示的成果或活动是什么？

· 展示的对象是谁？

· 你将在哪里进行公开展示？

· 你将何时进行公开展示？

· 展示中可能会出现的问题是什么？你将如何解决？

下面的工具"展示计划"将有助于学生进行系统的思考，见图 3-15。

需要注意的是，发布产品不仅要展示项目成果也要展示学习过程，所以有时候项目可能并没有全部完成，有时候展示的成果可能并不完美，这都不重要。重要的是通过这一环节，学生与框架的第一步（观察、倾听、了解）建立了迭代联系，强调产品的公开性和现实意义，并持续从受众那里获得真实的反馈，修改产品，比如自己的想法是否切实可行？自己的产品受众会喜欢吗？受众会使用这一产品吗？这种真实的反馈可以为学生提供一个以同理心去进一步感受他人感受的机会，而这一机会将促进设计者的反思，提升学生对这一问题的认知，进而增加学生社会交往等实践活动，为后续开发 2.0 版本或创造全新事物奠定理论基础。

呈现学生学习成果及学习过程的另一个工具是"项目墙"①。项目墙是教师为了让每个成员都记住要探索的问题、里程碑事件和子任务截止日期等信息，

----

① 罗颖，桑国元，石玉娟.50 个工具玩转 PBL 项目式学习［M］. 北京：中国人民大学出版社，2023.

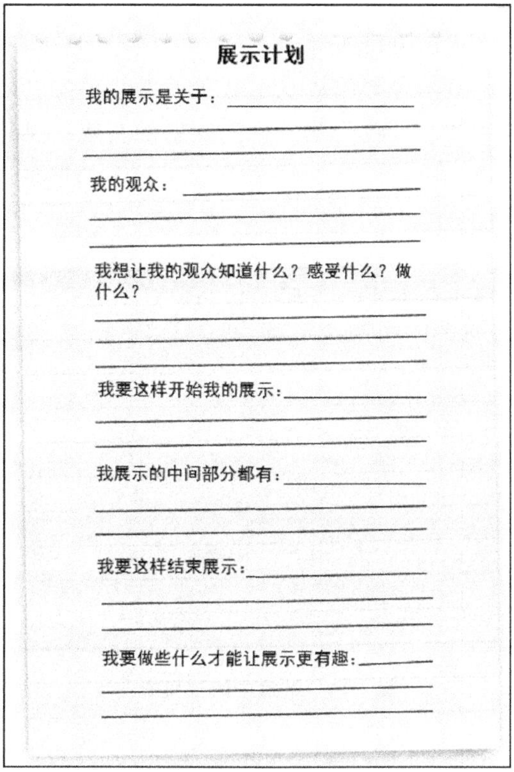

展示计划

我的展示是关于：________________

我的观众：________________

我想让我的观众知道什么？感受什么？做什么？

我要这样开始我的展示：________________

我展示的中间部分都有：________________

我要这样结束展示：________________

我要做些什么才能让展示更有趣：________________

图 3-15　展示计划

而设置的信息中心，保证每个人都能随时看到项目的关键信息。项目墙没有唯一固定的模板，但通常内容包括：

①项目信息区：如项目名称、驱动性问题、分解驱动问题、项目组成员等。

②师生互动区：这个区域，教师可以让学生用书写或便利贴的方式提供反馈信息，或展示团队成员没有来得及当面沟通的信息，或展示项目关键知识点。

③项目时间轴：包括项目开始时间、结束时间、里程碑事件和关键节点所需要的关键资源等。

④成果展示区：这个区域，教师可以展示学生的阶段性成果，为学生提供展示的平台，同时还可以开辟出反馈区，鼓励学生间的交流反馈。

项目墙不仅全面而直观地呈现项目的成果，也记录着学生的项目进程。

从某种意义上说，过程记录比结果呈现更重要。它不仅体现了项目的设计与规划，也视觉化地呈现了项目实施的过程；不仅用于展示项目成果，也成了班级文化的一部分；不仅全方位体现了教师对学生的支持、管理、评估，更记录了学生的自主探究、自我成长、自我反思的全貌。因此，项目墙不能只在最后作为展示呈现，而应该是教师带着孩子们一起记录、完善、装饰，使其成为一面记录动态生长的、"会说话"的墙（见图 3-16）。

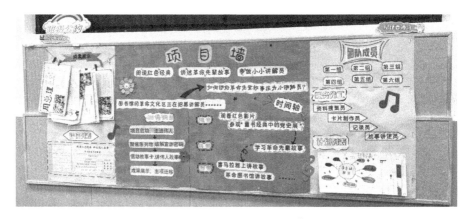

图 3-16　教室中的项目墙①

总而言之，LAUNCH 循环是一种强有力的方式，可以以这种方式或者流程来设计有意义的产品，并将这一过程以及最终的产品分享给真实的受众。其阶段虽多，但实质上对于教师来说，节省了时间，提高了效率；对学生来说，分解了任务，简化了流程。但我们需要注意的是 LAUNCH 循环并不是一个需要严格遵循的流程，在具体应用中是灵活的、可调整的，比如学生基于一些研究，在到达"探究想法"阶段前，会转变想法。

如用 LAUNCH 循环设计思维框架设计"过山车"项目②，见表 3-14。

---

① 图片由北京市海淀外国语学校提供。
② 斯宾塞. 如何用设计思维创意教学：风靡全球的创造力培养方法[M]. 王顿，董洪远，译. 北京：中国青年出版社，2018.

表 3-14　基于 LAUNCH 模型的"过山车"项目设计表

课次	用时（分钟）	LAUNCH 阶段	课程主题	教学目标	教学过程
第一次	60—75	L：观察、倾听、了解。	探索将要进行的设计项目。	● 了解受众，进行同理心调查。 ● 并以图表的方式展示结果。	● 导入事件：教师播放有关过山车的视频。 ● 学生们记下疑问，在组内讨论分享问题。 ● 教师介绍 LAUNCH 循环的关键词汇。 ● 班级调查：同学们对过山车的想法是什么？ 数据分析，结束时学生完成 KWL 表。
第二次	45—60	A：多多提问。 U：理解问题或过程。	探究过山车的工作原理。	● 能提出探究性问题。 ● 进行网上研究，分析信息，重组信息。	● 每个学生都需要回答："你对过山车的工作原理有哪些疑问？" ● 小组讨论、分享问题。 ● 老师示范如何寻找不同的过山车以及如何找到其工作原理的例子。 ● 学生开始带着自己的问题研究过山车的工作原理，并为过山车草拟想法。 ● 结束时学生完成出场券：你对过山车有哪些想法。
第三次	45—60	N：探寻想法。	探寻想法及制订计划。	● 能够创建网状图展示过山车涉及的所有标准。 ● 能对如何制作过山车有完整的想法，制定一个建造过山车的规划。	● 每位学生以思维导图的形式展现大型过山车所需的东西。 ● 小组讨论、分享应该如何制作过山车。 ● 全班交流，以小组为单位提出一个主要概念。 ● 结束时学生完成出场券：小组合作情况如何。

续表

课次	用时 （分钟）	LAUNCH 阶段	课程主题	教学目标	教学过程
第四次	60—90	C：创造产品雏形。 H：改进产品。	建造过山车。	● 能创建过山车模型。 ● 能为过山车制作带有注解的视觉材料。 ● 能确定模型的优缺点，测试及改进。	● 小组建造过山车，并进行试验改进。 ● 思考如何进行成果展示。 ● 结束时学生完成出场券：你们小组准备好如何展示了吗？
第五次	60	发布产品。	发布产品。	● 创建一份向同学们介绍自己产品的说明性材料，让人相信这是一个很棒的过山车。	● 鼓励学生思考如何发布产品。 ● 学生们进行巡游。 ● 教师监控进程并提供必要支持。 ● 项目结束时指导学生进行反思。

LAUNCH 循环设计思维也可以用于微项目中①，以学习任务群的方式出现。

在美国圣地亚哥的一所学校，二年级的教师艾米·福塞克（Amy Fousek）引导学生使用设计思维进行科学学习。

上课伊始，福塞克老师提出挑战问题：今天是世界水日，我们的设计挑战是利用自然资源创建一个水过滤系统。

学生们通过观看视频知道世界上其他地方的人们是如何取水的。他们认识到，在全球范围内，有很多人无法获得清洁水。如视频中的一个小女孩必须走四英里才能取水，她的背很疼，因为她头上顶着一桶沉重的水。而我们只需要从冰箱里拿一杯水。此时，他们产生了深深的共情。（L&A）

接着老师问：在视频中，你注意到她周围有什么？她周围有一些自然资源？接下来，学生们开始了探究。老师希望孩子们体验这些自然资源：当你把水倒进沙子里时会发生什么？当你把水倒在布上时会发生什么？老师引导

---

① Design Thinking：Prioritizing Process Skills（OL）.（2014-04-06）[2024-02-20]. http://www.edutopia.org/video/design-thinking-prioritizing-process-skills.

学生通过讨论，确定要研究的问题：对于那些无法获得清洁水的人，他们需要一种过滤水的方法，这样他们就不会因此而生病。（U&N）

接下来，学生们通过画示意图进行快速构思，设计纸质模型，并在小组内讨论确定原型。然后学生们合作用纸杯、纱布等对不同的原型进行过滤测试。此时，老师强调即使水是清澈的，饮用起来可能仍然不安全。于是学生们使用老师提供的 PPM 装置测试水的纯度。如果测试失败了，学生必须找出问题并再次解决。（C）

在最后阶段，福塞克老师让学生上传他们的数字资源作为档案袋的资料，即使是不成功的结果也要上传，以便其他人可以从中学习。

最后一步，福塞克老师问学生获得了什么？

阿玛（Ama）：快乐！

梅加纳（Meghana）：第一次尝试并不总是奏效。失败再试一次是可以的，因为那时你实际上正在学习一些东西，比如，"哦，这行不通，让我们试试这个"。

学生：哇，它看起来太干净了！

钱德勒（Chandler）：我认为这很好，因为它不仅仅是在想你自己，而是在想别人，我认为这非常重要。（H）

如果学生从很小的时候就开始设计思维，他们会承担更多风险。他们开始学习目标设定、解决问题、坚持不懈，学习如何在团队中工作，学习如何提出好问题、如何设计调查问卷并更深入地研究问题。同时，他们在参与真实的设计实践中，不再是学习静态的知识，而是在进行与"专家实践类似的、真实的、有意义的、符合学生思维发展特点的简化版本"。[①] 他们获得的知识是深度的、情境性的、实践性的、通过协作产生的。这样，学习才真正发生了。

在这个过程中，教师要鼓励所有的学生无论其起点如何都积极主动地投身于项目工作中。而这也是项目式学习中的难点所在。基于设计思维的项目设计给予学生更大的空间进行更全面、更高层次的思考，也能调动他们的主动性。在放手以后，老师们往往能看到学生们主动学习的场景。学生们的表现常常超出预期，令人惊讶，而这也促进老师对学生的认识发生了改变。

教师在设计项目的过程中，可以借助"全员参与技巧主动投入模型"检验

---

① 索耶．剑桥学习科学手册(第二版)［M］．徐晓东等，译．北京：教育科学出版社，2021：6.

自己的设计。该模型形象地展示了课堂上全员参与和高层次思考之间的关系：当学生积极参与并开始高层次思考的时候，也就是当他们的行为符合模型中第四象限的时候，便是他们开始学习的证据，而此时，即使那些本来并不出色的学生，也会在参与中变得"开始闪光"。因此，教学中一定要努力将学习活动置于第四象限，让学生就所学内容进行思考和交流，让学生更多地体验投入认知学习的乐趣。

全员参与技巧认知投入模型及象限分析（见图 3-17）[①]：

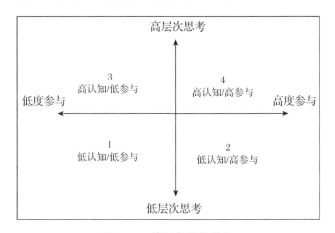

图 3-17 第四象限教学法

总之，将设计思维用于项目式学习，既可以促进学生层面运用这套流程结构化、可视化地实践项目式学习的全过程，也有助于教师真正践行以学生为中心，不断提升自己的专业能力，成为教育场的设计师。

（四）基于真实应用设计项目成果（Products & Participants）

"DEEP"教学设计法中的"P"为 Products & Participants，即指项目成果和与之相伴的参与者。学习科学研究发现：当学习者外化并表达自己正在形成的知识时，学习会变得更有效。[②] 在项目式学习中成果和参与者是多元化的，他们构成了项目式学习区别于一般教学活动的重要特征。在项目设计与实施中，教师要对本项目中所涉及的参与者和成果有一个科学的认知。

① 希姆勒等. 让每个学生主动参与学习的 37 个技巧［M］. 杨颖玥，译. 北京：中国青年出版社，2014.

② 索耶. 剑桥学习科学手册（第二版）［M］. 徐晓东等，译. 北京：教育科学出版社，2021.

在项目参与者层面，不仅包括教师、学生，还有专家、社会人员、家长等群体。他们不仅是项目成果的观赏者，更是项目成果的反馈者。

在项目成果层面，既可以是无形的，也可以是有形的。具体来说，主要分为书面类作品、展示类作品、技术类作品、媒体类作品、培训类作品、计划类作品、制作类作品几大类。

书面类作品：研究报告、叙述文、书信、海报、简报、项目建议书、诗歌、提纲、介绍手册、小册子、调查问卷或调研报告、人物自传、论文、书评、编者按、电影脚本……

展示类作品：演讲、辩论、游戏、歌曲或者抒情诗、音乐片段、口头报告、座谈会、戏剧和角色表演、新闻播报、讨论、舞蹈、数据展示（例如图表）、作品展览……

技术类作品：电脑数据库、电脑图像、电脑程序、CD-ROM、网站……

媒体类作品：录音带、幻灯片、录像带、绘画、雕塑、拼图、剪贴册、口述历史、相册、公众号、美篇、抖音……

培训类作品：课程、手册、工作示范……

计划类作品：计划书、成本预算、投标书、蓝图设计、流程图、时间进度表……

制作类作品：实物模型、大众消费性产品、系统、机器、科学仪器、博物馆展品、立体模型……

这里特别要提出的是创建一个博物馆展览是学生非常喜欢的一种产品形式，也是需要学生综合应用所学知识的一种真实的学习方式。它通过展览物品和故事来吸引其他人参与其中。当学生选择相关的艺术品，制作书面解说词，并将内容组织成一个展览时，他们就是在确定重要的想法，分析信息，并建立联系。[①] 项目式学习中创建的博物馆有多种作用和目的。有的是讲述一个特定的人、地方、历史时期或事件，如北京通州贡院小学的"长征纪念馆"；有的提供互动展览、模拟，甚至穿着戏服的解说者（表演者）；有的则用于收藏艺术品、照片、纪念品、手工艺品、标本等，如北京京源学校小学部结合《昆虫记》阅读为学校的"动物微博物馆"筹建"昆虫展区"。学生要阅读相关作品，参与展览的规划、确定将创作什么样的博物馆展品；如果可能，教师还

---

① Buck Insititute for Education. Product Toolkit: Museum Exhibit(OL). [2024-02-20]. http://my. pblworks. org/node/12445.

要带学生去博物馆实地考察，让他们以策展人的视角观察展品，还要指导学生依据主题，学习相关内容，创作他们的博物馆展品；还要协助学生准备如何向观众展示并讲解他们的博物馆展品，包括制作辅助材料，如讲解词、一系列标签、手册或视频等。

如图 3-18，北京京源学校小学部学生在介绍昆虫。[①]

图 3-18　北京京源学校学生介绍昆虫

当学生完成项目成果（作品）制作后，必须要进行展示与交流，分享学习过程中的心得和体验。成果交流的形式可以是多种多样的，比如举办小型比赛、开展报告会或者辩论会、举行展览会等。这一环节不仅能促进学生巩固知识，发展学生的合作和表达能力，还能增强学生对于成功解决问题的信心，提高他们在实际中独立解决问题的信念。

更重要的一点是，成果（产品）面向真实开放的世界，它会被提供给现实有需要的人，当学生能够通过项目帮助他人、改变世界后，他们会受到更大的触动，感受到更深刻的意义。

除此之外，在项目成果设计与展示的过程中，另一个容易被忽视的因素是观众的力量。如果教师将观众默认为学校的老师和同学，这就窄化了成果的适用范围，也矮化了项目式学习的最终意义。事实是，一旦开始将观众从教师扩展到外面的人的时候，学习体验将完全不同。特别是当他们看到自己能够学以致用，并能用其所学对他人做些有益的事情，尤其是能影响地方社

群时，学习者都会具有较强的学习动机。①

我们在实践中发现，能够令人兴奋不已的项目往往是因为有真实的受众参与。史蒂文·利维（Steven Levy）②和罗恩·伯杰（Ron Berger）都谈到了观众的力量。他们认为："让学生参与学习的最有效方法是创造真实的受众，让他们感觉其他人（除了老师）关心他们的工作。特别是对于在家里没有支持的学生来说，尤为重要，这能为他们提供保持动力所需的反馈或赞扬。"③当工作有真实的受众时，不仅对最终产品，更重要的是对整个过程都会产生变革性影响。

著名的教育工作者伯杰是真实受众的支持者。他在《领导者自身的学习》一书中，特别指出要通过鼓励学生成为为世界服务的创造者来提高学生的积极性。他在书中概述了受众的层次结构，见图 3-19。

因此，设计高质量的项目不仅要先考虑做什么，也要先考虑观众。

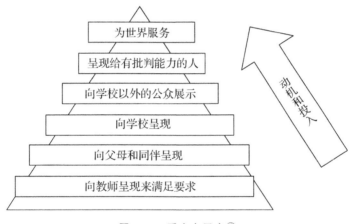

图 3-19　受众者层次④

① 布兰思福特等．人是如何学习的：大脑、心理、经验及学校（扩展版）[M]．程可拉等，译．上海：华东师范大学出版社，2013.

② MCCARTHY. 4 Paths to Engaging Authentic Purpose and Audience（2015-04-13）[2024-06-14]. http://www.edutopia.org/blog/differentiated-instruction-authentic-purpose-audience-john-mccarthy.

③ MORRISON MCGILL R. The Hierarchy of Audience[EB/OL]. （2021-04-25）[2024-02-20]. http://www.teachertoolkit.co.uk/2021/04/25/the-hierarchy-of-audience/.

④ BERGE R. Deeper Learning：Highlighting Student Work[EB/OL]. （2013-01-13）[2024-02-20]. http://www.edutopia.org/blog/deeper-learning-student-work-ron-berger.

三、基于设计思维的项目教学设计法·实践运用

在"DEEP"教学设计法的运用中，最关键的是教师要学会使用设计思维。

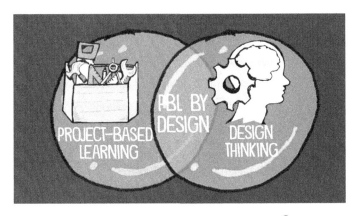

图 3-20　基于设计思维的项目式学习图示①

我们发现在项目式学习设计的过程中，教师们常常出现三种现象：第一种是从设计学习体验和教学方式入手，部分教师缺乏对项目要素的功能性认识，关注活动形式而忽略项目目标、预期结果和证据；第二种囿于传统的单课教学形式，关注某一节课的教学内容，而忽略了项目式学习是以单元为最小单位，缺少单元整体设计的意识；第三种是关注"我"在规定时间讲什么，忽视学生在长周期内做什么，做得怎么样，我如何知道学生是否达到了预期。

为给教师们提供做好项目式学习的顶层设计的抓手，我们基于 UbD 设计理念与思路，结合设计思维的设计流程，开发了适用于我国教学实际的基于设计思维的项目教学设计（PBL by Design，简称 PbD）设计模板（见表 3-15）。在制定模板的过程中，我们开展了行动研究，与一线教师一起认真分析了我国教师现有的教学设计模板及教师惯常的教学行为，考虑到项目式学习自身的特点，在借鉴 BIE、夏雪梅等实践的基础上，以板块形式更清晰、直观地呈现给一线教师，是对传统教学设计模板的继承与改进，经试验获得良好的反馈。

---

① SPENCER J. PBL by Design-Exploring the Overlap of Project-Based Learning and Design Thinking[EB/OL]．(2022-02-04)[2024-02-04]．http://spencerauthor.com/pbl-by-design/.

表 3-15　基于设计思维的项目式教学设计模板(PbD 模板)表

<table>
<tr><td rowspan="10">项目信息</td><td colspan="2">• 项目名称/主题：</td><td colspan="2">• 用时：</td></tr>
<tr><td colspan="2">• 教师：</td><td colspan="2">• 年级：</td></tr>
<tr><td colspan="4">• 此项目的核心学科领域：</td></tr>
<tr><td colspan="4">• 其他可能涉及的学科领域：</td></tr>
<tr><td colspan="4">• 这个项目与真实世界、学生学情和教学的联系：
(1)与真实世界的关系</td></tr>
<tr><td colspan="4">(2)与学情的关系</td></tr>
<tr><td colspan="4">(3)与学科教学的关系</td></tr>
<tr><td colspan="4">• 我们需要以下资源和支持(材料、资金、其他人力、交通等)：</td></tr>
</table>

<table>
<tr><td rowspan="3">项目目标层</td><td colspan="6">• 这个项目涉及的课程标准及预期目标：
1. 项目涉及的课程标准(有哪些学科就写哪些学科；要具体描述)：

2. 本项目的总体目标：
通过本次项目式学习，学生应做到(哪些知识和能力的提升)：
(1)
(2)
(3)
(4)
……</td></tr>
<tr><td colspan="6">• 这个项目应教授和检测的核心素养(可多选)也可只选一个：</td></tr>
</table>

＊文化基础		＊自主发展		＊社会参与	
人文底蕴□	科学精神□	学会学习□	健康生活□	责任担当□	实践创新□

续表

项目评价层					
	• 评价主体：教师□学生自己□同伴□家长□其他社会专业人士□				
	• 学生是否参与创建评价量规/清单？□				
	• 我将评估哪些核心知识和关键能力？				
	形成性评价 （项目期间）	关键概念小测试	□	练习演讲	□
		反思日志	□	图画	□
		项目日历	□	项目受众调查表	□
		产品初稿	□	其他	□
	总结性评价 （项目结束）	写作量规	□	协作量规	□
		演讲/成果展示量规	□	自我管理评价量规	□
		测试	□	项目受众反馈表	□
		论文/报告	□	其他	□
项目活动层＋项目产品层	• 项目的驱动性问题是什么？ • 拆分驱动性问题形成问题链： 子问题1： 子问题2： 子问题3： 子问题4：				
	绘制项目实施时间轴：				

续表

实施阶段	操作提示
• 项目的导入事件是什么？ • 如何共创驱动性问题？	1. 产生同理心。 我的导入能引起学生兴趣。学生通过观察、倾听，能形成思考、发现问题、产生同理心，而不是教师直接告诉学生要做一个项目。 2. 问题激荡，形成驱动性问题。 我能鼓励学生通过提问更好地理解本项目要解决的问题。在头脑风暴的基础上形成驱动性问题，进一步明确此问题的受众、自己的角色及产品形式。学生确定或选择要做什么产品。
• 本项目聚焦的关键知能是什么？	3. 澄清概念，确定解决问题的思路。 回顾项目目标，找准项目的方向，提炼核心问题，澄清相关概念，提出解决方案。
• 学生在项目活动中将怎么做？	4. 开展项目体验。 (1)学生将在此环节开展用户调研，了解受众的需求，多方收集信息，建构知能理解，探寻多种想法以构思产品，并做好时间安排。 (2)学生首次亲自动手创建产品的阶段。学生将在此环节依据受众需求和时间安排初步创作。
• 在学生创作产品的过程中，我会提供哪些帮助？	5. 为学生的学习提供脚手架。
• 学生将要对产品进行几次改进？	6. 依据评价，改进产品。 学生将依据评价反馈对初稿进行修改，实现产品携带。

（左侧竖排标题：项目活动层＋项目产品层）

* LAUNCH 发布—产品展示的对象(可多选)：
班级□ 学校□ 社区□ 专家□ 网站□ 家长□

我为学生设置的反思方法(如何在项目进行中及项目结束时进行反思)：
反思日志□ 小组讨论□ 微表情法□ 其他_____

我的教学反思是(可从项目内容、目标、过程、成果、评价及个人成长等角度进行)：

在逆向设计理念的启发下，我们根据教师构思教学设计的一般路径和项目式学习的关键组成要素，将项目式学习教学设计分为项目目标层、项目评价层、项目活动层、项目产品层四个大的层级，将各个子级归到层级之中。项目目标层指向对课程标准、学生素养发展的评价；项目评价层强调评价主体的多元和科学评价工具（量规）的介入；项目活动层包括项目背景、驱动性问题、项目实践、学生参与、迭代完善、项目反思等六个子级，突出项目设计的一般流程和学生活动时的主体性；项目产品层是学生在项目式学习过程中的素养发展的体现，不仅强调产品的制作，也强调产品的公开性，并最终指向学生的深度学习。

基于设计思维的"DEEP 教学设计法"，可以让教师更加专注于最有可能实现学习结果的内容方法和活动，从最终的学习结果出发，沿着设计思维的设计路径，寻找教学过程中的关键因素或对策，制定或采取相应教学策略，从而达成教学成功，实现最优化的教学过程，取得最好的教学成果。

总而言之，项目式学习的设计并不是一个简单的过程，而是一个批判和再修改的反复过程。我们希望通过"DEEP 教学设计法"为教师们提供一条清晰有效的项目设计思路，构建出高质量的项目式学习体验，以此带给学生更广阔的思考空间，锻炼学生的创造力和动手能力，培养团队合作精神和领导力，赋予学生应对未来挑战的能力，让学生真正走向真实世界。

第四章　让评价真实落地

我们如何知道学生在项目式学习中获得成长？我们如何知道学生在项目式学习中发生了怎样的变化？我们可以用什么方式或工具支持学生在项目式学习中更好地成长……这些问题都聚焦在项目式学习的评价上。作为项目式学习的逻辑起点，我们要把握好这一关键，用好这一指挥棒，让项目式学习真实落地。

第一节　对于评价的认识与思考

评价是教育教学工作中重要的一环，它具有鉴定、导向、激励、诊断、调节等重要作用。如果没有评价，就很难实现教育教学的深入发展，也不可能实现学生的全面发展和可持续成长。随着素质教育的深入推进，我们应对教育教学进行反思和革新，要打破传统评价中重结果轻过程、评价功能有局限性、评价主体和形式单一等问题，要不断发挥评价的真正作用，凸显评价的诊断、激励和发展的功能，强调学生的学习主体地位，应倡导多元化的评价主体参与，突出评价的过程性，更加关注学习者的情感、态度、价值观及素养等。

一、评价的发展及概念辨析

只有厘清评价的发展脉络及相关概念，才能更好地帮助教师探寻评价的真谛。评价的起源，最早可追溯到 19 世纪末开展的现代教育评价研究。当时一位名为约瑟夫·莱斯（Joseph Rice）的学者，他首次开展课程教学方案的评价，创新地运用拼字测验来评定学习效果。其后，在这种影响下，美国于 1904 年兴起了以爱德华·李·桑代克（Edward Lee Thorndike）为先锋的教育测验运动，并提出了客观标准测试，此后评价盛行于世，大家普遍以选拔为目的，尝试运用大量测量技术，在评价过程中大多采用考试、测验或测量（Test，Exam，Measurement）的方式方法。

随着时代的发展和对事物认知的加深，人们对于教育测验运动发出质疑，认为测验存在不足，它只是单一能力或是某一领域的测验结果。为了优化不足，教育评价发展起来。

20世纪30年代，泰勒提出了以教育目标为核心的教育评价原理，即教育评价的泰勒原理，并明确提出"教育评价"（Education Evaluation）这一概念。泰勒认为，教育评价"是判断课程和教学计划在多大程度上实现了教育目标过程。"①这一观点融入价值标准，关注课程和教学。

随着教育理论和实践的发展，教育评价也被赋予新的内涵。到了20世纪80年代，"评估"（Assessment）概念范畴进一步延展，融入价值判断这一核心要素，指向对于评价建立的目的及依据的思考，也就是"为什么评价"的思考，并强调以目标为导向的评价过程的深入反思及改进。

在教育领域中，评估（Assessment）和评价（Evaluation）几乎是一对同义词，它们都有审慎研判的要素，经常可以互换使用。细分起来，二者略有不同。当对象是学生时用评估（Assessment）；当对象是教师时用评定（Appraisal）；当对象是项目时，用评价（Evaluation）。②威金斯的《追求理解的教学设计》一书，对评估（Assessment）和评价（Evaluation）给出相应的对比："评估"指的是通过建立师生之间的密切关联、师生之间和生生之间的交流互动来获取信息，分享和解释信息，从而实现教学相长、师生共进的过程。"评估更强调形成性的、持续的、给予及时反馈以促进教和学。评估是根据标准提供和应用反馈，以便改进和达到相应的目标。而评价更强调终结性的，与等级评定有关，通常是在一个学期、一个单元结束后的质量评判。"③查尔斯·塞科尔斯基（Charles Secolsky）等人认为评估的核心是收集、分析和解释与特定问题或感兴趣的结果相关的信息；而评价针对的是确定某件事的价值和有效性——通常是对一个项目。从这个观点来看，评价可以包含评估计划，并将

---

① 泰勒．课程与教学的基本原理［M］．罗康，张阅，译．北京：中国轻工业出版社，2016：113.

② SCHEERENS J，GLAS C，HOMAS S. Educational evaluation，assessment，and monitoring a systemic approach［M］．Lisse：Swets & Zeitlinger Publishers，2003.

③ 威金斯，麦克泰格．追求理解的教学设计（第二版）［M］．闫寒冰等，译．上海：华东师范大学出版社，2017：7.

其作为判断项目质量的来源。① 由此，当我们进行项目评价时，需要做多方面的考量，这是一项比较复杂的工作。评价不仅包括对学生学习的评估，也涉及整个项目的目标、标准、程序，特别是实施效果和项目价值等，通过项目实施过程中提供的信息，可以帮助我们对给定的情况做出判断，对项目实施全过程进行整体评价。而评估则关注证据及获得判断依据的过程，关注进行判断之后的反思和改进过程，注重评价过程与课程、教学的相互作用。在本书中将会根据语境和目的使用这两个概念。

任何事物的发展都是一个不断完善、不断优化的迭代过程。同样，教育评价思想也随着时代的发展而不断优化、完善，从初始以测验为重要导向，发展到以目标和决策为重要导向，再到当下以人的发展为重要导向。其过程不断迭代，更契合当下教育发展的要求，更服务于人的发展。

二、教育评估的三种范式

"范式"一词源自希腊词"Paradeig-ma"，意为一种公认的模型或模式。美国哲学家托马斯·库恩（Thomas Kuhn）于 1962 年在其经典著作《科学革命的结构》一书中首次提出。"范式"可以理解为"它是提供了人们观察和理解特定问题和活动的框架，决定了人们的目的、解释观察到的现象以及解决出现问题的方式"②。那么，教育评估范式也就是针对教育评估的模型或模式，它为教育评估提供了理论的基础和方法的指导，对教育教学工作具有重要的意义。

当前教育评估具有三种范式，即对学习的评估（Assessment of Learning）、为了学习的评估（Assessment for Learning）和作为学习的评估（Assessment as Learning）。

（一）对学习的评估（Assessment of Learning）

对学习的评估，它强调评估即测量，其主要目的在于选拔。它与行为主义学习观相关，主要是先预设好学生需要学习的知识与技能的目标和标准，并通过对预设目标和学生真实达成的结果进行比对，从而判定学生是否达到

---

① SECOLSKY C，DENISON. B. Handbook on Measurement，Assessment，and Evaluation in Higher Education(Second Edition)[M]. Taylor & Francis Group，(2017)[2022-10-17]. http://ebook-central-proquest-com. ezproxy. flinders. edu. au/lib/flinders/detail. action? docID=4913012.

② 赵必华. 教育评价范式：变革与冲突[J]. 比较教育研究，2003(10).

预设的知识与技能的目标和标准。

这一范式指向证据论证，也就是教师以考核和测试为手段，收集学生学习效果的相关证据。按照统一的标准对学生掌握学习内容的情况进行评判，以此确认学生达到既定目标的程度。评价方式一般都是终结性评估（Summative Assessment）。

（二）为了学习的评估（Assessment for Learning）

为了学习的评估，它强调支持与促进学习的评估。它与建构主义学习观相关，评估旨在了解学生能做什么或不能做什么。这一范式强调促进学习的评估融"教、学、评"为一体，评估贯穿教学全过程。教师要对学生的整个学习过程进行实时跟踪、全面监控和及时反馈，以促进学生更好地学习。这一范式的特点注重学生学习的过程，倡导要发挥评估在支持学生学习方面的潜能挖掘的作用。

这一范式评价主体呈多元化，包括一线教师、教学专家，也包括学生、家长。评价形式多元，包括量化的和质性的。比如，量化的如测试型形成性评价；质性的如非测试型，像档案袋、表现评价、观察、问卷等，但一定是贯穿全过程的。

整个过程如图 4-1 所示：首先是制定计划草案，包括目的、目标、方法、手段（工具）、样例的设计；其次是预评价，包括内部评议、试行、收集证据、记录反馈；接下来是正式实施，过程中注重收集证据和记录反馈；最后形成反馈报告。

图 4-1　为了学习的评估过程图示

（三）作为学习的评估（Assessment as Learning）

作为学习的评估，强调评估即学习。它与认知科学密切相关，学生根据已有的元认知理论对自己的学习过程进行评价，旨在让学生自主学习、学会学习。

这一范式强调以学生为本，重在通过评估使学生成为自己学习的主人，使他们既具备自主学习的意识和动力，明白为什么学和学习什么，也能够在学习过程中做到自我调控、自我评估，并通过改善和优化，实现自己设定的目标。这一评估的特点在于发挥学生的主体作用，调动学生学习的主动性，培养学生的评价能力，培养学生的自主探究、自主决策、发现问题、解决问题等素养和能力。

作为学习的评估，无论是教师还是学生，无论是教学计划、教学过程还是教学反思，都是从学生的角度，以学习视角去审视，例如图 4-2 。

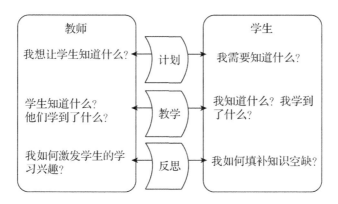

图 4-2　作为学习的评估特征图示

在教学准备前，教师要从学生视角出发，对"我想让学生知道什么"进行评估，学生要对"我需要知道什么"进行评估；在教学过程中，教师立足于学生的视角，从"学生知道什么？他们学到了什么"进行评估，学生要对"我知道什么？我学到了什么"进行评估；在课后反思中，教师从"我如何激发学生的学习兴趣"进行评估，学生也是从"我如何填补知识空缺"去进行评价。可见，课前、课中、课后都是使学生成为自主的学习者，培养学生的评价能力。

(四)三种范式的区分

对学习的评估、促进学习的评估以及作为学习的评估三种教育评价范式有着不同的特点，我们将以表格的直观形式对三种范式从目的(为什么)、内容(评什么)、主体(谁来评)、依据(参考什么评)、方式(用什么方法评)、保障(如何确保评价效果)、成效(如何利用评价信息)七大方面进行分析和呈现，见表 4-1 。

表 4-1　教育评估范式表

	对学习的评估	促进学习的评估	作为学习的评估
为什么	根据课程标准对学生的学业成就进行认定，向家长或其他有关人员报告，有助于分班分层、选拔等。	为教师进一步促进学生学习作出决策提供信息。	指导并为每个学生提供实践机会，帮助他们对自己的学习进行批判性反思和修正，明确进一步学习的目标。
评什么	基于课程标准要求，评价学生在应用核心概念、知识、技能和态度方面的能力和水平。	基于课程标准，评价每个学生的进步和学习需求。	每个学生对自己学习的认识和目标，为达成目标、应对挑战所采取的策略，为调整和推进自身学习所使用的技巧。
谁来评	教师	教师和学生	学生自评和互评
参考什么评	其他学生的能力和水平	外部标准或期望	个人目标和外部标准
用什么方法评	既能测评学习结果又能反映过程的不同形式、不同方法。	能够真实反映学生能力和认识水平的不同形式、不同方法。	能够反映学生学习和元认知过程的不同形式、不同方法。
如何确保评价效果	高质量基础信息确保评价准确性、持续性和公平性；明确、具体的学习要求；客观且准确的总结性报告。	对学生学习的持续、准确的观察和解读；明确、具体的学习要求；对每个学生的描述性反馈所做的准确、具体的记录。	对学生自我认知、自我监控和自我调节能力的持续观察和准确把握；学生反思和挑战自己观点的积极性和参与度；学生记录自己的学习。
如何利用评价信息	说明每个学生的学习水平；为择业或升学提供基础信息；提供能够用于学生后续学习决策的公平、准确、具体的信息。	为每个学生提供准确的描述性反馈，促进他们的学习；根据课程标准持续监控每个学生的学习，实施差异教学；向父母和监护人提供学生学习情况的描述性反馈，并建议提供何种支持。	为每个学生提供准确的描述性反馈，强化其独立学习的习惯和能力；让每个学生把注意力集中到学习本身（而不是为了获得正确的答案）；为每个学生提供调节、反思和表述自身学习的方法指导；为师生进行取舍提供条件；学生用以报告自己的学习成果。

　　传统环境下的课堂评价几乎都是终结性评价，侧重于对学习结果的测评，用于对学生划分等级和排名并向相关人员报告。一些教师通过诊断过程来使

用"为了学习的评估"，即在学习过程的各个阶段使用形成性评价和反馈，并给学生第二次机会来提高他们的分数，同时希望能够促进他们的学习，而"作为学习的评价"几乎是不存在的。

一方面，通过"对学习的评估"获得关于学生取得的关键学业成就以及与其他学生相比较的信息固然重要，问题在于学校是否应该仅仅依靠"对学习的评估"而导致其他评价方法缺少一席之地；另一方面，老师们理论上知道评价与学习密不可分，但实践中，教师们却总是陷入根据评价来监督学习、对学生划分等级、以及教与学之间的矛盾困境中。

罗娜·M. 厄尔（Lorna M. Earl）曾指出评估的难点是平衡三者的关系[①]，要从传统的评估金字塔模式向重置的评估金字塔转变，即强调更多关注于"为了学习的评估"和"作为学习的评估"，见图 4-3。

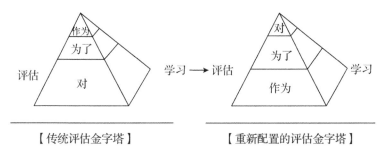

图 4-3　传统评估与重新配置的评估对比图示

传统的评价模式主要利用"对学习的评估"来报告学生的进步，是一种重结果、轻过程的评价模式；而在重新配置后的、包含三种评估类型的平衡模式中，评估不只是单独的测试，而是贯穿于教与学的始终，借助"为了学习的评估"改善教与学，通过"作为学习的评估"引导学生自我监控。这样，评估不仅可以为教学提供信息，还引发了新的学习。

三、基于项目式学习的评价

作为一种以学生为中心的新型教学模式项目式学习，它所用的评价更加强调关注学生的主体地位，从评价"是什么样的人"走向评价"成为什么样的

① Manitoba Education，Citizenship and Youth. Rethinking Classroom Assessment with Purpose in Mind：Assessment for Learning，Assessment as Learning，Assessment of Learning［EB/OL］.（2006）［2022-08-12］. http://digitalcollection. gov. mb. ca/awweb/pdfopener? smd＝1&did＝12503&md＝1.

人"。基于项目式学习评价强调学生在既定的问题、任务中主动地探究学习，在完成项目的过程中就包含着一系列的阶段和步骤，在每一阶段中，都需要有学习评价的参与，以保证学习过程顺利、高效、高质量地完成。

(一)项目式学习评价的特点

科学的评价是达成教学目标的关键一环。它不仅可以帮助教师提升教学水平，改善教学方法，还能激励学生不断发现自我、完善自我，促进素养的提升。在我们看来，与传统的教学评价相比较，项目式学习评价的重要特征是它们对学习者是友好的，学生们能充分利用评价的信息来修正和改进自己的思维，看到自己在项目实施阶段的进步，也能帮助教师识别需要补救的问题，并有机会进行补救。① 具体而言，项目式学习体现了以下四方面的特点。

第一，项目式学习评价强调关注学习结果与学习过程。传统教学评价侧重于评价学习结果，它以甄别学生对知识掌握的水平与选拔优秀学生为导向，使用的评价方式也多为终结性评价。而项目式学习评价更关注学习过程，侧重形成性或过程性的评价，用于评价学生在真实情境中解决问题的能力。其强调的重点不仅是学生已经完成哪些项目，有什么样的项目成果，而且要关注学生是如何去完成这一项目的。因此，在开展某个项目时，教师不仅要关注学生完成的作品和相关的学习成果，还要关注学生在项目式学习过程中形成成果的过程，包括如何确立项目、如何制订计划、如何开展实践探究、如何制作物化产品、如何进行成果汇报以及项目的整体效果如何等。我们要针对不同情境下的学习活动，使用不同的学习评价方式，来捕捉项目过程中发生的动态因素。

第二，项目式学习评价由师生共同制定。传统评价的标准是针对全体学生，围绕教学大纲或课程编者的意图制定而成，其特点为适用于全体且标准统一化。而项目式学习评价更加关注学生个体，关注他们的真实表现，也就是学生"能做什么"。项目开展前，教师都会对主题的核心经验、主题对学生的发展价值、学生的已有经验、年龄特点及学习方式等进行整体思考和设计。正因如此，其评价标准具有预设性，以实际情况为基础，围绕学生的已有知识、兴趣爱好和生活经验等情况，师生共同制定评价标准，同时在过程中不

---

① 布兰思福特等. 人是如何学习的：大脑、心理、经验及学校(扩展版)[M]. 程可拉等，译. 上海：华东师范大学出版社，2013.

断改进和完善。

第三，项目式学习评价主体更加多元化。传统实施评价的主体是教师，占主导地位，评价的客体是被评价者，处于被动地位。而项目式学习更强调以学习为中心，学生是学习的主体，教师要做好教练的角色。汤姆·马卡姆（Thom Markham）在《PBL 项目式学习（项目设计及辅导指南）》一书中写道："教练的目的是帮助学生管理自己的学习过程，以便能够在最终评估之前达到最高标准要求。项目式学习中的评估已变成帮助学生进行自我评估、自我修正和自我生成解决方案的一种工具。"[①]可见，培养学生的自我评价能力是项目式学习评价的重要目标之一。同时，要实现评价主体的多元化，采用学生评价、学生自评、学生互评、教师评价及社会评价等多种评价方式。

第四，项目式学习评价关注高阶能力和社会能力。项目式学习评价指向的是学生高阶能力和社会能力。它突破传统"以成绩为主""以分为主"的评价导向，更加强调学生实践创新、合作能力、社会参与、运用知识解决问题等高阶能力和社会能力的生成。同时，在项目式学习过程中学生要学会如何与同伴合作、如何从繁杂的信息中筛选有用信息、如何串联证据从而得出结论、如何展示结论并把观点清楚有效地传递给他人等，因此，项目式学习评价将高阶能力和社会技能这些 21 世纪所需要的核心素养作为重要的评价要素（见表 4-2）。

表 4-2 项目式学习评价与传统教学评价对比表

	项目式学习评价	传统教学评价
评价目标	关注学习过程与学习结果，评价学生应用知识解决现实问题的能力。	评价学习结果，它以甄别学生对知识掌握的水平与选拔优秀学生为导向。
评价指向	教、学、评三位一体的，多元化的，以个人发展为参照的评价观。	一元化常模参照、教学评割裂。
评价主体	强调自我评价的培养。注重评价主体的多元化，采用学生评价、学生自评、学生互评、教师评价及社会评价等多种评价方式。	以教师评价为主。

---

① 马卡姆.PBL 项目式学习（项目设计及辅导指南）[M]. 董艳，译. 北京：光明日报出版社，2015：8.

续表

	项目式学习评价	传统教学评价
评价过程	为了学习的评价。项目式学习的评价更加注重学生个别化学习，关注他们的真实表现，也就是学生"能做什么"。	对学习的评价。以纸笔测试为主，以书本知识为主。
评价类型	侧重形成性或过程性的评价。	终结性评价。

(二)项目式学习中的表现性评价

在项目式学习中，特别强调表现性评价，主要是因为项目式学习的评价强调几个方面，一是项目式学习评价是与公开的成果、成果的形成过程分不开的；二是如何动态、持续、有效、多元地评价学生学到了什么、掌握到什么程度是一个难点；三是项目式学习评价不仅指向知识能力的获得，也包括对情感态度、思维深度的评价；四是评价与项目目标紧密相关（以终为始）：成果是否回答了驱动线性问题、是否促进了对关键知识和技能的深度学习、项目实施的质量如何、是否有过程性的成果产出？整体是对成果的评价与过程的评价；五是项目式学习不排除纸笔测试。这些在表现性评价中都有所体现。

在鲍勃·伦兹（Bob Lenz）的《变革学校：项目式学习、表现性评价和共同核心标准》一书中对于表现性评价提出几个核心观点："通过观察'所做的'来评价'能做的'；测试对象必须有自己的答案，而不是从事先确定的选项中选择答案；用表现性评价来评价产品或表现，需要某种建构性或创新性的行为。"[①]表现性评价主要体现情景化、整体化、元认知化的核心特征。它是关于学生在某学科领域知道什么和能做什么的信息。表现性评价能直接评价学生运用知识解决现实问题的高阶能力，通过让学生完成某一任务来引发学生真实行为表现，从而有效测评复杂的、高层次技能，不仅能以评价促进教学，还能促进学生创造能力的提升。

1. 表现性评价与传统性评价的不同点

表现性评价不同于传统性评价，它强调教、学、评三位一体的、多元化的、以个人发展为参照的评价观；内容上包括过程和结果，关注以学科能力

---

① 鲍勃·伦兹等. 变革学校：项目式学习、表现性评价和共同核心标准[M]. 周文叶，盛慧晓，译. 长沙：湖南教育出版社，2020：38.

为中心的多种能力；任务类型上与现实生活结合紧密，综合性强的表现评价任务；是为了学习的评价。传统性评价表现为一元化常模参照、教学评割裂；强调结果性、单一的学科能力；以纸笔测试为主，以书本知识为主，是对学习的评价。

2. 表现性评价的目的

表现性评价的目的，一是评估学生对教师在某一阶段的教学过程是否感兴趣，是否愿意学习，通过评价，教师能直观地看到学生的反应，从而根据学生的表现调整教学方法；二是评估学生是否按原定计划取得了进步，是否为下一单元的学习做好了准备；三是明确部分学生在阶段性学习中所遇到的问题和难点，并在下一步的教学过程中进行一定程度的关注及指导；四是发现学生的特殊需求，从而对其进行特殊教育；五是评估教材及其他教学资料的恰当性及有用性。

3. 表现性评价的组成

表现性评价由三部分组成。第一部分是结果。表现性评价从表述学习者达成怎样的学习结果开始，界定要测评的技能或标准，这些结果往往出现于"学习目标"一栏，说明学生能够达到这样结果的证据是什么。第二部分是结果的展示。学习者需要完成的"任务"、"作业"或"提示"，所完成的产品、作品或表现提供指向目标技能或标准的直接证据。第三部分是结果的测评。评价的标准必须在学习者创作产品、作品或进行表现前就建立好。通常标准以评分规则(量规)的形式出现。

4. 表现性评价的设计框架

表现性评价具有评价目标、表现任务、评分系统三要素。三要素构成一个完整的结构，紧密相关，缺一不可，见图 4-4。

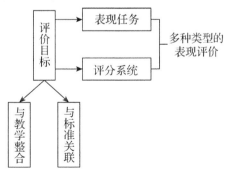

图 4-4　表现性评价的设计框架

评价目标是对学生学习成果设定的预期目标，统领表现任务和评分系统。建立评价目标的目的是让学生明确自己学习的需求以及改进的方向。确立评价目标是开展评价的首要工作，目标要具有高阶性和综合性。

表现任务承载着对学生内在真实建构的激发，它包括在真实情境中的表现任务（情境要真实，完成任务过程要真实）和生成性的表现任务（积极主动的生成性活动），表现任务要具有真实性。

评分系统是一套包含不同指标和水平的复杂标准，能够适应多种表现任务的评分规则。评分系统要具有专业性、复杂性。

5. 表现性评价的逆向设计

开展表现性评价提倡教师进行逆向教学设计，就是首先要明确清晰的表现结果，再确定具体的评价量规，接着设计可行的表现任务，之后进行试验，最后进行评分及作品分析，见图 4-5。

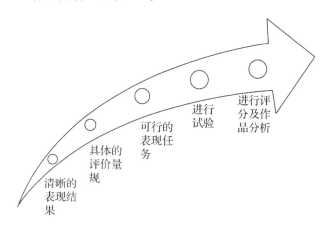

图 4-5 表现性评价的逆向设计图示

• 明确清晰的表现结果。正如鲍勃·伦兹在《变革学校：项目式学习、表现性评价和共同核心标准》一书中所说："评价一定要关注目的，要先界定你想测量什么，只有这样才能判断观察到的产品或表现是否提供了所寻求的证据。"[①]通俗来说，就是确定所期待的结果和目标，明晰哪些内容是值得也是最需要理解的。表现结果可从学生身心发展规律、新课程标准、具体教学任务这三个维度进行确立。

---

① 鲍勃·伦兹等. 变革学校：项目式学习、表现性评价和共同核心标准[M]. 周文叶，盛慧晓，译. 长沙：湖南教育出版社，2020：38.

•确定具体的评价量规。评价量规是表现结果的量化，是帮助学生理解"如何做"的过程，也是教师判断学生行为表现的依据。评价量规提高了评判学生结果的可靠性、表现的公平性和学业表现的有效性。

•设计可行的表现任务。能否设计出可行的表现任务是确保表现性评价信度和效度的前提和基础。所以，教师在设置表现任务时，要确保表现任务和评价目标的高度契合，并且允许学生有足够的时间进行反应。

•进行试验。在试验过程中，教师应根据教学要求使用合适的评价方式，并且要适时考虑到学生的学习状态。比如在学习前，可通过问卷调查了解学生的学业水平、情感、态度等；在学习中，可观察学生的反应；学习后，通过成果展示，帮助学生了解自己，进行总结反思。

•进行评分及作品分析。教师要让学生在明确评价目标、任务、标准的基础上，对应自己的成果进行自评、小组互评以及师评、交流讨论等，完善项目成果，提高学生自我认知能力。

(三)制定高质量的表现性评价

高质量的项目式学习评价可以更好地发挥评价导向、激励、诊断、改进教学等功能，更好地促进学生的综合能力发展。斯坦福大学学习、评价与公平中心(Stanford Center for Assessment，Learning and Equity，简称 SCALE)认为，高质量的表现性评价应该体现教、学、评的一致性。因此，三个要素应用于教学的过程中，必须强调三要素的一致性关系，即目标—任务、目标—量规、任务—量规的一致性。通过三者的一致性，从而实现教、学、评的相互融合。①

1. 制定高质量表现性评价的原则

威金斯在《追求理解的教学设计》一书中指出："教师要知道使用哪种方法，什么时候使用，以及为什么使用这种方法，并更好地了解每种评估方式的优点和不足。"②我们的教师在制定高质量的表现性评价时注重四大原则，一

---

① Council of Chief State SchoolOfficers. Performance Counts：Assessment Systems That Support High-Quality Learning [EB/OL]. （2010）[2024-06-17]. http://performanceassessmentresource-bank. org/system/files/Darling-Hammond％202010 _ performance-counts-assessment-systems-support-high-quality-learning _ 0. pdf.

② 威金斯，麦克泰格. 追求理解的教学设计(第二版)[M]. 闫寒冰等，译. 上海：华东师范大学出版社，2017：14.

是目标很重要；二是过程三循环；三是工具要恰当；四是设计有依据。

第一，目标很重要。在评价中，目标很重要。卓越的教师始终以目标为导向开展项目式学习评价。在每一阶段，教师作为一个优秀的评价者，都能清晰地知道当下的目标是什么以及学生的学习状态如何，并有能力设计不同阶段的评价任务，从而引领学生开展高效的学习。

正如劳拉·格林斯坦（Laura Greenstein）在《评价21世纪能力：掌握学习和真实性学习评价指南》一书中提道："如果采用形成性评价，则需要了解如何解读学生的反应并作出反馈。作为评价依据的标准，应体现学习目标和好的作品的标准。如果采用终结性评价，则需要设计评分标准，确保分数体现了学生的学习效果。如果评价的是高阶思维能力，教师还需要提供让学生进行思考的材料，以确保学生在评价中进行了思考，而不仅仅是只记住了课上的内容。"[1]特别是就即时性非正式评价而言，即时性评价不是即兴评价，更不是随意评价，不是想在哪做就在哪做，想在哪评就在哪评，同样要有标准、有过程、有程序。其核心是教师要清晰并准确地说明要评价的内容。师生双方都应清晰地理解学习目标。从而达到教师知道如何进行评价，学生知道学习方向的效果。设计或测试，要确保涉及的任务或测试确实需要学生运用该知识和技能。同时，教师决定以什么为证据判断学生的掌握程度，即解读学生在评价中的表现。

第二，过程三循环。评价是学情的反映，是教师改进的方向，也是学生学习的方向。教师在评价中，要强调过程的三循环，见图4-6。

一是要收集信息，通过纸笔测试、作业、学生表现、教师提问、面谈或是观察等方式进行信息收集，从而掌握学生的成长动态。

二是要解读信息，通过对收集到的信息进行分析、判断，一般用来证明评定分数、等级，或是定性判断，比如判断优势、不足以及是否达标。

三是要诊断原因，反馈改进。项目式学习的核心追求不再是教师传递知识的技巧，而是学生在教师的指导下，主动寻找学习结果的过程，学习的重点在过程而非结果。因此，学习的过程离不开精准诊断和有效反馈。诊断原因，就是要分析存在问题以及问题产生的原因。反馈改进，就是针对反馈的信息，比如分数等级、证据解释以及建议等进行改进，设计补救措施，实施

---

① 格林斯坦. 评价21世纪能力：掌握学习和真实性学习评价指南[M]. 伍绍杨等，译. 上海：上海教育出版社，2021：5.

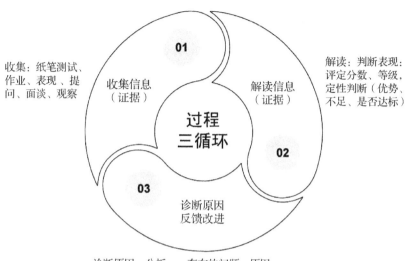

收集：纸笔测试、作业、表现、提问、面谈、观察

解读：判断表现：评定分数、等级、定性判断（优势、不足、是否达标）

诊断原因：分析——存在的问题、原因
反馈改进：反馈——分数等级、证据解释、建议
　　　　　改进——设计补救措施、实施检查上述的设计

图 4-6　高质量表现性评价的三循环

检查设计等。教师尤其要注意引导学生利用反馈信息来修正他们的思维，促进学生的进步，这样的反馈才显得格外有价值，而不是只把反馈当作一个教学流程，提交完反馈表就算完成了任务。①《奥斯汀的蝴蝶》②堪称范例。在这个项目中，伯杰老师针对一位名叫奥斯汀的小男孩画的蝴蝶卡片，给予了具体、清晰、有针对性的指导。老师和同学们在一次次的反馈中，五易其稿，最终产出了高质量的作品。在这个过程中，奥斯汀画得是否完美已不重要了，我们感叹的是建设性高质量的反馈和有效修正对完成高质量作品的重要性以及对于学生成长的力量。

第三，工具要恰当。评价工具是指教师对学生学习信息、学习过程及效果进行测定时所采用的方式和手段。作为教师要树立全面、客观、公正的评价标准，运用恰当的评价工具和科学的方法，在多元的评价反馈中充分发挥评价的作用，使每个学生都能获得成长。

① 布兰思福特等. 人是如何学习的：大脑、心理、经验及学校（扩展版）[M]. 程可拉等，译. 上海：华东师范大学出版社，2013.
② 方厚彬. 深度学习｜Ron访谈：每个教师心中都有一只《奥斯汀的蝴蝶》[EB/OL]. （2022-08-01）[2024-02-20]. http://www.sohu.com/a/573297375_121113176.

当教师确定好评价目标和评价方式，就需要选择适当的评价工具。用于评价的工具比较多，不同的评价工具可用于不同的评价目标和评价方法；同样，不同的评价工具也可以交叉使用。在表现性评价中，经常使用的评价工具有量规、清单、采点记分、自我评估及反思表。

不同的评价工具发挥着不同的作用。量规强调帮助学生学习、监测和评估，指向学科高阶技能。清单着重的是某一成分是否缺失。采点记分强调根据特定的准则来给分，分数有具体描述。自我评估及反思表强调学生对于自我的反思及评价。

第四，设计有依据。在运用表现性评价或是设计评价工具时，并不是随意而为之，而是要做到设计有依据。一是评价工具中清单或量规的设计首先要基于学情。作为教师，必须要遵循学生的身心成长规律，对学生的学习特点、学习习惯、学习方法、学习兴趣以及学习成绩等学情有充分的了解，从而基于学情去设计清单或量规，才能发挥评价的最大价值。二是教师的教学目标与清单在内容上是接近的。清单的内容设置不是单独存在的，而是要与教师的教学目标相契合，可以说，教学目标是借助清单这一载体进行评价的。三是清单和量规设计不必面面俱到，可以根据某次教学的重点单独设计。换言之，清单和量规的内容设计不用大而全，不用所有内容全都包括，而是要聚焦某一教学重点问题进行针对性设计。四是语言要通俗易懂、清晰简练。清单和量规设计的语言应该是口语化、简单化，让学生能很快读取到评价要点，从而进行评价。

作为一种动态性评价方式，表现性评价指向深度学习，其关键是学生经历真实情境中的任务解决过程，并利用评分规则来引导和反思学习。教师在利用表现性评价去评价项目式学习中学生学习过程时，应根据学生的实际情况不断地调整和完善，全面考虑影响评价的各种因素，从而设计出更加合理完善的评价方式为学生的学习服务。

2. 设计高质量量规检核表

在项目式学习中，量规的设置我们并不是随意而为的。SCALE 对如何制定高质量的量规给出了他们的建议①，我们可以有取舍地进行借鉴，具体如表 4-3。

① Standford Center for Assessment，Learning，&·Equity. SCALE Checklist for Quality Rubric Design［EB/OL］．［2024-02-20］．http://performanceassessmentresourcebank. org/system/files/SCALE％20Quality％20Rubric％20Checklist. docx. pdf.

表 4-3 设计高质量量规检核表

说明	在设计量规之前，作者应该确定量规设计的主要目的（如终结性的、形成性的还是项目改进的）以及量规的主要受众（是学生、还是教育者，还是两者都有）。无论用于任何目的和任何受众，构建高质量的量规都应使用以学习为中心的设计原则，并满足以下标准。
目的——以学习为中心的设计	·量规设定了明确的期望：描述熟练的表现。 ·量规是分析性的：表现被分解成不同的维度。 ·量规是教育性的：向教师和学生提供反馈，以支持学习和改进。 ·量规是通用性的：可以在学科内或跨学科的；一个年级内或跨年级、在不同的任务和教师中使用，以衡量长期表现结果的进展。
内容	·量规与关键的表现结果紧密相关。 ·量规可以测量有价值的知识和技能，即与标准一致的内容，复杂的学科理解和实践，以及 21 世纪的技能。 ·量规不是局限于某一特定任务的：它可以推广至学科内的多种任务。
结构和组织	·量规是简短的，方便实用且聚焦重点。 ·维度是独特的和有重点的，每个表现级别内的指标很少。 ·维度按一定的逻辑顺序排列。 ·如果学生在某些指标描述上的表现差别较大，则不应将这些指标描述归为一类的表现水平。 ·在不同的维度中不能重复使用相同的指标描述。 ·指标描述用于不同的表现水平时，在顺序上和语法风格上都是平行的。
表现水平	·成绩水平通过定性的成绩的（相对于定量而言）差异来反映学生的发展进程。 ·量规有足够数量的表现水平，以便捕捉学生在一个年级的水平或跨年级内的进步，尤其是在大部分学生所处的区间内要有足够多的评分等级。 ·量规使用基于标准来定义熟练程度。
语言	·水平表现等级的标签和指标描述的语气是中性的，避免使用价值负载的、侮辱性的语言。 ·量规描述那些在作品样本中可观察到的行为和技能；描述学生可以做什么，而不是描述他们做不到的。 ·语言简练、清晰，并且各等级之间的区分度明显；是学生友好的。 ·量规指明了学生如何能达到下一个表现水平。

第二节　对项目设计的评价

项目设计的评价是项目式学习评价的重要组成部分。一个成功的项目设计，需要能达到相关利益人(教师、学生、学校管理者)的标准及对该项目的要求。因此，项目设计的评价主体可以是教师、学生和学校管理者，有时候也可以是其他校外专家。

一、项目设计评价的意义

项目设计的质量是项目的生命线，科学、客观、公正的项目设计评价是项目改进的基础和依据。通过项目设计评价，不仅可以帮助教师完成对自身教学评估和反思，也可以提升学生的学习参与感、体验感。

项目设计评价可以帮助教师对自身教学进行评估和反思。在项目开始之前和项目进行过程中，准确的项目设计评价可以帮助教师对标自己的项目设计，发现问题，及时调整；在项目结束之后，教师可以通过项目设计评价，复盘整个项目的设计，并通过深入分析他人对项目设计提出的宝贵且深刻的见解和建议，打开新世界的大门，然后构建未来项目可以使用的各种联系，为下一次的项目教学奠定基础。

项目设计评价可以帮助学生更好地构建学习体验感。在项目式学习中，学生不仅仅是项目的执行者，更是项目设计的一分子。进行项目设计评价可以帮助学生总结学习经历的经验、设定新的学习目标。同时，当学生作为项目设计评价的主体时，对问题的理解上升一个层次，从而提高学生的比较和分析能力，调动学生的学习积极性，使学生真正成为学习的主人。

二、项目设计评价的要点

美国教育评价专家丹尼尔·L. 斯塔弗尔比姆(Daniel L. Stufflebeam)等认为："评价终极目标不是为了证明，而是为了改进。"[1]为了能够更科学地评价项目设计，为项目设计者提供反馈，我们选择了真实性、学术严谨性、实

---

[1] MADAUS GF, SCRIVEN M, STUFFLEBEAM DL. Evaluation models: Viewpoints on Educational and Human Services evaluation[M]. Boston: Kluwer-Nijhoff Publishing, 1983: 125.

用性、探索的积极性、成年人的参与度和评价的实际应用作为标准来考察项目的质量。

(一)项目是否包含关键知识与核心素养

项目包含关键知识与核心素养是指：项目的学习目标要能够帮助学生完成关键知识、核心素养、必备品格的建构。高质量的项目设计不是随心所欲地发挥，而是通过符合课程标准的巧妙安排，制定明确的学习目标，发展学生的批判思维、协作能力、创造能力、项目管理能力等核心素养和关键能力。这个过程中需要教师发挥较强的知识转化能力，能将课标中涉及的知识及标准融入真实的项目当中。

包含关键知识与核心素养的项目往往具有以下两个特点：一是该项目的重点是教授学生具体、重要的知识、理解和技能，且源自课程标准。项目要求学生需要掌握的核心概念、相关的知识既要有广度，也要有深度。这里所说的广度不局限于某一个学科、某一领域的知识涉猎，也包括对不同学科知识的迁移与综合应用。二是该项目有针对性地指向核心素养，并能够充分教授和评估。比如，发展学生的批判性思维、协作、创造力和项目管理能力，让学生在完成项目任务的过程中不断发现自身的问题，修正自己思考、解决问题的思维，找到正确的学习方法，有意识地提升自身的各项能力与素养。

(二)项目驱动性问题设置是否合理

合理的项目驱动性问题是指能够营造一种由求知欲驱动的学习氛围，鼓励学生积极地寻找问题的解决方案，构建和共享学习成果的复杂问题。它不仅可以用来推动项目活动，还可以为学生创设一种科学实践情境，使得整个项目活动连贯、一致。

合理的驱动性问题往往要满足以下几个条件：首先，这个驱动性问题既要有一定的挑战性，又要保证挑战难度适合当下学生的发展水平，能让学生在回答这个问题的过程中，获得预期的知识和技能，同时能激发学生的学习兴趣。其次，该驱动性问题的构成要包括多个可能的答案和清晰、具体的任务提示。最后，驱动性问题的设置要与学习目标保持一致，学生要回答这个问题，会获得预期的知识、理解和技能。

(三)项目探究是否具有持续性

项目的持续性是指从项目启动到最终反思，学生都在进行深度探究，寻求理解，并且能够独立完成提出问题、开展研究、实施调查，得出答案的过程。这要求项目所涉及的知识要有一定的难度，学生能够在项目开展的过程中，不断发现更深层次的问题，并培养新的学习习惯和思维习惯，比如，提出问题的能力、语言和思维的准确性、毅力等。

要考察项目是否具有持续性往往从以下三个方面出发：一是随着时间的推移，学生能否持续探究，能否收集和解释数据，能否评估证据的情况生成新的问题等。二是学生能否应用多种的方法收集信息，如采访、观察、收集数据、构建模型等，开展较为深入的探究活动。三是在整个项目中，学生生成的问题和项目关系是否密切。

(四)项目是否具有真实性

项目真实性是指在真实的项目中学生能真切地感受项目的每一个环节、每一个任务背后的价值和意义。加德纳说："要检验理解，不是让学生重述所学内容，也不是看实践行为，确切地说，要看是否能够将相应的概念或原理应用到新的问题情境之中"。[①] 真实性是项目式学习的灵魂。真实的问题、真实地实践、真实地参与，能让学生对建构知识的过程产生兴趣，并对创作产生强烈的热情，因为这能让他们感受到前所未有的成就感和幸福感。[②]

要判断一个项目是否具有真实性，首先要考察该项目是否具有真实的情境并能解决真实世界中的问题。学生要到真实的情境中去完成项目任务，使用真实的工具和现实中公认的质量标准，而这些任务在现实生活中往往由具有一定专业技能的成年人来完成。其次要看项目是否能对真实的世界产生影响。真实的项目可以对社区、社会组织及其成员产生影响，并且会有学校外部的对象人群来观摩学生完成的作品。当学生完成的产品接受真实受众的检验时，最能激发他们创造的动力。他们会以更认真的态度来面对项目任务，并对项目所涉及的专业领域产生清晰的认知。

---

① 威金斯，麦克泰格. 追求理解的教学设计(第二版)[M]. 闫寒冰等，译. 上海：华东师范大学出版社，2017：106.

② 高恩静. 真实问题解决和21世纪学习[M]. 杨向东，译. 长沙：湖南教育出版社，2020.

（五）项目能否保证学生选择性

学生选择性是指项目设计能充分保证学生在项目中的发言权和选择权。学生能自己做决定，并在整个项目中表达和捍卫自己的观点，独立地制订完整的工作计划，安排完成项目每个部分任务所需要的时间，协调每个环节所需要的资源，然后根据任务的不同特点，对项目任务完成顺序进行排序，有效利用时间。

要判断学生在项目中是否有充分的选择性，首先，要看学生是否有机会表达自己的声音，并在重要事项上做出选择。如需要调查的主题、问题、使用的文本和资源，与之合作的人，要创建的产品，使用时间，组织任务等。其次，要考察教师是否提供了必要的、充分的指导，给学生安排的独立活动不应太多，也不应过少。最后，学生有机会承担重大责任，并在教师指导下独立完成项目，制作出最高质量的作品。

（六）项目是否具有反思性

项目的反思性是指整个项目能提示学生去思考、反思自己的学习情况，并引导他们做出适当的调整。在高质量的项目中，学生和教师在项目进行期间及之后都会进行深思熟虑的全面反思。反思能鼓励学生思考，思考他们正面临的挑战、已经克服的困难以及所产出作品的质量。

要判断项目是否具有反思性，首先，要从反思的内容考查，学生和教师不仅要反思学生学习或了解项目的内容和方式，还要反思项目管理进程。其次，从反思的频率考查，学生和教师在项目的每个阶段和项目最终都有计划地进行反思而非随意的反思。

（七）项目评估与改进是否合理

合理评估与改进是指：项目评价贯穿项目始终。高质量的项目中，项目评价出现在项目设计、项目过程到产品展示的每一个环节、每一个阶段，前一阶段的评价可为下一阶段的方案调整和管理模式的改进提供思路。

如何判断项目评估与改进是否合理？下面几点要求可以作为参考。一是教师是否给学生提前提供了评价量规，且学生是否参与到评价标准的制定中；二是学生在项目实施过程中能否从同伴、教师、其他人员那里接受持续性的、有条理的反馈意见；三是项目实施的过程中，学生能否经常且及时地收到教师、校外辅导员和同伴的反馈；四是学生是否有机会使用反馈来修改和改进项目工作。

(八)项目成果是否丰富且公开

项目成果丰富且公开是指整个项目不仅有最终成果，还有每个阶段的成果，并且每个成果都有公开展示。在项目的最后，学生要公开、集中地展示自己的各阶段项目产品，这些产品能让学生展示他们对已经掌握的知识的应用能力，相比只有老师打分的学校作业，项目成果更加逼真，也更具影响力。

首先，学生能向课堂以外的人展示产品，产品设计之初校外合作伙伴要为学生明确创建作品的标准，并在作品完成后通过评估最终产品的方式让学生理解真实环境中项目应达到什么样的标准；其次，学生有机会展示产品，且有机会解释他们的学习过程和关键知识、能力与核心素养的获得；最后，伴随项目实施，产生了多个成果，既有最终成果也有阶段性成果，且所有的成果都与项目的学习目标相吻合。

三、项目设计评价工具

在具体的项目设计评价中，我们可以通过项目设计评价量规来评估项目设计的质量。设计量规可以为评估提供一致性的、较为客观的评价标准，一来避免凭经验和感觉进行评定；二来可以增强对顶层设计的评估，将评估贯穿项目进行的始终，而不是项目结束后才进行评估，以确保项目的顺利进行。下表是在 BIE 项目设计量表的基础上，经过一线教师实践运用反复改进而成的项目设计评价量规表(见表 4-4)。①

---

① 改编自 Buck Institute for Education. Project Design Rubric[EB/OL]. (2022)[2024-02-23]. http://my. pblworks. org/resource/document/project _ design _ rubric.

表 4-4　项目设计评价量规表

PBT 分类	需要改进的 PBL（该项目在每个领域都存在以下一个或多个问题）	需要进一步发展的 PBL（该项目具备有效 PBL 的一些特点，但仍有一些不足）	有效的 PBL（该项目具有以下优点）
学生学习目标：关键知识、理解和核心素养	1. 学生的学习目标不明确、不具体；没有关注课程标准。 2. 该项目没有针对核心素养的形成制定相应的目标、支持手段和评估手段。 3. 目标的表述含混，不清晰，不具有可观察、可检测性或目标过多，不聚焦。	1. 该项目关注到标准衍生的知识和理解，但它可能针对太少、太多或不太重要的目标。 2. 该项目有针对性地指向核心素养，但可能有过多，无法充分教授和评估，不能有效达成目标。 3. 目标有部分表述可观察、可检测性和可行性上的表述不够清晰。	1. 该项目的重点是教授学生具体、重要的知识、理解和技能，且源自课程标准。 2. 明确地教导和评估核心素养，例如批判性思维、协作、创造力和项目管理。 3. 目标聚焦，表述具有可观察、可检测性和可行性。
驱动性问题	1. 该项目没有一个驱动性问题（它可能更像是任务的叠加）；或者问题太容易解决，不具有挑战性。 2. 驱动性问题严重缺陷，例如：它有一个简单的答案；它并没有吸引学生（这听起来太复杂或"学术"，如它来自教科书或只是源自教师的兴趣）。 3. 驱动性问题大部分不符合标准（见最右栏）。 4. 任务提示不够清晰、与学科目标无关。	1. 该项目侧重于一个驱动性问题，但挑战程度可能不适合学生。 2. 驱动性问题与项目有关，但没有捕捉到核心（可能更多像一个主题或教学问题）。 3. 驱动性问题符合部分标准，如右侧。 4. 任务提示比较清晰，能针对学科的内容目标。	1. 该项目有一个适当难度的驱动性问题。 2. 该项目由一个驱动性问题构成，其中包括：有多个可能的答案。驱动性问题表述清晰，有一定的情境性，便于学生理解和制定研究计划，产出成果。 3. 与学习目标保持一致；要回答这个问题，学生需要获得预期的知识、理解和技能。 4. 任务提示清晰、具体，聚焦于学科目标。

PBT 分类	需要改进的 PBL (该项目在每个领域都存在以下一个或多个问题)	需要进一步发展的 PBL (该项目具备有效 PBL 的一些特点，但仍有一些不足)	有效的 PBL (该项目具有以下优点)
探究持续性	1. "项目"是一项活动或"动手"任务，而不是一个探究的过程，学生很容易完成这项任务。 2. 只是从教科书上或其他二手资料中收集信息，没有开展探究活动。 3. 在整个项目中，学生会产生问题，但这些问题和项目没有关联。 4. 任务链及学生的成果之间不一致，不能有效支持项目目标，或各任务之间缺少进阶性，只是围绕一个主题的"拼盘"。	1. 探究是有限的（可能只发生一次或两次；信息收集是主要的任务；没有提出更深层次的问题）。 2. 能从一些有限的一手信息源中收集信息，开展了探究活动。 3. 学生会产生问题，但有些问题可能和项目关系不密切。 4. 任务链、提供的资源与学生的成果能够支持项目目标。任务链在一定程度上体现了进阶性，但有些任务有所偏离。	1. 随着时间的推移，学生持续探究(学生提出问题，收集和解释数据，评估等)，并提出进一步的问题)。 2. 学生能够应用多种的方法收集信息(如采访、观察、收集数据、构建模型等)，开展了较为深入的探究活动。 3. 在整个项目中，学生生成的问题和项目关系密切。 4. 任务链、提供的资源和学生的成果与项目目标紧密一致，且任务链随项目进展呈进阶关系。
项目真实性	1. 从解决问题的角度看，该项目类似于传统的"功课"；但与现实世界联系不紧密；没有完成任务的情境。 2. 从项目影响的角度看，该项目没有对周围的人群和社区产生真正的影响，也不会影响学生的个人兴趣。	1. 该项目具备一定的真实情境，但仅能与学生个人的生活相联系，通过完成的项目来解决生活中的有限的问题。 2. 该项目对学生个人的发展以及对周围的人产生了一些影响，但比较有限。	1. 该项目具有真实的情境，解决了现实世界中的问题。 2. 该项目对周围的人群、社区、社会产生影响，表明了学生的个人关注、兴趣，以及一定的社会责任、担当。

PBT 分类	需要改进的 PBL（该项目在每个领域都存在以下一个或多个问题）	需要进一步发展的 PBL（该项目具备有效 PBL 的一些特点，但仍有一些不足）	有效的 PBL（该项目具有以下优点）
学生选择性	1. 学生没有机会表达自己的声音，缺少对项目内容或过程的选择权；项目是老师布置的任务。 2. 教师缺少必要的、充分的指导，学生自己的活动太多。 3. 或教师指导得过少，学生的活动偏离解决驱动性问题，教师需要花大量的时间进行项目管理。	1. 学生表达自己的声音和做出选择的机会有限，较少决定重要事项（如只能决定如何在团队中划分任务或将哪个网站用于研究）。 2. 学生可独立完成项目的空间有限。	1. 学生有机会表达自己的声音并在重要事项上做出选择（需要调查的主题，问题，使用的文本和资源，与之合作的人，要创建的产品，使用时间，组织任务等）。 2. 学生有机会承担重大责任，并在教师指导下独立完成项目。
项目反思性	学生和教师在项目进行期间及最后缺少反思以下内容：学生学习或了解项目的内容和方式，教师与学生的项目管理进程。	学生和教师在项目期间及其最后进行了一些反思，但随意性强。	学生和教师在项目期间及之后都会进行深思熟虑的全面反思，包括学生学习的内容和方式以及项目的设计和管理。
评估与改进	1. 没有明确评估学生是否达到项目式学习目标的具体标准。 2. 学生只能获得有限的针对作品的反馈意见，且只有教师的反馈，没有同伴的反馈。 3. 学生不知道如何或认为不需要使用反馈来改进他们的工作。	1. 教师没有给学生提供评价标准，评价标准仅供教师使用。 2. 学生有给予和接受反馈的机会，但它们可能是非结构化的，次数也很少。 3. 除教师评价外，学生具有同伴评价的机会，但学生没有自评的机会。 4. 学生可以获得有关其工作质量的反馈，但没有机会对其进行实质性的修改和改进。	1. 教师给学生提前提供评价量规，且学生参与到评价标准的制定中。 2. 学生在项目实施过程中能从同龄人、教师、其他人员，特别是专业人士那里接受持续性的、有条理的反馈意见。 3. 除教师评价外，学生具有自我评价、同伴评价的机会，甚至可以收到相关领域专家的反馈意见。 4. 学生有机会使用反馈来修改和改进项目工作。

续表

PBT 分类	需要改进的 PBL（该项目在每个领域都存在以下一个或多个问题）	需要进一步发展的 PBL（该项目具备有效 PBL 的一些特点，但仍有一些不足）	有效的 PBL（该项目具有以下优点）
成果丰富性与公开性	1. 学生只是向老师提交了成果，不向真实的观众公开展示产品。 2. 项目只有最终成果（一个成果展览或者讲解演示），没有阶段性成果。	1. 学生产品仅在校内向同学和老师公开。 2. 学生有机会展示成果，但没有机会解释他们的学习过程和关键知识、能力与核心素养的获得。 3. 项目实施过程中产生了多个成果，既有最终成果也有阶段性成果，但有些成果可能与项目目标关系不够密切。	1. 学生向课堂以外的人展示产品。 2. 学生有机会展示产品，且有机会解释他们的学习过程和关键知识、能力与核心素养的获得。 3. 伴随项目实施，产生了多个成果，既有最终成果也有阶段性成果，且所有的成果都与项目的学习目标相吻合。

除了上述正式的评价，非正式的评价也非常重要，其中以 KWL 表较为典型。

表 4-5　KWL/KWH 表

K：关于这一问题我知道什么？（已知）	W：关于这一问题我想学什么？/我有什么疑问？（求知）	L：关于这一问题，我学到了什么？（新知）/我还想知道什么？	H：关于这一问题我打算如何解决？

第三节 项目式学习中对学生的评价

在项目式学习中，学生评价是不可或缺的关键环节。它持续为教学双方提供反馈、指导和建议，以优化学习效果。随着项目式学习的深入开展，我们发现学生评价的基本问题仍需进一步明确。因此，从实践角度出发，我们深入分析了学生评价的重要性和具体内容、方法，旨在协助教师更有效地推进项目实施。[①]

一、对学生评价的重要性

评价是教育过程中的重要环节，用于检测实践活动的成果是否符合既定的教育目标。在总结前一阶段教学成果的同时，评价还能对学生的学业水平进行评估，为下一阶段的教学实践提供决策依据，有助于调整和优化教学策略。在项目式学习中亦是如此。对学生进行评价不仅能促进学生的发展，更是为项目式学习的教与学提供了新的思路与发现。

对学生评价能对学生发展起到激励作用。项目式学习对学生的评价不单单是知识层面的，还包括必备品格、关键技能、思维发展、情感态度、个人管理等方面的内容。通过这样全面的评价，每个学生都能在评价中找到自我成长进步的一面，从而起到激励作用，给足自己信心，让自己更有勇气去进行项目式学习。

对学生评价能对学生起到方向指引作用。项目式学习对学生的评价是全面的、多样性的、多角度的，通过这样一个多维度的评价学生能看出自我不足之处，更能在多项指标中找到自我成长的方面，从而让学生有了改进、努力的方向。

对学生评价的运用能够积极促进学生的全面发展。站在教师的角度，这种多维度的评价体系为我们提供了关于学生学习成长的实际数据。这些数据不仅帮助我们发现学生的短板，更引导我们深入探索项目式学习中的教学行为改进之处。通过这种方式，我们能够为学生逐步构建起以项目式学习为核

---

① 于萍，徐国庆. 项目课程中的学生评价研究[J]. 江苏教育，2012(36).

心的成长阶梯，从而为学生提供更多元化、更个性化的学习体验。

总之，在项目式学习中对学生的评价是重中之重。在教学中，教师对于学生评价应有一个科学的认知与恰当的实施，以评价促发展，使学生能够通过项目式学习获得进步与成长。

二、对学生评价的内容确定及工具选择

在项目式学习中，学生评价的内容是评价活动所关注的学生的学习表现领域。从逻辑上讲，它是整个评价活动的起点，只有明确了评价的内容，才能有针对性地规划和实施评价活动。因此，确定评价内容是设计评价活动的首要任务。那么，在项目式学习中学生评价的内容应该包括哪些呢？其确定的主要依据又是什么呢？这需要深入探讨和明确。

教育评价之父泰勒认为："评价过程，从本质上讲，就是判断课程和教学计划在多大程度上实现了教育目标的过程。""评估涉及获得学生行为变化的证据。"[①]基于项目式学习的目标导向，在确定学生评价内容时，应充分考虑其核心目标，即通过项目实践培养学生的知识技能、素养品质、情感态度、价值观等全面发展。深入剖析这一概念的内在含义，会发现对学生的评价应涵盖核心知识、关键技能、思维发展、情感态度以及个人管理等多个方面。这样的评价方式有助于全面反映学生在项目式学习过程中的成长与进步，为教育质量的提升提供有力支撑。

（一）对核心知识的评价

在项目式学习中，对核心知识的评价我们主要依据课程标准。一个项目可能涵盖多个学科知识点，这时我们可以依据具体学科的课程标准对学生进行考核。在对学生的核心知识掌握程度进行评价时，教师应根据实际情况选择适宜的评价方法。传统的纸笔测试是一种常见的手段，能够直接检验学生对知识的记忆和理解。另外，教师还可以采用嵌入量表的方式，结合学生的作品进行综合评价，这种方式更侧重于学生的实际应用能力。除此之外，教师也可以通过细致观察学生的表现，对学生的学习状况进行度量。在实施评价时，教师应充分考虑评价内容、目标和具体情境，以确保评价结果的准确

---

① 泰勒．课程与教学的基本原理[M]．罗康，张阅，译．北京：中国轻工业出版社，2016：113—114.

性和有效性。

(二)对关键技能的评价

在项目式学习中，对关键技能的评价主要通过对口头表达、写作、信息素养、科学素养等方面的评价实现。

1. 口头表达。是指用口头语言来表达自己的思想、情感，以达到与人交流的目的的一种能力。这是素质教育和课改的要求。叶圣陶先生说过，"口头语言"是语文教学的"一条腿"，有效的说话训练可以促进学生思维的发展，带动听、读、写能力的提高。[①] 在项目式学习中，学生一定会进行各种各样的书面表达活动，如发表观点、口头汇报、演讲、与人沟通等。他们在项目式学习的过程中以有意义的方式，学习成为什么样的人，学习怎样做事，学习如何行动和如何与人互动。[②] 我们希望学生能落落大方地展示他们的思维力、精神状态、受众意识，并在与受众的互动中能问问题、聆听对方的回答、对回答的内容作回应或做更进一步的讨论；还应该加深思考，而不只是面无表情地念稿子。因此，我们可以借助另加工具实现对学生的思维逻辑、心理状态、精神状态的评价，促进学生口头表达能力和沟通能力的提升，进一步促进他们社会性参与的素养（见表 4-6）。

表 4-6 项目式学习口头展示评价量规表（3—5 年级适用）[③]

标准	低于标准	接近标准	达到标准	高于标准
观点和信息的解释	使用了不恰当的事实和不相关的细节来支持主要观点。	能选择一些支持主要观点的事实和细节，但是可能不够充分，或者有无关的信息。	能选择恰当的事实和相关的、描述性的细节来支持主要观点和主题。	

---

① 尹小燕. 新课程标准下的口头表达能力训练[J]. 语文教学与研究，2009(5).

② 古德曼. 全语言的全全在哪里[M]. 李连珠，译. 南京：南京师范大学出版社，2005.

③ JOHN L. How to Use the "4 C's" Rubrics[EB/OL]. (2013-04-18)[2024-02-23]. http://www.pblworks.org/blog/how-use-4-cs-rubrics.

标准	低于标准	接近标准	达到标准	高于标准
组织	展示时没有涵盖所要求的全部内容。表达想法时缺少条理，令人难以理解。没有计划好展示时间；时间太短或太长。	展示时几乎涵盖了所要求的全部内容。试图有条理地表达想法，但有时令人难以理解。总体而言，展示的时间长短恰到好处，但比例不大合适，有些部分可能太短或太长。	展示涵盖了所要求的全部。表达想法时有条有理，易于理解。能很好地安排时间；展示的每一个部分都不显得仓促，长短合适。	
眼睛和肢体	展示时不看观众，缺少眼神交流；只是看笔记。坐立不安或无精打采。	展示时能进行一些眼神交流，但大部分时间都在看笔记或读幻灯片。有时会显得坐立不安或无精打采。	大部分时间都能与观众保持目光接触；只是偶尔浏览笔记或幻灯片。身姿显得很自信。	
声音	展示时声音太小或不清楚。有时候说话不得体（可能太不正式或使用俚语）。	展示的大部分时间都能大声而清晰地说话。在大多数情况下，可以恰当得体地表达自己的观点。	能大声而清晰地说话。能根据场合，恰当地表达，适当使用正式的语言。	
展示辅助工具	没有使用音频、视频工具或媒体设备辅助展示。使用了不适当或分散观众注意力的视听辅助工具或媒体。	能使用音频、视频辅助工具或多媒体，但有时会分散观众的注意力，或者对表达观点和主题没有补充作用。	能使用制作精良的音频/视频辅助工具或多媒体，能对主要观点和主题起到补充作用。	
回应观众提问	没有回答观众的问题。	回答了一些观众的问题，但回答得不清楚或不完整。	清晰完整地回答了观众的问题。	
团队展示参与度	展示时并非每一位团队成员都能参与其中；只有一两个人发言。	每一位团队成员都参与了展示，但参与的时间不均衡。	每一位团队成员参与的时间大致相同，并且能够回答相关问题。	

2. 写作。小学生写作教学的主要任务是培养学生的写作兴趣、良好的写作习惯和观察、思考以及书面表达的能力，并在写作中形成积极的人生态度和正确的价值观。《义务教育语文课程标准（2022 版）》中，还特别提出了"跨学科任务群"，旨在引导学生在语文实践活动中，连接课堂内外、学校内外拓宽语文学习和运用的领域，提倡学生以多种媒介形式丰富语言表达。[①] 项目式学习中的写作，不仅是语文课程中的写作，而且指向通过写作学习，也就是让学生的语言学习回归到真实世界中的原来状态，让学生通过读写日常生活中的事物，学习阅读和书写。[②] 其写作内容及形式是非常丰富的。教师需要根据课程标准、项目目标、核心知识、关键能力等设计有针对性的评价指标。下面以首都师范大学实验小学口袋书的评价量表为例（见表 4-7）。

表 4-7　"中草药里的故事"口袋书展示评价量表[③]

星级	内容			版面		
	科学、丰富、全面	主题鲜明突出	领域特点突出，具有创新意识	清晰度	美观性	创新性
1星	口袋书内容单薄，少于5页，只有文字；或出现科学性问题。	能够围绕中草药制作。	能够采用思维导图来介绍内容，但资料来源单一，多以网上资料为主。	书写工整，没有错别字，版面没有大面积涂改痕迹。	口袋书有适当装饰，装饰内容与文字内容贴合。	文字手写，插图均为手绘。
2星	口袋书内容在5—10页之间，有关于药材的介绍及相关故事，同时配以插图或思维导图。没有科学性错误。	能够围绕"中草药故事"进行制作。	内容不限于网上所查资料，能够结合相关书籍或采访专业人士等形式进行介绍。	书写工整美观，字体大小适中，没有错别字，版面没有大面积涂改痕迹。	每一页都有与文字相关的装饰，且图画大小适中，颜色丰富，插图美观。	文字手写，插图均为手绘。整个口袋书版面有体现主题的整体性装饰。

---

① 中华人民共和国教育部. 义务教育语文课程标准（2022 年版）[S]. 北京：北京师范大学出版社，2022.

② 古德曼. 全语言的全全在哪里[M]. 李连珠，译. 南京：南京师范大学出版社，2005.

③ 案例来自首都师范大学实验小学，该校课程分五大领域，此表用于其中"和谐"领域成果评价.

续表

星级	内容			版面		
	科学、丰富、全面	主题鲜明突出	领域特点突出,具有创新意识	清晰度	美观性	创新性
3星(最佳)	口袋书内容丰富,篇幅在10页以上,有关于药材的文字介绍及相关故事,同时配以插图或思维导图,能够吸引人,没有科学性错误。	能够围绕"中草药故事"进行制作,并且有相关中草药介绍以及在"人与自然和谐共生"或"传播中医知识"文化自信方面有自己的感受。	内容不限于网上所查资料,能够结合相关书籍或采访专业人士等内容进行介绍,且能够在口袋书插图或设计中加入与"和谐"领域相关内容或自己小组特色相关的内容。	书写工整美观,字体大小适中,没有错别字,版面没有大面积涂改痕迹。能够用不同颜色或不同大小的字来强调重点内容。	每一页都有与文字相关的装饰,且图画大小适中,颜色丰富,插图美观。且文字与图画排版协调。	文字手写、插图均为手绘。整个口袋书版面有体现主题的整体性装饰。能够将所查资料用除思维导图外的其他形式,如气泡语、资料库等形式进行介绍。

在上表中,教师根据"中医药进课堂"的核心知识和"口袋书"的形式特点,从内容和版面两方面设计了有针对性的写作评价标准。

3. 信息素养。信息素养的本质是全球信息化需要人们具备的一种基本能力。它包括:能够判断什么时候需要信息,并且懂得如何去获取信息,如何去评价和有效利用所需的信息。1998年,美国图书馆协会和教育传播协会制定了学生学习的九大信息素养标准,概括了信息素养的具体内容。在项目式学习中,我们可以依据九大信息素养标准对学生的信息素养进行评价(见表4-8)。

表 4-8　九大信息素养标准表[①]

标准一	具有信息素养的学生能够有效地和高效地获取信息。
标准二	具有信息素养的学生能够熟练地和批判地评价信息。
标准三	具有信息素养的学生能够精确地、创造性地使用信息。
标准四	作为一个独立学习者的学生具有信息素养,并能探求与个人兴趣有关的信息。

---

① 王永军.幼儿教师信息素养及其培养初探[D].华东师范大学,2007.

续表

标准五	作为一个独立学习者的学生具有信息素养，并能欣赏作品和其他对信息进行创造性表达的内容。
标准六	作为一个独立学习者的学生具有信息素养，并能力争在信息查询和知识创新中做得更好。
标准七	对学习社区和社会有积极贡献的学生具有信息素养，并能认识信息对民主化社会的重要性。
标准八	对学习社区和社会有积极贡献的学生具有信息素养，并能实行与信息和信息技术相关的符合伦理道德的行为。
标准九	对学习社区和社会有积极贡献的学生具有信息素养，并能积极参与小组的活动探求和创建信息。

表 4-9　"情绪管理"项目式学习学生获取信息能力评价表①

姓名：_____ 时间：_____			
评价内容	自评	他评	师评
能按关键字搜索，浏览信息	☆☆☆☆☆	☆☆☆☆☆	☆☆☆☆☆
会从多个角度搜索信息	☆☆☆☆☆	☆☆☆☆☆	☆☆☆☆☆
能熟练使用搜索引擎	☆☆☆☆☆	☆☆☆☆☆	☆☆☆☆☆
会查询不同信息源	☆☆☆☆☆	☆☆☆☆☆	☆☆☆☆☆
能较好地甄别信息的准确性	☆☆☆☆☆	☆☆☆☆☆	☆☆☆☆☆
评分说明：努力(涂黑1－2颗星)；合格(涂黑3－4颗星)；优秀(涂黑5颗星)			

4. 科学素养。国际上普遍将科学素养概括为三个组成部分，即了解科学知识，了解科学的研究过程和方法，了解科学技术对社会和个人所产生的影响。在具体评价中我们可以根据项目内容从这三个方面对学生的科学素养进行评价。

(三)对思维发展的评价

美国教育协会在《美国教育的中心教育目的》中提出，"贯穿于所有各种教

---

① 案例来自河南省南阳市第十五小学。

育的中心目的——教育的基本思路——就是要培养思维能力"。① 教育的最高目标是培养具有逻辑思维能力和掌握抽象复杂概念能力的人，教学不仅是传授知识，更重要的是让儿童学会如何思维。② 一个具有探究思维的个体，在面对繁杂的问题时能够理性分析、敢于质疑、及时反思，不断提出自己的见解和方案，从而解决问题，获得发展。

思维发展程度是项目式学习中对学生评价的重要内容，我们一般通过对学生的创造力、思辨性思维、反思能力、问题解决能力、理解力等方面评价来实现。

1. 创造力。创造力是指产生新思想，发现和创造新事物的能力。它是成功地完成某种创造性活动所必需的心理品质。知识、智能和优良个性品质是创造力构成的基本要素，它们相互作用、相互影响，决定创造力的水平。在实际评价中教师可以根据这三者包含的具体内容对学生的创造力进行评价。

表 4-10　创造性思维量规(10 年级)评价表③

评分领域	初显	E/D	发展中	D/P	熟练	P/A	高级
规范(技巧)：学生掌握了艺术领域的技巧的证据。 "工具"：比如画笔、相机、编舞、对话、即兴表演技巧。 "材料"：比如木炭笔、身体和声音。 "艺术规范"：比如透视、调色、音阶、节奏； "艺术媒介"：比如亚克力画、现代舞、文献剧。	对工具、材料和其特定艺术媒介的艺术规范应用得不完整或者有限；学生没有对工具、材料或者艺术规范进行试验。		对工具、材料和其特定艺术媒介的艺术规范进行了基本的应用；学生以有限的方式对工具、材料或者艺术规范进行试验，以便更好地表达观点、想法或者个人价值。		使用如下词汇对这一列进行自定义：艺术作品表现出对工具、媒体、材料、技巧、技能和规范的熟练应用；艺术作品表现出对工具、媒体、材料、技巧、技能和规范等进行了一般性的试验。		对工具、材料和特定艺术媒介中的艺术规范的应用非常熟练；学生用具体的方法对工具、材料和艺术规范进行试验，以便更好地表达观点、想法或者个人价值。

① 汪安圣.思维心理学[M].上海：华东师范大学出版社，1992：370.
② 朱彦军.学校·教师·课题[M].郑州：河南人民出版社，2017.
③ Buck Inititute for Education. 2022 Research-Based Creativity Rubrics[EB/OL]. (2022)[2024-02-23]. http://my.pblworks.org/node/11329.

2. 思辨性思维。思辨性思维是指一种拥有批判、怀疑、反思、修正等的思考模式。不同的人会拥有不同的思维模式，有些人对于别人传递的信息是全盘接受，有些人则会相反，对于他人传递的信息会经过质疑、筛选、求证等才判断信息的正确性和可确定性。《义务教育语文课程标准（2022版）》专门设置了"思辨性阅读与表达"学习任务群，强调要在语文实践活动中，通过阅读、比较、推断、质疑、讨论等方式，梳理观点、事实与材料及其关系；辨析态度与立场，辨别是非、善恶、美丑，保持好奇心和求知欲，养成勤学好问的习惯，培养理性思维和理性精神。[1] 思辨性思维包含解释、分析、评估、推论、说明、自我调节等几种能力。卡拉·埃文斯（Carla Evans）的研究证明：教师应当为学生提供可以用多种解决方案来解决问题的机会；允许学生回答开放式问题并制定问题解决方案，以及允许学生选择并参与解决真实问题的各种学习活动，这些都能发展学生的思辨性思维的能力。[2] 这些学者的观点都与项目式学习的理念相契合。在评价中教师可以对照这些能力，通过表现性评价对学生的思辨性思维进行评价。评估时应经过深思熟虑的设计和构建，以促进学生进行复杂的判断；包括开放的、劣构的任务，这些任务应允许多种的解决方案；让学生参与真实的场景；并且要使学生的推理过程清晰可见。

需要注意的是，学生展示的环节也是培养学生思辨性思维的契机。这就需要教师不仅要引导学生展示自己对内容的获得，同时要让学生展示自己分析问题的思路与自己选择的理由。教师不要急着给出"正确答案"，而是通过苏格拉底式对话，向学生提出一连串刺激性的问题，通过讨论、辩论、举例等与学生互动。教师扮演苏格拉底的角色，作为一名哲学家质疑对方观点，促进对方思考；或通过苏格拉底式讨论会促进学生与学生之间的思考和对话，加深他们的思维深度。这样做的目的不在于证明谁对谁错，而是鼓励学生认真思考问题，在一系列的对话过程中，不断逼近学生的思维本质，帮助学生接近真相，更具智慧，也鼓励人们批判性地看到自己的想法及他们身处的社会。[3] 研究表明，当学生通过解释、分析、推断和/或评价进行判断时，思辨

---

① 颜琳．读写融合：思辨性阅读与表达任务群的语言建构［J］．小学教学参考，2022(19).

② EVANS C. Measuring Student Success Skills: A Reviews of the Literature on Critical Thinking. ［R］. (2020-03-31)[2024-02-23]. http://www.nciea.org/library/measuring-student-success-skills-a-review-of-the-literature-on-critical-thinking/.

③ 格尔森．如何在课堂中使用差异化教学［M］．刘雪等，译．北京：中国青年出版社，2019.

性思维就会发生，并且可以被评估。表 4-11 列出了《德尔菲报告》(The Delphi
Report)中提出的思辨性思维技能和性格倾向。评价量规见表 4-12。

表 4-11　思辨性思维包含的几种基本能力表①

阐释	理解和表达极为多样的经验、情景、数据、事件、判断、习俗、信念、规则、程序或规范的含义或意义。子技能包括归类、意义解码和澄清含义。
分析	识别意图和陈述之间实际的推论关系、问题、概念、描述或其他意在表达信念、判断、经验、理由、信息或意见的表征形式。子技能包括审查观点、确认论证和分析论证。
评估	评价陈述的可信性或其他关于个人的感知、经验、境遇、判断、信念或意见的描述；评价陈述、描述、问题或其他表征形式之间实际的或意欲的推论关系的逻辑力量。子技能包括判断评价，评价论证。
推论	识别和维护得出合理结论所需要的因素；形成猜想和假说；考虑相关信息并根据数据、陈述、原则、证据、判断、信念、意见、概念、描述、问题或其他表征形式得出结果。子技能包括证据查证、设想多种可能性和推出结论。
说明	能够陈述推论的结果；应用证据的、概念的、方法论的、规范的和语境的术语说明推论是正当的；以强有力的论证形式表达论证。子技能包括陈述结果、证明过程的正当性和表达论证。
自我调节	监控一个人认知行为中的自我意识、应用于这些行为中的因素，特别在分析和评估一个人自己的推论性判断时，勇于质疑、确证、确认或改正一个人的推论或结果。子技能包括自省和自我纠错。
性格倾向和子倾向	解决具体问题的方法：清晰地陈述问题或关注重点，处理复杂问题时能够做到有条理，关注到信息的相关性、选择标准和应用的合理性，要事为先，即使遇到困难也要坚持，对主体和环境有精准把握。
	对待生活的方法：对很多问题有好奇心，保持对消息的关注(灵通性)，对备选方案和观点持开放的态度，理解他人的观点，评价推理公平，诚实地面对与自己不同的世界观，灵活考虑偏见、刻板印象、自我中心或社会中心倾向，审慎地中止或改变决定，愿意重新考虑和修改观点。

① EVANS C. Measuring Student Success Skills: A Reviews of the Literature on Critical Thinking. [R]. (2020-03-31)[2024-02-23]. http://www.nciea.org/library/measuring-student-success-skills-a-review-of-the-literature-on-critical-thinking/.

表 4-12　PBL 思辨性思维量规表(3—5 年级)①

维度	学生思维质量			
	选择大多数指标能够描述学生所知道和能够独立完成的那一列			
	开始	显现	发展中	示范
通过揭示主题和概念的相互关系来理解(解释、分析)	• 解释包括重要的事实和/或例子。	• 解释包括重要的事实和/或证据,并根据明显的异同进行分类。	• 能总结主题和概念,并且用证据支持重要的细节。	• 总结包括能证明相互关系的证据和对主题意义的解释。
进行推论和概括知识(解释、推断)	• 预测是基于个人经验和一些新的内容。	• 预测是可信的,基于之前的学习,并包括新的信息作为支持。	• 预测是基于学习材料或内容。 • 能用这些信息得出一个简单的结论。	• 结论对这个主题而言是符合逻辑的。 • 能根据证据进行推论。
决定信息和论点的质量(评价)	• 能根据自己的个人经验确定哪些事实和/或观点更可信。	• 能使用所提供的标准来确定哪些事实和/或观点更可信。	• 能用提供的标准解释信息和/或观点是如何可信的。	• 能根据对证据和所提供标准的考量,对信息和/或观点进行比较和对比。

3. 反思能力。反思能力是以自己为思考对象,对自己的决策、行为、方法以及由此产生的结果进行审视、分析、调整的能力。反思能力是一个人认识自我、完善自我的有效途径,是追求自身完美的思维活动,是对自己在情境中的表现、自己的思维过程和最终思维结果有意识地进行深入、细致、批判性的回顾并分析和检查,对自己所关注的问题主动地进行探究。② 可以在每次项目活动结束前,进行"一分钟反思",促成学生养成良好的反思习惯,形成反思力。

---

① Buck Institute for Education. 2021 Research-Based Critical Thinking Rubrics[EB/OL]. (2023)[2024-02-23]. http://drive. google. com/file/d/1JWVz5nb2RZpigEH9jVgwiWpSnKT8XvXX/view.
② 王顺晔,成利敏,王李雅等. 高校电子信息类专业"六位一体"课程思政教学改革实践探索[J]. 电脑知识与技术,2023,19(7).

表 4-13　一分钟反思表

1. 今天上课期间什么时候你最投入？	
2. 今天上课期间什么时候让你觉得最无聊？	
3. 今天上课期间什么时候让你获益最多？	
4. 今天上课期间什么时候让你最困惑？	
5. 今天上课期间什么讨论让你最惊喜？	

反思可以有多种方式，如首都师范大学实验小学在项目的尾声采用"童言童语话项目"的方式进行反思（见表 4-14）。

表 4-14　童言童语话项目表①

_____年级_____领域_____项目　班级_____姓名_____
同学们，通过这个学期的项目式学习，你有什么收获吗？可以从知识学习、方法掌握、合作能力、探究精神等各个方面，选择感触最深的一点或几点，说一说你对项目式学习的感受。可以用文字记录，可以用思维导图呈现，可以用连环画展示，也可以跟老师说一说，形式不限。

这位同学以思维导图的形式对所学知识进行了梳理（见图 4-7）。

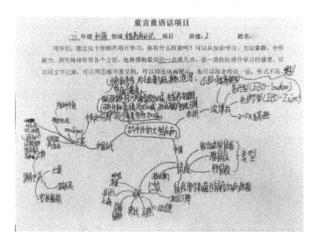

图 4-7　用思维导图进行知识梳理

---

①　案例来自首都师范大学实验小学。

这位同学以漫画的形式对学习的过程进行了呈现（见图 4-8）。

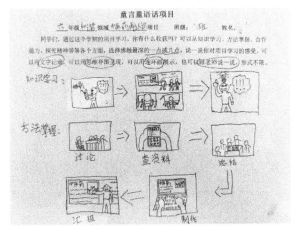

图 4-8　用漫画呈现学习过程

这位同学则对比了自己在项目式学习前后合作意识合作能力的变化（见图 4-9）。

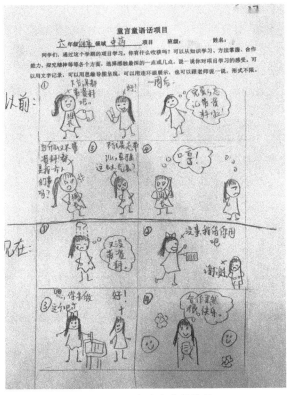

图 4-9　通过对比进行总结

这位同学则进行了全面的总结(见图 4-10)。

图 4-10　全面总结学习过程

首都师范大学实验小学的虞蕾老师写道:

项目反思不仅体现在对全体学生的促进,还体现在对个别学生有针对性地促进。

图 4-11 中的男孩被小组成员推选为小组长,但他自己对此其实并不愿意,因此在活动过程中,他不太积极,还会抱怨组员没有按照他的要求去完成任务。而组员们也没有完全理解组长布置的任务,导致这一组在前期完成得很好,后期需要合作完成最终成果时却出现各自为政的现象。他们自己做自己的,互相抱怨。看到这种情况,老师们对这一小组进行沟通并指导小组合作的方式方法,这一组的同学最终尝试用新的方法进行合作,共同完成了小组成果展示。在最后的"童言童语话项目"环节,这位同学画了思维导图,主动来分享小组合作方面的经验与反思,虽然他抱着手臂还有点小小的不服气,但有了这些宝贵的经验在第二学期的项目中这一小组组长与组员吸取经验,配合默契,出色地完成了项目成果。①

――――――――――

① 案例来自首都师范大学实验小学。

图 4-11　首都师范大学实验小学某项目小组组长

4.问题解决能力。解决问题能力是指人们运用观念、规则、一定的程序方法等对客观问题进行分析并提出解决方案的能力。初级能力表现在能够发现一般的显性问题，能够初步判断，可以简单处理；能力较强者，能在自己熟悉的领域或范围内较容易发现隐藏的问题，有一定的发现问题的技巧，具备一定的分析能力，能够根据现象探求解决问题的途径，并找到答案，可以较好解决问题；更高层次的解决问题能力，[1] 实际是更早期地发现问题，感知外界对自己或工作、生活的影响并结合课堂，可以准确预测事情发展过程中的各种问题，并将其消灭在萌芽状态！同时能归纳总结问题发生的规律，并指导提高他人发现问题的能力。

表 4-15　问题解决能力表[2]

技能链	初期的	发展中的	熟练的	高级的
定义问题	表现出识别表述的问题或相关背景因素的能力有限。	初步展示出能用相关性较强的背景因素构建问题的能力，但问题表述是肤浅的。	展示出能用相关性强的背景因素构建问题的能力，并且问题表述足够详细。	展示出能利用所有相关背景因素构建清晰问题的能力，问题表述很深刻。

---

① 洪建军. STEM 教育融入综合实践课程的核心素养设计与实施探析［J］. 教学管理与教育研究，2022，7(1).

② American Association of Colleges and Universities. VALUE Rubrics-Problem Solving［EB/OL］. ［2022-04-24］. http://www.aacu.org/initiatives/value-initiative/value-rubrics/value-rubrics-problem-solving.

续表

技能链	初期的	发展中的	熟练的	高级的
确定策略	能确定一种或多种问题解决方法，但不适用于特定环境。	仅能确定一种在特定环境中适用的解决问题的方法。	能确定解决问题的多种方法，其中只有一部分适用于特定的环境。	能确定适用于特定环境的解决问题的多种方法。
提出解决方案、假设	能提出一个解决方案或假设，但比较模糊或不直接针对问题。	能提出一个"现成的"解决方案或假设，而不是为特定的背景专门设计解决策略。	能提出一个或多个解决方案或假设，以表明对问题的理解。解决方案或假设关注到以下环境因素：伦理、逻辑或文化维度。	能提出一个或多个解决方案或假设，表现出对问题有深刻的理解。提出的解决方案或假设，密切关注以下背景因素：伦理、逻辑和文化维度。
评估潜在的解决方案	对解决方案的评估是肤浅的（例如包含粗略的、表面层次的解释），包括以下内容：考虑问题的历史，逻辑性、推理性，检查解决方案的可行性，以及权衡解决方案的影响。	解决方案的评估是简短的（例如解释缺乏深度），包括以下内容：考虑问题的历史，逻辑性、推理性，检查解决方案的可行性，以及权衡解决方案的影响。	对解决方案的评估是充分的（例如包含补偿），并包括以下内容：考虑问题的历史，逻辑性、推理性，检查解决方案的可行性，并权衡解决方案的影响。	对解决方案的评估是深入和体面的（例如解释全面深刻），并且深入和全面地包括以下所有内容：考虑问题的历史，逻辑性、推理性，检查解决方案的可行性，以及权衡解决方案的影响。
实施解决方案	解决方案不能直接解决问题。	实施解决方案考虑到所陈述的问题，但没考虑到环境因素。	实施解决方案考虑到多种影响因素，但停留在表面。	实施解决方案细致考虑到多个环境因素，而且指向彻底解决问题。
评估结果	只针对定义的问题对结果进行浅显的评审，而没有考虑进一步工作的需要。	根据定义的问题评估结果，较少考虑进一步工作的需要。	能结合进一步工作的需要，回顾与定义问题相关的结果。	在对进一步工作的需求进行全面、具体考虑的基础上回顾与问题相关的结果。

5. 理解力。罗恩·理查德（Ron Ritchhart）等在《哈佛大学教育学院思维训练课：让学生学会思考的 20 个方法》一书中，特别强调理解力是一种通用能力，是思维的目的，也是应用、分析、评价和创造的结果。教师应以培养学生的理解力为目标。这里说的理解是指向对大概念层面的理解，而不是对具体知识点的理解。他们指出："教师若想培养学生对某一学科的理解力，必须把精力放在思维训练上，也就是说应该培养学生解决问题和作出决定的能力及相关的课程技能，同时，努力为学生创造思考机会。"[1]书中列出了理解力列表，见表 4-16。

表 4-16　理解力列表[2]

序号	思维步骤	内涵
1	细心观察，仔细描述。	观察事物的组成部分和特征，能辨别事物特征，并完整阐述。
2	解释说明。	能对猜想和假说，进行解释说明。
3	给出例证。	提出论据以支持观点，并努力寻求一个公正、准确、有说服力的观点，以便更好地阐释意义。
4	建立联系。	能够利用已知事物、已有经验学习新事物。
5	考虑不同观点和角度。	从不同角度看待问题，接受某个新观点，以帮助我们更全面地理解事物。
6	抓住中心并得出结论。	抓住概念、过程、事件或工作的核心，能确保我们理解问题本质。
7	思考并提问。	利用提问激发好奇心和参与度，促进学习的深入，同时生成新的更深层次的问题。
8	了解问题的复杂性并深入思考。	不是简单地接受答案，而是透过事件、观点了解事物的复杂性，吸引进阶学习，同时，不断增强理解力。

在项目式学习过程中，这些思维方式的培养不仅为学生更好地发现问题、解决问题、做出决策提供了路径，也使得教师能够清晰地了解想让学生发展什么，如何培养学生的思维能力，如何揭示学生的思考过程，从而明确项目目标，制订可行的、可见的教学计划，提高学习活动设计的有效性，课堂提

---

① 罗恩·理查德. 哈佛大学教育学院思维训练课：让学生学会思考的 20 个方法[M]. 于璐，译. 北京：中国青年出版社，2014：30.

② 同上。

问和互动的针对性，提高教学效果。

(四)对必备品格的评价

必备品格及情感态度在传统的学生评价中很少涉及，但在项目式学习中，学生的情感态度是评价的内容之一，以引导教师在教学中将学生视为有思想、情感的个体，注重理解学生，利用影响学习效果的情感因素，培养学生兴趣，增强学习主动性和积极性，达到提高项目实效的目的。我们主要从动机、合作能力、协调能力等方面去考察学生的情感态度。

1.动机。动机指促使人从事某种活动的念头，是一种内部心理过程，不能直接观察，但是可以通过任务选择、努力程度、活动的坚持性和言语表示等行为进行推断。[1]

2.合作能力。合作能力指工作、事业中所需要的协调、协作能力，主要包括六大要素：积极参与的能力、参与有效讨论的能力、尊敬团体的每一位成员、鼓励他人提出多样化的观点、客观地评价观点、分析团体中各要素之间的关系。在项目中我们可以从这六大要素的具体内容出发对学生进行评价。在合作中，不可避免地会出现各种矛盾，因此学生需要学会协调矛盾，并适当地做出妥协，表现出较好的复原力和韧性。[2]

表 4-17　低年级小组合作学习评价量规表[3]

---

① 陈海斌.高校辅导员专业化发展与能力素质模型应用研究[J].法制与经济(中旬)，2012(2).

② 王军.新时代大学教材出版与高校人才培养[J].出版广角，2019(20).

③ 哈勒曼，拉尔默，梅根多勒.21世纪项目式学习—项目式学习小学篇[M].张毅，胡静，译.北京：光明日报出版社，2019：141.

续表

三、我能认真听别人的发言

| 1. 还在学习 | 2. 有时候 | 3. 总是这样 |

四、我可以跟别人分享我的想法

| 1. 还在学习 | 2. 有时候 | 3. 总是这样 |

五、我能尊重同伴

| 1. 还在学习 | 2. 有时候 | 3. 总是这样 |

表 4-18　学生自评合作量表（学生用）

项目名称：　　　　　　团队名称：　　　　　　评价人：

请在最能反映你的意见的评价等级下打钩，并记录你的自我反思。

参与小组学习活动的表现	评价等级			
	完全符合	比较符合	比较不符合	完全不符合
我能积极与其他同学合作与交流				
我能认真听取其他同学的意见				
我能表达自己的观点和意见				
我能与其他同学共同制订计划				
我能与其他同学共同完成任务				
我能完成自己的任务				
我能帮助其他同学				
我能协调小组成员				
我能促进小组学习活动				
我能与其他同学分享学习成果				

表 4-19　合作能力评价量规表①

水平分类	初学者	进阶者	策略型学习者	小专家
合作能力	尊重不同观点，关心他人感觉，将做决定和布置任务的工作交给小组。	对他人与自己竞争的想法持开放态度，避免冲突；通过合作使小组任务得以推进，并主动轮流承担任务。	重视小组所有成员的观点，能适当做出妥协以使工作顺利推进，并在促进成员在所擅长的任务上达成共识。	能对小组成员的最佳想法、不同人的个性表达进行综合，解决团队动力中的权力失衡问题，并能预见冲突以加强团体凝聚力。
自我意识：运用既有经验，思考任务，应用先前的经验，利用自身优势，融入团队中，并承担个人责任。	1. 经过指导，能了解小组的行为过程、规范组员责任。 2. 经过提示，能寻找个人经历与任务之间的联系。 3. 考虑个人擅长和不足以及与小组协作的关联性。 4. 保持正面态度，在帮助下对小组行为过程保持参与。	1. 注意到小组策略、规范以及其他组员示范过的方法。 2. 记住一个熟悉的流程来指导自己以有意义的方式为小组工作做出贡献。 3. 意识到自己在小组中的地位并认真行事。 4. 以有备而来的态度着手自己的任务以达到他人的预期并对新的方法保持开放的态度。	1. 分析小组行为过程以改良策略、规范和总体方法。 2. 考虑手头的合作任务并借鉴各种改进方法。 3. 追求发挥个人优势的积极角色，并挑战需要发展的领域。 4. 利用过去的经验，对自己的行为、作业质量及小组行动过程的设计负责。	1. 预见到挑战和机遇并制定策略、设定规范以最大化发挥小组潜能。 2. 将熟悉领域中的相关知识和经验迁移到手头上复杂的任务中。 3. 在小组作业中，传授自己的优势并认清个人学习目标。 4. 展示出对于团队动力性的高度认识。 5. 对增进公平的团队动力负责。

① LENCH S，FUKUDA E，ANDERSON R. Essential Skills and Dispositions：Developmental Frameworks for Collaboration，Creativity，Communication，and Self-Direction[EB/OL]．(2015)[2022-09-02]．http://performanceassessmentresourcebank.org/system/files/EssentialSkillsandDevelopmental Frameworks.pdf.

续表

水平分类	初学者	进阶者	策略型学习者	小专家
交流： 有目的地讲、积极地听、对组内对话积极参与并鼓励他人参与	1. 分享个人观点并回应有关详尽阐述观点的提示。 2. 轮流发言并倾听全组人的观点。 3. 能遵从经讨论形成共识的规范。 4. 在他人的支持下，能提供建设性意见。	1. 阐明观点并努力使他人明晰观点。 2. 试图将他人卷入到讨论中并展示出对新观点的兴趣。 3. 理解、遵守交流规范，并帮助他人同样如此。 4. 在提醒下，寻找并提供有帮助的反馈。	1. 自信地用证据对自身观点做出解释/进行辩护。 2. 提出促进性的观点及主意，使问题更加清晰。 3. 在小组对话时关注所有组员并鼓励他们参与。 4. 提议建立规范的行为并示范给他人。 5. 寻求具体反馈并用新观点评估自身立场。	1. 提出清晰观点，并有充分支撑。 2. 通过直接的跟进问题促进讨论。 3. 积极倾听，用高效的沟通技巧营造吸引所有成员参与的气氛。 4. 认可并确认每位组员的贡献。 5. 在不同沟通模式下监测并修改小组的沟通规范以最优化小组的交流。 6. 通过正向强化和清晰的建议形成建设性反馈的范例。
协商及决策： 理解并重视多种观点，管理冲突和自己的情感反应	1. 在指导下理解观点间的共性和不同。 2. 在他人示范后，能展示出对不同观点的理解。 3. 重申个人立场并服从他人，以共同做出决定和解决问题。 4. 意识到其他人的感觉并在指导下尝试找出不同。 5. 接受小组指定的角色。	1. 基于对不同观点的认识，形成对于其他组员不同方法的理解。 2. 对相悖的想法依旧保持开放的态度并愿意尝试其他人的主意。 3. 调整自己的立场直至避免冲突或调整至同一立场。 4. 在指导下尊重小组共识。 5. 声明自己所想的角色和任务布置。 6. 对小组规划做出贡献并以轮流的方式确保公平性。	1. 意识到并澄清组员间对任务或问题定义的共性与不同，并提出问题的解决方式。 2. 重视组员的观点并清晰地表达出来。 3. 首先妥协以解决冲突。 4. 展示出对相反的观点的包容以保证全员都有发声的机会。 5. 建立共识以界定具体职责并依据组员的长处指定。 6. 锚定共同目标和计划制订战略。	1. 为了全体组员的利益而鼓励重申不同观点。 2. 明确地指出他人观点中的优缺点以推进小组作业并尊重他人的贡献。 3. 本能地合成小组的最佳思考。 4. 预见并解决决策冲突以强化小组凝聚力和效率。 5. 表达和解决权力失衡问题，推动对话走向更公平和成功。 6. 每个组员在角色和任务分配中的各自利益的倡导者。 7. 促进小组锚定目标。

续表

水平分类	初学者	进阶者	策略型学习者	小专家
贡献以及支持：确认任务分配及作业质量，分享想法并给予他人反馈	1. 在帮助下努力完成任务。 2. 理解他人设定的预期的作业质量和努力程度。 3. 在帮助下按时达到预期的质量。 4. 在提示下分享自己的主意。 5. 用个人看法和信息型问题回应他人主意。	1. 能按照预期时间线管理作业。 2. 在帮助下持续投入于小组中。 3. 仿照他人案例以达到质量标准。 4. 有自己的想法并在大方向上为小组作业做出贡献。 5. 给予并受到基于期望标准的反馈。 6. 认可他人的努力和想法。	1. 寻找并接受任务分配以最大化促进自身成长。 2. 建立任务规划和执行的模型。 3. 对个人负责，对小组做出贡献，并始终如一，并产生较好的结果。 4. 提出并证明想法的合理性，意识到这些想法如何解决特定任务或满足团队需求。 5. 赞扬他人的贡献并给予建设性反馈，认识到每位组员都有特定的长处和成长空间。	1. 接受并主动地分配任务，使小组需求得到满足，使用策略使任务分配成为宝贵的学习经历。 2. 在作业质量、准时性、努力程度和原创性上建立了出色标准。 3. 运用创新的方法和想法推进团队工作。 4. 提供提升小组热情和作业质量的反馈。 5. 设定并保持节奏，以满足个人和小组目标，积攒完成目标的动力。
监控及适应：对过程反思、克服困难、支持他人渡过难关、改进方法以使小组受益。	1. 在提示下，反思自己的作业过程。 2. 当出现问题时，遵循指引并转向满足个人作业目标。 3. 在帮助下，能正确地面对失望情绪并找出原因。 4. 在自身能够胜任的情况下帮助并鼓励他人完成任务。 5. 依靠反馈以适应变化的规范。 6. 遵从小组方法的变化。	1. 努力工作并检测自己的任务进度和贡献。 2. 能意识到问题、障碍，并在小组的帮助下找到短期解决方案。 3. 尝试解决自己的困难，并在必要时借助外力。 4. 和他人共同承担责任，使有困难的组员安心，并提供帮助。 5. 对小组方向的修正做出贡献。 6. 在小组调整规范、策略和计划时提出建议。	1. 在作业的过程中全程协助小组反思。 2. 分析问题、找出不同策略的需要并相应地调整方法以达到自身目标。 3. 接受失败并在此基础上更进一步，用熟悉的方法解决自身的沮丧。 4. 对于个人和小组的成果负责。 5. 向他人求助并复制熟悉的策略以解决困难。 6. 确定小组修正的需求。 7. 评估小组需求、寻找解决方案并指定责任以分析解决问题。	1. 预见使自身方式与策略适应的需要并相应地更改计划。 2. 认识到在储备的知识和技巧中的漏洞并获取必要的资源。 3. 保持对全员安全和帮助性的环境。 4. 将小组的错误转化为机遇。 5. 批判性地对个人和小组评估并应用反馈改进。 6. 最优化小组成员的贡献以最大化集体努力的结果。 7. 适应小组规范、角色和策略以满足团队动力需要。 8. 定期庆祝里程碑成果，以强化组内努力的结果，也让作业更加愉悦。

(五)对个人管理的评价

项目式学习中关注学生的个人管理，并将之作为学生评价的一个组成部分，其包含对时间的管理、对情绪的管理以及对项目的规划能力。

1. 时间管理。时间管理是自我管理的起点。项目是在限定的资源和限定的时间内完成的任务。所以在过程中我们要评估学生是否做到了将事情进行归类、是否能区分事情的轻重缓急、是否关注每个时间节点的任务完成度等等，以此来实现对学生时间管理的评价。

2. 情绪管理。对情绪管理的评价是评价里比较少见的。由于项目的困难度、复杂性等会造成学生一定的情绪波动，因此学生如何控制自我情绪，及时进行调整，也是教师要关注的内容。具体我们可以从以下五个方面对学生的情绪管理进行评价：情绪的自我觉察能力、情绪的自我调控能力、情绪的自我激励能力、对他人情绪的识别能力、处理人际关系的能力。

3. 项目规划能力。学生作为项目的主体，如何对自己的任务或方案进行整体的规划，也是值得我们关注的方面。项目规划能力是包括决策、计划、组织、实施、调整、评价等一系列能力的总和，即项目计划与执行能力。

三、对学生评价的思考

评价，不是为了排名，不是为了批评，我们希望通过不同方面的评价去帮助学生更好地了解自我，引导他们发展自身优势，让学生在学习中充满信心，看到自我成长，更好地找到前进的方向。在对学生的评价中，教师应做到：

第一，重视过程评价。在项目式学习中，想科学而有效地评价学生，教师就必须转变知识本位的教育理念以及教学方式，将学生核心素养与关键能力的发展作为教学的重心，重视过程性评价，选择适宜的表现性评价方式，建构全面动态的评价体系，使评价最大程度上关注到学生的个性与成长，诊断出学生的问题与进步空间。

第二，采用多样化的评价方式。基于项目式学习长期性、复杂性和开放性等特点，教师在评价工作中应灵活选择不同种类的评价方式，甚至创造新型的教学评价方式，以此来适应不同项目的特征，发挥评价在项目运行中的支撑性与保障性作用。

在不同的评价内容和评价方式下，很欣慰我们看到了学生的不同成长面。当然我们也会积极探索更加全面、多元、立体的评价体系，助力学生的成长，让他们都能在项目式学习中发现真实的自我，成长为更加优质的自己！

第四节　项目式学习中对项目成果的评价

评价是对整个项目进行价值判断的过程，是对项目实施情况的分析与总结。在项目式学习中，除了对项目、对学生进行评价，对项目成果进行评价也是其中的一环，这对于整个项目的完美完结具有深远意义。

一、对项目式学习成果评价的价值探讨

对成果评价是指对已经完成的项目或规划的目的、执行过程、作用和影响所进行的、系统的、客观的分析，这是评价环节必不可少的一部分。

对项目成果进行评价，可以总结经验，提高项目设计水平。通过对项目成果的评价，发现在项目实施过程中所出现的问题和障碍，结合实际，总结项目的实施经验，提升项目设计的水平；可以增强决策的科学性。项目成果的展示，能反映出在本次项目中所做决策的失误和问题所在，并以此为依据，为下次项目的决策提供更为科学合理的决策依据和预测；可以促使项目有序、正常地进行。对项目成果进行评价，可以看出在整个实施过程中每个参与者的具体情况，有利于提高大家的热情度、认真度等。

总之，对项目成果的评价是项目评价中不容忽视的一环，在明确了其重要性之后，我们还需进一步明确具体对成果的哪些方面进行评价，又该用什么工具进行评价等，以促进项目实施的完整性、科学性。

二、项目式学习成果的评价内容

项目成果是学生进行项目式学习的最终产物。在对学生的成果评价中，我们主要从成果内容和成果展示形式两方面对学生的成果进行评价。

对成果内容的评价，要求具有真实性、多样性、指向性、多元性。具体要做到关注学生的全面发展，避免只关注知识与技能的学习；评价要指向学生的核心素养，更具针对性；同时还要依据具体的项目、学生的年龄差距等综合进行评价。

对项目成果展示的评价，我们要求在形式上学生可以根据自己或小组成员的性格、爱好、任务要求等因素选择不同的项目成果类型进行展示。项目展示成果可以分为书面类作品、展示类作品、制作类作品、媒体类作品、实验类作品、工程设计类作品等。①

书面类作品，包括研究报告、叙述文、书信、海报、简报、项目建议书、诗歌等，这些文本作品可以很好地保存，也可以为将来项目的进行提供借鉴的办法。此外，书面类作品的完成也能很好地锻炼学生的写作能力、调研能力、动手实践能力等。

展示类作品，包括演讲、辩论、游戏、歌曲、抒情诗、音乐片段等形式。这类作品将学生的收获以真实、直观的形式展示出来，为学生提供了展示的舞台，既激发了学生的学习热情，让学生更具自信，也培养了学生的特长，促进了学生的个性发展。

媒体类作品，包括作品幻灯片、录像带、绘画、雕塑、拼图、地图、剪贴册、口述历史、相册、美篇、公众号、短视频等，这些作品有的具有时代特点，有的融合了艺术表现形式，学生在制作作品的过程中不仅可以提升自身的艺术与审美素养，也有助于提升其动手实践能力和语言表达能力，进而涵养丰富的人文底蕴。

总之对项目式学习成果的评价内容我们要尽量丰富多样，一方面帮助学生总结反思自己的学习成果，另一方面通过这些成果展示也促使我们对项目不断进行经验总结，汲取能量，更好地促进项目的后续发展。

三、项目式学习成果的评价工具

确立了评价内容后，我们还要求确立项目式学习的评价工具。评价工具是指对评价对象进行测定时所采取的方式和手段。在评价中，评价工具的选择对评价起着至关重要的作用。它有助于使"学习目标"具体化或可视化，帮助学生和教师理解"什么是高质量的学习"，有效降低评价的主观随意性。② 评价改革的大背景下，一线教学呼唤着更多行之有效的、以学习者发展为中心的评价方法、工具。在项目式学习中，这也成了我们思考的问题和探索的方向。

---

① 范宁娜. 项目式学习的评价在初中化学教学中的应用研究[D]. 洛阳师范学院，2021.
② 钟志贤，王觅，林安琪. 量规：一种现代教学评价的方法[J]. 中国远程教育，2007(10).

同时，还要注意的是，我们的评价更多的是指向为了学习的评价和作为学习的评价。因此，我们要考虑，学生是否清楚学习成绩和学习目标之间的关系？学生是否理解学习目标和学习活动之间的关系？学生是否理解学习过程和学习结果之间的关系？[①] 这些都是我们在制定评价工具时应该考虑的问题。为此，我们建议让学生参与到制定评价指标和评价工具的过程中来。

(一)评价工具的类型

日常教学中用于评价的工具比较多，不同的评价工具可用于不同的评价目标和评价方法；同时，不同的评价工具亦可交叉使用。在项目式学习中我们将评价工具分为正式评价与非正式评价两类。正式的评价一般有量规、评估表等；非正式评价可以是口头反馈，如"大拇指朝上，大拇指朝下"也可以是书面反馈如 3－2－1 策略表(见表 4-20)、出门券、诤友反馈表(见表 4-21)等。非正式评估资料采集的方式多为非正式手段，是从与学生的日常教学接触、观察、互动、交流过程中或者从学生作业中获得的。从一些学习细节中掌握学生的信息，从而对学生形成一种看法和判断，并决定教师的下一步教学行为，这就是非正式评价的过程。非正式评估的信息点非常广泛，往往不给成绩，有可能是学生的一个表情、一个回答、一个动作、一句话等。教师通常在教学活动中都会在无意的情况下做出对学生的非正式评估，特别是对于学生学习态度和心理方面的判断更多的是应用非正式评估。[②] 档案袋就是一种常见的非正式评估。下面列举一些评价工具。教师也可以轮流使用不同的反思表，使自己的评价更丰富，更多元。

1.3－2－1 策略表

表 4-20　3－2－1 策略表

姓名：_____　　　日期：_____
文章题目：_____
来源：_____

① 陈怡倩.统整的力量：直击 STEAM 课程核心的课程设计[M].长沙：湖南美术出版社，2017.

② 张海霞.浅谈课堂教学中的非正式评价[J].新课程(下)，2018(8).

3. 我新了解到的 3 件事(3 things you discovered)

```



```

2. 我感兴趣的 2 个地方(2 interesting things)

```



```

1. 我还需要解答的 1 个问题(1 question you still have)

```

```

2. 诤友反馈表

表 4-21　诤友反馈表

展示项目名称：		反馈者：
驱动性问题：		
我喜欢	我想知道	我的建议

表 4-22 同伴反馈与改进表

提示：请在正式评论之前完成这张表，并与你的作品一同分享给他人，这样你的同伴就知道该如何帮助你！	
我的名字：	我的诤友：
我的项目是：	
我项目的总目标是： 这个成果的目标是：	
诤友给我提出的两个有用的建议是： 1. 2.	
我将根据反馈做出改进的地方是： 1. 2.	

3. 暖反馈和冷反馈表

表 4-23　暖反馈和冷反馈表

冷反馈

你如何能让＿＿＿＿＿＿＿看起来更准确？你是不是可以试着添加＿＿＿＿、
＿＿＿＿＿＿，看看这样是不是可以更真实。

这部分看起来不太真实＿＿＿＿。你可以使用我们学到的＿＿＿＿来使它变得
更好。

你能解释一下这个观点对你来说意味什么？对观众为什么重要？

我觉得你的设计可以从＿＿＿＿方面改进一下。

我想要看到更多的＿＿＿＿。

对于我来说会比较难以理解，因为＿＿＿＿＿＿。

暖反馈

我觉得你的项目很有趣，你是如何用＿＿＿＿＿＿去实现＿＿＿＿＿＿的？

我被你的＿＿＿＿＿吸引了，因为＿＿＿＿＿。

我喜欢你作品中的＿＿＿＿＿元素，因为你用了＿＿＿＿＿、＿＿＿＿＿
和＿＿＿＿＿。

我真的被你的＿＿＿＿所震撼了，因为＿＿＿＿＿。

我认为＿＿＿＿＿非常亮眼，因为＿＿＿＿＿。

4. 大拇指投票

大拇指向上/向下投票也是很多老师经常使用的反馈技巧。如果学生们同意或者听懂了，就向上竖起他们的大拇指，反之，则向下竖大拇指，教师也可以给他们一个中间选项，如不确定，就把大拇指横过来表示。

教师在学生投票以后，可以让学生在小组内说说这样选择的理由；然后请不同选择的学生陈述不同观点的理由。学生要能够为自己的选择说明理由，哪怕他们选的是中间项。

5. 心情晴雨表

教师可以设置三种表示心情的天气图标，如表 4-24，其中"太阳卡"表示"我都听懂了"；"小雨卡"表示"我听懂了大部分内容，但还有一些不懂的地方"；"下雪卡"表示"我仍然没有听懂"。教师根据学生所出示的卡片，判断学生的学习情况，调整教学策略。

表 4-24 心情晴雨表

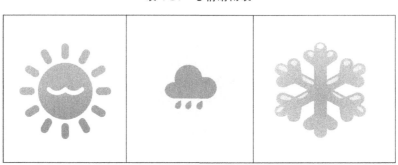

6. 从拳头到五(Fistto Five)

从拳头到五作为一个定性评级表，是一种快速获得反馈的工具，学生可以通过该量表表达他们的观点、信心水平、理解力和任务准备程度，也可以表示他们对决议的认同情况。其中"拳头"表示最低水平或者不同意；"5"表示最高水平或非常赞同。例如，如果要求学生对某个主题的理解程度进行评分，"拳头"将表示完全缺乏理解，"三根手指"代表部分理解，需要进一步澄清和解释，"张开的手"则表示已经完全理解。如果一些学生举起拳头，而另一些学生举起三根手指，需要询问每个学生的情况并提供澄清或解释(见表 4-25)。

表 4-25 "从拳头到五"评价表

| 0 | 1 | 2 | 3 | 4 | 5 |

从拳头到五有助于学生了解成功的标准，并对自己学习进程有清晰的认识，促进自我概念的形成。正如哈蒂所说："教师需要了解学生如何处理有关自我的信息，这样教师才能发展与提高学生在挑战性任务面前的自信心、在错误和失败面前的适应力、与同伴互动时的开放性和意愿，以及付诸行动得到成功以后的自豪感。"[1]

---

[1] 哈蒂. 可见的学习——最大程度地促进学习[M]. 金莺莲等，译. 北京：教育科学出版社，2016：43.

(二)评价工具的设计

教师想要在自己的项目式教学中运用这些评价工具，就要知道如何设计它们，从而根据自己的实际需要灵活选择。

1. 设计原则

在项目式学习中，评价工具的设计过程要注意以下几个原则。

第一，要根据项目目标和学生水平来设计具体的考核内容，而不是凭自己的想象随意设置；

第二，根据项目目标的侧重点确定各考核内容的权重，要有主次之分；

第三，具体的描述性语言要具有可操作性，不能抽象空洞，让学生无从下手；

第四，依据黄金标准，制定合理的评价维度。

2. 设计建议

开发评价工具不是一项单独完成的、简单的任务，教师在具体操作中应注意以下几点。

(1)从设置时间上看，在项目式学习开始之前开发评价工具

基于对项目的最初认识，教师(可以与学生一起)应该依据项目目标及内容设计相应的评价工具，而不是等到项目已经进行甚至临近尾声时才根据情况临时设置评价工具，这样最终得到的结果会与项目最初的目标有一定差距。

(2)从评价内容上看，采用适用于学习过程的评价工具

在项目式学习中，评价工具的设计要基于学习的过程，关注学生在学习过程中的表现，即我们通常所说的形成性评价，以评价促进学生的学习和项目的顺利完成。充分体现学生在知识与能力、情感与素养、态度与价值观等方面的发展。同时，在以过程为重点的基础上兼顾结果性评价，使评价科学合理。评价可以是以提供信息为主的信息型的，也可以是指向改进的反思型的，还可以是着眼于促进学生在碰撞中产生新的学习的合作型的。

(3)从评价主体上看，可邀请学生参与制作评价工具

在项目式学习中强调学生的自主权和决定权，所以在制作评价工具时，教师可以让学生根据项目目标及项目内容参与到评价工具的设计当中。在参与评价工具的开发过程中，学生能够树立对评价模式和学习目标的主观认识，明确评价学习的具体方面及方式。此外，学生自行设定评价维度指标并运用自创工具进行学习检查，这不仅满足了教师的教学要求，更符合学生自我设

定的标准。这种自主设定标准的学习方式，有助于增强学生的学习积极性和主动性。[①] 因此，尽管本书中列举了一些成型的、较为通用的评价工具，但是这只是提供参考，教师应该根据具体的项目和学生一同开发有针对性的、有创造性的评价工具。

在教师的项目式教学中，认真深入地研究学生的综合能力和核心素养并科学合理地设计其评价工具，不仅非常重要，而且非常必要的。它让教师在复杂多变的项目情境中，实现对整个项目的掌控，在看似庞杂的项目实践过程中抓住核心，实现对学习的有效引领。

当一个项目完成后，并不代表项目的真正结束。我们始终要记得做项目的目的是让学生在参与中收获更多。那么带着这样的初心，在项目完成后，就要及时与学生一起对项目成果进行评价，并选择合适的工具，展示学生的作品、反思项目的设计、优化整个流程等，为项目的完成画上一个完美的句号。

---

① 宋丽博.STEM教育背景下学前教育专业学生核心素养培养策略研究[J].黑龙江教育学院学报，2019，38(3).

第五章　教师如何高效管理项目

项目实施是项目式学习的重中之重。面对项目式学习这一复杂系统，教师如何定位自己的角色、如何在项目中进行监管、如何实现差异化教学……本章以项目实施中的相关问题为核心，分享经验妙招，传递智慧锦囊，为教师们实现高效管理项目提供有力支撑。

第一节　项目筹备前需要明确的问题

做任何事情，预先有规划才能做到有的放矢，稳扎稳打，最终取得成功。作为项目式学习的教师，我们在进行项目式学习前需要明确一些问题，做好充足准备，以保证在项目开展中自如驾驭、从容应对，助力项目式学习高效率、高质量地推进。这些问题大致可分为教师、项目、学生三个层面。

一、教师层面

面对一种新的教学模式，在具体应用前我们要做好哪些心理预期呢？

(一)强调设计思维，特别是"同理心""学生的声音"及迭代修正

在项目活动的设计中，我们要将设计思维作为思维参照，遵从学生的需要迭代项目设计。

首先，就是建立同理心。同理心是一种能设身处地地感受对方所感受、体谅和理解对方的方式。项目式学习的启动环节，我们就可以通过唤醒学生同理心这一方式来开展。同理心能够让学生发现自己身边需要解决的真实问题，也能更好地激活学生生命发展的内在动力，让学生不断克服项目开展和完成过程中出现的困难。比如全球变暖是全世界人民都在遭遇并很值得关注的现实问题，因此可以成为项目式学习的一个很好的选题。教师可以通过播

放一些有震撼力的宣传片，来展示全球变暖正在影响着全世界的环境以及人类的生存。通过真实事件激发学生的同理心，让学生意识到北极熊的濒危，甚至人类可能面临的灾难。这样，学生就会积极思考并提出"如何解决全球变暖"这样一个真实而有意义的问题。①

其次，我们在设计项目时也要考虑到学生创作产品的选择权，学生围绕着用户需求进行活动。除此之外，面对项目式学习，我们要做好长期心理准备，对项目进行不断修正。因为项目式学习从来就不是可以完全预测的，它会根据实际情况而发生相应的变化。所以在进行项目设计时，我们不要太过于执着每一个环节、每一个细节的完美，而延迟项目的启动。不要因为计划时间的限定，而不去修改完善。请允许自己通过经历计划、实施、反思和修正这整个过程来不断成长，并且提醒自己关注到：反复修正项目，不是改错，而是完善，这不仅是进步的过程，更是成长的过程。

（二）要有项目思维而不是教学思维

项目式学习与日常教学的一个不同点就是强调"项目思维"。这包括成果导向、以终为始、合理规划、系统思考和同理迭代。第一，研究显示，初期实施项目式学习的教师在设计时，仍然是注重教的过程，缺少成果意识和用户意识，有些教师认为项目式学习的成果就是让学生做 PPT 或手抄报；成果的受众也不明确，通常默认为本班或本校的同学。第二，教师缺少以终为始的意识，仍然是按常规的教学流程设计。他们认为一般都是教师活动出现，学生才能出现相应的活动。教师需要先教知识，学生才能实践，因此在写教学设计时，仍然以细化教师的教学行为为核心，如，如何提问、如何板书等，而对学生通过小组合作，在做中学，从成果产出的节点逆向设计教学过程的意识不够。第三，教师仍然是学科本位，缺少跨学科和超学科的意识，如语文教师倾向做以语文学科为主的项目式学习。因此，项目目标中，没有呈现其他学科的课程标准，只是隐晦地涵盖在了核心素养的描述中或是完全没涉及。第四，重视常规课堂行为的管理，但是对项目过程中合作能力的培养、时间管理等缺少意识，也缺乏策略。

因此，在项目式学习中，我们必须通过学生个人发展的视角而不是学科权威的视角考虑教学步骤和教学方法，强调将个人兴趣扩展到更广泛的探究

---

① 胡佳怡 . 基于设计思维的项目式学习教学设计研究[J]. 基础教育参考，2019(14).

中的教育方式。

二、项目本身

在进行项目筹备前，我们需要明确项目设计包含了哪些基本要点，在课堂上开展项目实践要注意什么，以及项目的适用范围是什么。

(一)明确项目设计的基本要点

在项目筹备前，我们需要不断回顾项目设计的黄金标准，要有开放的、复杂的并允许多种可行的解决方案，使得学生将他们的学习应用(或迁移)到新的情境中；要有真实的任务，以真实世界的环境、任务、工具或影响来规划真实的学习过程，规划有用的资源；要让学生的思维可视化，让他们的想法和合作学习过程可见，要设计脚手架来帮助学生实现项目目标，要构建促进每一位学生发展的文化氛围。

因此，明确项目设计的关键，除了包含项目名称、项目周期、学科等一些必备的要素外，还要明确核心知识和成功技能、挑战性问题等一系列要素。具体来说项目设计首先要说明项目的基本信息，包括项目名称、项目周期、学科、负责老师、年级等基本信息；其次在目标层要说明这个项目涉及到的课程标准及预期目标；再者在评价层要考虑项目评价如何落实，包括评价主体、学生是否会参与创建评价量规/清单、"我"将评估哪些核心知识和关键能力，同时明确采用何种方式(关键概念小测试、反思日志、项目受众调查表等)进行形成性评价，采用何种方式(写作量规、演讲/成果展示量规、项目受众反馈表等)进行总结性评价；最后，要对项目活动及产品做好规划，明确项目的驱动性问题是什么、如何拆分驱动性问题形成问题链、如何绘制项目实施时间轴，以及在具体实施阶段项目的导入事件是什么、如何共创驱动问题，本项目聚焦的关键知能是什么、学生在项目活动中将怎么做、在学生创作产品的过程中"我"会提供哪些帮助、学生将要对产品进行几次改进等，在此基础上要考虑到产品展示的对象、学生如何在项目进行中及项目结束时进行反思，并做好自我的教学反思。

(二)项目的课堂实践

当教师打算在课堂实践项目式学习的时候，必须考虑其是否具备开展条件。比如学校的学年教学计划、课时安排以及其他影响教师开展项目式学习的因素。但在课堂上开展项目式学习时，我们最常遇到的问题就是："我有时间组织项目式学习吗?"

针对这一问题，我们首先要从对项目式学习的认知出发，不要将项目式学习当作是一件为自身教学"做加法"的事情，而是将以课程标准为核心的项目式学习视作课堂教学的主要方法，它可以代替一些常规教学，或者成为课堂教学的一部分。相对于传统的讲授和讨论方法，基于课程标准的项目式学习能够教授学生同样的关键知识。同时，我们还会发现在组织项目式学习的过程中，少了许多"忙碌的工作"。

(三)项目的适用范围

从我们的实践中看，项目式学习适用范围并不是包罗万象。它不同于常规课堂中的多种内容讲授，对内容有所选择，强调重点，这一重点聚焦于课标和学生关键素养。比如教师在一个学年中设计了多种多样的专题内容，并不是都要以项目式学习的方式进行，要考虑哪些内容不在项目式学习的范围之内，也就是要区分哪些内容要深入学习，哪些内容只要"讲到了"即可；哪些内容通过讲授和作业练习就可以轻松掌握；哪些内容需要深入学习。同样，教师可以确定课程中体现最重要知识概念的主题，并把它们和项目设计结合在一起，这些主题就是我们希望学生要接受的挑战，而其他的主题直接给学生讲授就可以了。

比如某学校以八年级下册道德与法治课第四单元以"崇尚法治精神"教学为重点，教师便融合历史、语文、信息技术，设计了"虫洞旅行"项目式学习。学生以穿越时空(时间旅行巴士)的方式重现时空法院庭审(终审)现场的成果展示会，展现我国法治史上维护公平正义的重大典型法律案例10例。在此过程中，学生思考为什么自由平等、公平正义的法治精神是人类不懈的追求？感悟法治中国的历史进程，培养法治思维，树立社会主义核心价值观。成果会后，学生们通过"快剪辑""格式工厂"等工具记录活动素材，并汇编成册。①

三、学生层面

对于学生，我们在项目筹备前需要明确学生在项目式学习中的角色是什

---

① 郑燕. 例谈"四环一线"式学科项目化学习设计[J]. 中学政治教学参考，2021(26).

么？学生对于项目式学习的准备程度是什么？针对不同学生的准备程度，我们应该怎么做？

(一)明确学生的角色

在项目式学习中，我们需要明确学生的角色，激发学生学习的内在动力，让学生自主表达和自由选择，主动承担责任。

学生是"知识的加工者和创造者"。在项目式学习的过程中，要让学生自己或是团队合作去探索，比如收集信息、梳理资料、开发问卷等，去推理验证、思辨决策，不再是传统那种简单记忆知识、追求知识的知识接受者，而是从原来作为知识"储存器"的角色变成"知识加工与知识创造"的角色。

学生是项目式学习的主角。在项目式学习中，要让学生成为发现者、思考者、解决者，让学生始终知道"我是谁""我要去做什么""我应该如何去实现"。通过团队合作和沟通，思考和推理解决问题，不断掌握已知、明确需知、探索新知、解决未知，以此深化对知识的理解，实现不同真实情境下知识的迁移和应用。

学生是项目式学习的优化者。项目的完善与优化不仅是教师的任务，同样也是学生的任务。无论是在项目中，还是项目结束后，我们要调动学生的项目优化能力，让学生主动去反思、去总结、去优化、去修改项目，重视学生学习结果的创造性，让他们成为项目的优化者。

(二)把握学生的准备程度

在项目筹备前，我们要考虑学生的准备程度。如果学生之前没有参与过项目式学习，那么需要提前学习或者掌握一些必要的技能，比如项目管理、口头表达与展示、市场调研、团队协作等，为项目式学习做好准备。这时候教师必须发挥教练和引导者的角色，培养学生面对难题的信心，鼓励学生对问题进行适当的拓展以及理解，提供时间、空间以及相应的材料来对小组学习进行一些指导，循序渐进地帮助、指导学生，使他们的项目符合课程标准和多元评价的要求，使他们能够掌握一些必备的知识、技能，以便能够更好地完成项目。

对于参与积极性高涨，而且也做了很多准备的学生，我们可以让他们自己去选择项目主题，并确定项目的最终学习目标；对于没有做好准备或者准备不是很充分的学生，教师或许会代替学生选择项目。在这一过程中，教师要充分发挥教练和引导者的作用，依据学生的实际情况，提供相对应的帮助。

面对项目式学习，从系列要素到课堂实践，从学生角色到适用范围，唯有做好万全准备，才有可能实现"一子落而满盘活"，真正发挥项目式学习的魅力，为学生的成长精着底色。

第二节　重新定位教师的角色

传统的课堂中，教师是知识的提供者与传递者，也是学生学习成果的"检验官"。而在项目式学习中，教师必须改变传统的思维模式，自觉由课堂上的"主角"调整为项目的设计者、思维的激活者、学习的指导者、评价的引导者和作品展示的支持者，将"舞台"还给学生，促进学生的自主参与和深度学习。对于项目式学习的教师而言，清晰定位自己在教学过程中的角色，并努力完成不同角色赋予的使命，是项目顺利推进的基础和保障。

一、项目的设计者

"项目的设计师"是教师的第一重角色。它要求教师要能够独立完成项目的选题、项目环节的设计、项目标准的制定等工作。这就需要教师具备良好的项目筛选能力、明确的设计理念并熟练掌握项目设计的各种方法，以保证你的设计能够满足不同学生的需要。

(一)提升项目筛选能力

项目是项目式学习的核心，要做好项目的设计师，就要具备良好的项目筛选能力。项目式学习要避免为了做项目而做项目，要在项目中培养学生的关键能力与必备品格，指向核心素养。这就要求教师在筛选项目时充分考虑以下几点：1. 广泛听取学生的建议，要充分考虑学生的实际需要、兴趣和关注点。2. 要注意项目和课程标准的兼容性。3. 要充分考虑到工作环境和行业标准等制约。

(二)明确设计理念

理念决定方向，方向决定高度。要设计好项目式教学的每一个环节，就要有清晰的设计理念，以理念为指引进行项目设计。为了让项目发挥最大的价值，教师在设计项目时要树立以下几种理念：1. 整体思维，以终为始。教师脑中要有完整的项目轮廓，充分了解项目的全过程，采用逆向设计，以终为始，操作流程要完整，步骤要清晰。2. 共情移情，以学生需求为导向。教师在设计每一环节的项目任务时，要关注学生的参与度，要设计可以帮助学生产生想法的任务，提前准备相关资料和资源，供学生疑惑时提供思路。3. 理论与实践相结合。教师要在具体教学活动中，选择理论与实践技能项目结合的教学方法。4. 反思意识。在完成一个项目后，教师要根据项目实施过程中出现的问题，反思并调整设计方案。

表 5-1 是针对教师的项目设计反思表，供大家参考。

表 5-1　项目设计反思表

项目名称、主题、年级			
课程领域		教师	
第一部分：驱动性问题			
经过交流，您对已有驱动性问题有哪些思考？希望做出哪些改进，为什么？			
第二部分：教学设计			
结合已有的教学实践及同伴建议，您对已有的教学设计有哪些思考？对于下个学期的教学设计，希望做出哪些改进，为什么？			

续表

第三部分：学习成果与学习目标的关系
您现在认为学习成果与学习目标间是怎样的关系？
您对已有教学设计中的学习成果有哪些思考？您希望在下学期的实践中做出哪些改进，为什么？
第四部分：教师角色
您认为教师在项目活动中的角色是什么？教师应如何发挥主导作用？

表 5-2 是针对高年级学生的反思表。

表 5-2　项目自检表 [①]

思考下，你在项目中做了什么，项目进展如何，在右侧写出你的评语	
学生姓名	
项目名称	
驱动问题	
列出项目的主要步骤	
关于自己	
当小组出现冲突时，你是怎么解决的？	

---

① 拉尔默 . PBL 项目式学习：初学者入门［M］. 董艳，译. 北京：光明日报出版社，2018：6.

续表

如果可能，你想用更多的时间做什么，或做什么不同的事情？	
项目的哪一部分你尽了最大的努力？	
关于项目	
项目中，你对项目的最大贡献是什么？	
项目中，你遇到的最大困难是什么？	
下次老师可以怎么做，让项目更好？	

(三)熟练掌握项目设计方法

万事离不开方法，掌握方法才能提高效率、事半功倍。要做好项目的设计师，教师必须了解并掌握各种项目设计方法。为此，教师必须不断扩充自己的知识储备，并通过不断实践积累经验、方法。我们可以从一堂课、一个单元的整合开始，逐渐走向学科整体整合，打破学科的边界，无缝整合各类学科；教师也可以将他人正在进行或者已完成的项目作为学习资源，借鉴他人的项目设计方法，总结项目之间的联系与差别，掌握项目式学习的课程开发的规律。

二、创造的激活者

教师的第二重角色是"创造的激活者"。作为创造的激活者，就是要激活学生的创造能力。项目式学习需要学生自己去建构知识与技能，完成项目任务，产出项目产品。在这个过程中，教师要为学生创建真实的学习情境，为学生提供有力的脚手架，帮助学生构建充满活力的文化氛围，从而激发学生的创作潜能，提升项目产品的质量。

(一)创设真实的学习情境

真实的情境具有较强的综合性和开放性，可以激发学生的学习动机，培养学生的学习兴趣，充分调动学生的学习积极性。真实的情境可以是个人的、公共的。其中个人化的情境可以是与学生个人的日常生活直接相关，也可以是与学生学习活动相关，公共的真实情境是与所在社区以及更大范围的社会区域相联系。在实际教学中，教师可以根据项目特点的不同，从这两个维度考虑创设不同的真实情境。

（二）提供有力的脚手架

在项目开始之初，很多学生可能处于非常迷惘的状态，对项目目标和项目标准的理解不是很清晰，对于项目产品设计不知从何入手。这时候，教师可以为学生提供一些项目产品模板和样例，让学生了解到底什么样的产品是符合标准的。比如需要学生写作时，我们可以给出一篇优秀的文章作为示范；需要学生设计某个组织或机构的 logo 时，可以先将一个设计样例及其设计理念提供给学生。一旦学生形成一定的概念，就可以花时间思考如何完成自己的项目，写出简单的策划方案。这时候教师可以逐步撤掉脚手架，使学生独立完成任务。教师在选择项目模板时，要注意符合学情，选择那些比较典型的、容易理解的，最好是能引起学生兴趣的。

三、学习的指导者

教师的第三重角色是"学习的指导者"。在完成项目的过程中，如果教师一直处于"幕后"，完全不参与到学生项目的设计规划，则有可能出现项目执行偏离方向、项目进展缓慢等情况。所以教师必须成为一个指导者，走到学生当中。特别是在一些关键处、疑惑处、困难处，教师可采取"逐渐释放责任"模型，通过我做、我们做、你做三个阶段，将教师示范、教师辅导、同伴协作、独立完成四个环节相贯通，做到扶放有度，降低学生的认知负荷，[①] 协助学生高效自我管理，确保项目在正确的轨道上进行。

教师的这种指导角色除了体现在师生共学这一点外，还体现在教师要关注学生在求知、实践过程中的心路历程。实际上，学生学习过程的外在因素是比较容易观察到的，如学生对项目内容的理解程度，一些外显的困难等。而学习过程中的心理感受和心理变化，如求知过程中遇到的困难、焦虑、沮

---

① 徐佳燕，盛群力. 扶放有度，教学有序——一种支架式教学及其实施框架[J]. 数字教育，2016, 2(1).

丧、缺少团队归属感等往往容易被老师忽视。① 要想改变这一点，就要求教师要有同理心，考虑每一位学生的学习感受，站在学生的角度不断思考并调整自己的项目设计，设身处地地为学生量身打造他们适切的学习过程。这也正是设计思维在教学中的体现。

(一)帮助学生修改项目方案

一个项目结束后给出的反馈远没有在会议和磋商的过程中来的重要。所以教师要在项目完成的过程中和学生一起修改项目方案。教师的反馈可以为学生提供更加广泛的可能性和清晰的愿景。

为此教师需要及时与学生进行沟通，了解项目进展的实时情况，无论是前期项目准备阶段策划方案的研讨，还是项目进展阶段的项目修正，教师都要参与其中，确保能清楚地了解每个阶段的项目方案是如何得来的。在方案的探讨过程中，教师可以尝试通过提问的方式引导学生厘清方案思路。例如，"你们的主要论点是什么?""你准备调查什么问题?""你打算用什么方法完成这个项目?"教师也可以让学生分享自己的想法，并将学生想法收集形成一个每个人都可以访问的共享文档，再与学生一起探讨下一步的方案修改方向。

(二)协助学生高效自我管理

自我管理常常是项目式学习中最具挑战性的内容之一。学生在自我管理时，总是会遇到这样或那样的难题:如何在一项持续数周的项目中合理安排时间，制订工作计划? 如何让项目小组发挥最大的能量? 如何识别并分配资源? 这时就需要教师的协助。首先，教师可以为学生提供一些管理工具，这是最简单也是最直接的方法。比如团队公约、团队契约、小组任务清单都能帮助学生学会如何在项目中管理自己的工作和时间。其次，教师可以协助学生组织高效、有凝聚力的团队，帮助学生认识到团队协作的价值。在具体的操作中，可以通过起队名或者设计一个队标的方式，或者破冰活动，帮助小组成员了解彼此，建立认同感和同盟感。最后，在学生思考和讨论的阶段性活动中，教师可以提前安排好时间限制，当学生遇到瓶颈时，教师要及时引导，不要让某一阶段出现的问题影响整个项目的进行。

---

① 陈怡倩. 统整的力量:直击 STEAM 课程核心的课程设计[M]. 长沙:湖南美术出版社，2017.

四、评价的引导者

教师的第四重角色是"评价的引导者"。项目式学习评价贯穿始终，在项目的不同阶段有不同的评价主体、评价标准、评价方式。教师要做好评价的引导者，帮助学生明确评价标准，引导学生做好自我评价、同侪评价，在项目评价的过程中培养学生的表达能力、分析能力和判断能力。

(一)明确评价标准

评价标准的明确关系到学生对项目式学习的态度，也是这个项目教学能否圆满结束的点睛一笔。教师要公平、公正地评价项目，与学生一起制定评价标准，并在项目开始之初就向学生公布。在评价的过程中，我们要充分利用好各种评价工具，对学生不同阶段的表现进行明确的量化评价。这样的做法能有效地促进学生的反思和深入学习。

(二)引导学生自我评价

项目评价是以学生为主体的，学生的自我评价是项目式学习中的一个重要环节。在这个过程中，教师要做好引导者的工作，及时给予适当的引导和帮助。学生要根据制定好的评价量规对自己和所在的小组进行自我评价。教师可以让各项目小组选一个代表将本小组的评价整理成报告形式，反馈给小组成员，然后与学生一起分析产生问题的原因。

(三)引导学生同侪评价

如果学生只获得教师和专家的反馈，就错过很多学习的机会，学生互评是项目教学中十分有意义的一个环节。学生对知识的整理能力和综合利用能力在这里得以体现。通过对其他人项目的评价、给予他人反馈、听取他人的反馈，可以发展学生的分析能力、判断能力。在这个过程中，教师只安排好相互评价的小组，就能通过同侪反馈和评价结果来检验学生对内容的理解程度。教师此时只需在互评中保持公正的态度，并在学生互评后进行简单的评价就足以将学生学习的兴趣推向高潮。

五、作品展示的支持者

教师的第五重角色是学生作品展示的支持者。学生对于自己作品的展示是学习结果的重要反馈方式，作为教师需要为学生的公众展示作品创造条件。一方面，教师为学生的作品展示寻找适宜的观众，并为学生的作品展示争取更适宜的平台和更多的可利用资源；另一方面，还要为展示结果的反馈准备好工具，并将反馈的结果整理成书面形式反馈给学生。

（一）寻找适宜的观众

这里所说的观众是指专家、相关从业人员和其他与项目有关联的校外成年人，他们会以真实世界中的评判标准，来评估学生的项目产品，在他们那里学生能得到更为实用的评价，也能真实地感受到项目的意义。

（二）拓展可利用资源

项目作品的展示需要平台和各种资源。教师要为学生搭建平台，构建课内外联系、校内外联系、融合各学科的教育资源，为学生的作品展示提供更大的舞台。同时，也要鼓励学生充分利用身边资源展示自己的作品，比如多媒体设备、各类设计软件等。这要求教师要具有一双慧眼，能够及时、准确地发现现实生活中的一切资源，并将这些资源与项目产品链接起来。

（三）提供评价反馈工具

产品的展示是为了得到反馈。教师要为展示的反馈结果准备好工具，比如投票工具、评价表格、打分系统、便利贴等。观众们使用这些工具可以更便捷、更全面地评价学生的项目产品。学生通过这些工具得到直观反馈，清晰地看到产品存在的问题和不足，再修改已完成的作品。此外，教师还可以将这些工具所反馈的意见和建议进行整理，并形成书面意见反馈给学生，帮助学生更好地理解这些建议。

六、课堂文化的建设者

教师的第六重角色是"课堂文化的建设者"。文化与学习密不可分，被称为隐性课程。健康的课堂文化可以激发学生的创作热情，发展学生独立探究和解决问题的能力。

研究表明，学生们往往在感到安全时学得最好。因此，教师在项目式教学实践中，首先要了解自己的学生，并建立起师生、生生之间的紧密关系。让学生感知，"我是有归属感的"。其次，教师要鼓励和支持学生成为自主学习者，让学生相信，"我有能力自主学习"。除此之外，教师还要让学生拥有学习自主性，让他们真正意识到项目是自己的，而不是老师的，将"学习是我自己的事情"内化为一种心理自觉。

项目式学习的教学法，还需要广大教师不断探索和实践，教师角色的转变也需要教师们在实践中不断摸索、不断调整和适应。未来，教师的角色定位会更加丰富化、立体化，只有教师真正用心去演绎每一个角色，我们才能将项目式学习落到实处，让项目式学习不只是一句口号，而是真正对学生有长远意义的、影响学生一生的学习。

第三节　项目监管中的七个"锦囊"

"管理是一门关于人的学问"①，它讲究实际、重视成效，同时富有艺术性，好的管理有时能取得事半功倍的效果。之于项目式学习而言，同样如此。作为项目式学习中的领导者、管理者、教练、观察者、建导者……如何发挥自我的监管能力，推动项目走向新的发展，是每一个项目教师应该思考的问题。

我们通过实践探究、研讨分析、经验总结等总结出项目监管中的七个"锦囊"，即以驱动问题为核心；以真正合作为手段；以有效活动为载体；关注信息澄清；监控和管理学生的行为；管理工作流程；对项目进行评估。七个"锦囊"妙计，助力教师在项目中更好地发挥监管能力，推动项目的发展。

一、以驱动问题为核心

在项目式学习中，驱动性问题指的是一个能够连接学习目标和项目过程的问题，它基于现实或者拟真的环境，激发学生探究知识的需求以及寻找解决方案的需求，或者激发学生讨论、询问和调查这个话题并最终生成针对该问题的完整解决方案。② 驱动问题是一个项目的"心脏"，从孔子的"启发式教学"，到苏格拉底的"产婆术"，都把设置问题当作最重要的教学策略之一，好的驱动问题能有效推进项目优质高效地进行。

---

① 帕金森. 管理名家谈管理[M]. 周浩明，译. 上海：上海翻译出版社，1992：157.
② 余文锐. 基于主题意义的初中英语项目式学习实践探究[J]. 英语教师，2023，23(9).

在项目式学习中应该用好驱动问题，在设置时我们应注意以下几点：第一，兴趣是最好的老师，因此驱动性问题要能够引起学生的兴趣并使兴趣在整个项目过程中能够持续保持。这就要求驱动性问题要有一定的挑战性，就像登山一样，要能够激发他们的"攀登"心理，有难度但是经过努力也能够达到。如果没有挑战性，即使跟学生生活相关，学生也觉得寡然无味。而且因为有挑战、有难度，学生会进行深度学习，而非停留在问题最浅层面的探究。第二，驱动性问题要与现实世界有密切的关系。因为项目式学习要求最大程度还原或者模拟问题出现的真实情境，因此驱动性问题也需源自现实。而学生通常会对与他们实际生活相关（直接或间接相关）的主题更感兴趣。第三，驱动性问题应该是开放的，而非简单地用"是"或者"不是"来回答。因为项目式学习强调驱动问题应该是较为复杂，不是轻易就能解决的，这样才能培养或要求学生具备高级思维，要求他们对信息进行整理、综合、分析、批判性评价。第四，驱动性问题要直指主题的核心内容，才能让学生有抓手，更有目的地去实施项目。第五，驱动性问题应契合某个或者多学科课程标准。驱动性问题仅仅符合"能引起兴趣"是不够的，它还应该能引导学生掌握课程标准要求的关键知识、技能和方法。在 PBL 项目推进中，我们应遵循驱动问题设置原则，从学生角度出发，以问题为先导，引发他们的注意与思考，然后在问题驱动下激发学生去观察、去实践、去探索，从而达成"解决问题"的目的，让他们在过程中生成各种素养。

二、以真正合作为手段

（一）充分发挥教师的指导与管理职能

"合作"是项目式学习中的一种典型的学习方式。马卡姆建议，在项目式学习中应把"小组"改为"团队"，团队间要有共同的愿景，共同的目标，遵守承诺，彼此支持，相互学习。团队更注重凝聚力和相互关系。[①] 团队成员在共同的学习任务驱动下，专注于共同的目标，细化内部分工、互助学习。利用团队能培养学生相互合作、相互理解、共同交流的能力，使他们懂得公平竞争与彼此尊重。很多老师有这样的困惑：在项目式学习的具体实施过程中，

① 马卡姆. PBL 项目式学习（项目设计及辅导指南）[M]. 董艳，译. 北京：光明日报出版社，2015.

我们如何对学生进行恰当的分组？同质分组好还是异质分组好？面对不想合作的学生我们又该怎么办？如何应对合作中可能出现的一些矛盾，真正促进学生之间的合作呢？这里重点谈谈教师如何充分发挥监管职能。

教师在组建团队时，应综合考虑各种因素，包括学生的需求、项目的难易程度、团队的规模需要等。这些情况也可以与学生进行分享，充分发挥学生的自主性与能动性。团队组建完成后，我们还要引导学生进行角色的分配。只有每个成员都各司其职，才能顺利地推进项目的完成。因此，教师应引导学生根据自身的能力及项目的需要，自主选择自己的角色，并确保每个人都能明确自身的责任。

在学生合作完成项目的过程中，我们可能还会遇到一些不太愿意参加活动的"离群生"，这种现象不仅影响项目的顺利进行，同时也影响着学生的身心发展。那么，在具体实施中，作为教师，我们该如何引导学生更好地融入团队中呢？

第一，让每个成员都负责一些项目工作，并分别打分。在项目开始之前，要提前对学生进行项目内容和合作学习的培训，让每个队员明确自身的责任以及团队的任务，要有团体感，不能因一时的不愉快而不顾团队整体的发展；同时可以对学生在合作中的表现进行打分，使其看到自己的不足及优势，及时调整，更好地适应团队发展。

第二，强调"共享工作量"。教师应强化成员间协调平衡工作量的理念，明确每个学生的特点和长处，帮助他们认识到自己可以在哪些方面为团队作出贡献，又应当承担哪些责任。这对学生的沟通协调能力有很好的培养，让学生在与团队其他成员的相互帮助与配合中共同成长。

第三，强化团队成员对彼此负责这一承诺。在组建好团队以后，我们可以让学生讨论为什么要合作，强化团队目标，形成共同愿景和合作准则。同时，可以通过设置承诺书或合作协议，使团队成员明确自身的责任，增加对自我的约束，为后续合作提供保障。

第四，密切关注成员表现，适时干预团队工作。教师可以深入到学生或团队中，跟着他们一起讨论，一起制作。教师的加入，可以给学生树立专业人士的研究状态，同时，教师在深入团队工作的过程中，可以深入了解学生的特点，识别出哪些学生是最需要帮助的，并及时帮他们解决困难，推动项目开展的进程。这也为教师评价学生的表现提供依据。

团队建设是项目能否顺利进行的关键一步，教师应注意引导学生进行科学合理的组合、分配，并发挥自身的监管作用。

(二)团队合作的指导策略

教师可以借助脚手架帮助团队更好地实现高效合作。在团队分工与职责要求上可以参考下面的表(见表5-3至表5-11)：一方面要求团队成员分配好角色，人人有事干，且角色轮换，让学生在每个角色上都能学习，都可以得到锻炼，这样也避免形成"小权威"；另一方面在职责要求上也要明确，这样大家才能各司其职，共同为团队项目出力。

此外，团队合约也是非常重要的。合约应明确团队合作的准则，写出需要承诺的内容，大家在理性状态下的共同约定是什么，这样在项目实施过程中遇到了问题、遇到了矛盾，可以对照合约，以自我检讨，自我约束。

表 5-3　团队分工与职责要求表

视觉描述	分工	职责要求
	组长	确保团队中的每个人都能做出贡献并继续完成任务。
	记录员	在团队中记录下关键信息和想法。
	材料管理员	在团队活动中负责管理所有材料，包括挑选、分发、收集、上交以及存放材料。
	发言人	在全班面前分享团队总结，发言代表整个团队，而非个人观点。
	计时员	随时追踪时间，时刻提醒团队还剩下多少时间，并给予团队成员积极的反馈。

表 5-4　团队每周分工表
任务分配(配合每一次任务使用)

第　周分工表	

表 5-5　团队合约表①

项目团队合约(第　课时)			
项目名称			
团队成员		日期	

我们的约定

☐ 我们约定倾听并尊重双方看法。

☐ 我们约定尽我们所能完成指定工作。

☐ 我们约定按时或提前上交工作成果。

☐ 我们约定在必要时寻求帮助。

☐ 我们约定分享成功的喜悦和失误的苦涩。

☐ 我们约定上交我们自己的工作成果。

　　如果团队中有成员违反一条或多条规则，团队有权召开会议并要求该成员遵守规则。如果该成员仍违反一条或多条规则，我们有权投票解雇该成员。

日期：＿＿＿＿＿＿＿

团队成员签名

＿＿＿＿＿＿＿＿＿＿＿＿＿＿　　＿＿＿＿＿＿＿＿＿＿＿＿＿＿

＿＿＿＿＿＿＿＿＿＿＿＿＿＿　　＿＿＿＿＿＿＿＿＿＿＿＿＿＿

＿＿＿＿＿＿＿＿＿＿＿＿＿＿　　＿＿＿＿＿＿＿＿＿＿＿＿＿＿

---

　　① 马卡姆. PBL项目式学习(项目设计及辅导指南)［M］. 董艳，译. 北京：光明日报出版社，2015：153.

表 5-6   团队协议表 ①

团队名称：
团队成员：
团队目标： 我的目标： 他/她的目标： 我们共同的目标：
团队中成员的任务和角色：（学生需要讨论如下问题） ・项目需要哪些角色和任务？ ・我们将如何选择领导者？ ・每个人的角色和任务是什么？
我们共同遵循如下约定：（学生需要讨论如下问题） ・当有人不工作时会发生什么？ ・如果有人没有履行职责将会遭到怎样的惩罚？ ・如何让大家共享材料，共享如何汇报？ ・如果有人缺席或不准时提交任务会怎样？ ・团队将如何处理团队内部出现的各种问题？
我们团队的规范： ・我们认可并利用每位团队成员的特殊才能； ・我们以团队的方式发展思想并创造产品； ・单独完成的任务将在团队中汇报以寻求反馈； ・我帮助团队解决问题并管理冲突； ・我给团队成员有用的反馈； ・我会在团队成员需要时帮助他们。
时间：   团队签名：

————————————

① 夏雪梅. 项目化学习的实施：学习素养视角下的中国建构[M]. 北京：教育科学出版社，2020：170.

　　教师还可以借助项目日志帮助学生规划项目。日志可以明确记录每一阶段的工作任务是什么，完成到什么程度；每个项目节点是什么，里程碑是什么；个人在项目中的计划是什么，最终收获了什么；项目完成后哪些地方需要反思、改进等，以此对整个项目进行过程性记录。

表 5-7　项目里程碑表①

项目名称：			学科：		
项目时长：			教师：		
项目里程碑 1	项目里程碑 2	项目里程碑 3	项目里程碑 4	项目里程碑 5	项目里程碑 6
子问题	子问题	子问题	子问题	子问题	子问题
评价点 1	评价点 2	评价点 3	评价点 4	评价点 5	总结性评价

　　① 夏雪梅. 项目化学习的实施：学习素养视角下的中国建构［M］. 北京：教育科学出版社，2020：131.

表 5-8 学生学习日志表(第 课时—第 课时)

项目名称: 学生: 日期:

我的学习项目是:
我成功地完成了以下工作:
我下一步的计划是:
我最大的担心/问题/困惑是:
我学到了什么:

表 5-9 项目管理日志表①

项目名称	
团队成员	
驱动问题	

① 马卡姆. PBL 项目式学习(项目设计及辅导指南)[M]. 董艳,译. 北京:光明日报出版社,2015.

续表

项目名称				
项目任务				
子任务	负责人	截止日期	状态	完成情况
				☐
				☐
				☐
				☐
				☐
				☐
				☐
				☐
				☐

表 5-10　项目日志表①

项目日志(第　　课时) 姓名： 日期：	
反思量规	
熟练	反思： ■深思熟虑：显示出深度考虑了项目问题、挑战和任何成功的证据 ■全面：对项目的多个方面进行全面反思 ■清晰：以读者能理解的方式始终如一地表达自己的想法
反思1	

---

① 索利斯等.PBL项目式学习101工作手册[M].胡英，乔长虹，译.北京：光明日报出版社，2019.

续表

反思 2
反思 3

表 5-11　成果展示日准备清单表

□展示日程安排
□观众知道参加的时间和地点
□为观众准备了相应的项目资料，有助于他们理解项目
□主持人和展示者明晰他们展示的地点和具体任务
□展示用的设备/产品已准备到位，且放到了指定位置
□设备测试（技术支持备用）
□为观众提供的反馈表已准备到位
□计时设备准备到位

三、以有效活动为载体

教师作为项目的建导者、观察者，并不意味着一切的活动都由学生随意完成，自身置之度外。因为教师同样是项目的管理者、引导者，所以应充分发挥自我的职责，推动项目的顺利进行。对于学生每次的活动，教师都要积极加入，巧妙地做到不指挥学生，却能指引活动顺利进行。

(一)帮助学生明确探究的范围和学习的内容

在确定项目探究的范围和学习内容时，教师首先应该明白，不是我们确定，而是我们指导学生进行确定。所以，我们可以引导学生从自身成长需求出发，选择符合自我身心发展的内容。当然，在进展的过程中教师也要根据学生的具体情况进行相应的调整，做到学生自主选择，教师适时指导。

(二)帮助学生发现解决问题或解答驱动问题的途径

在项目式学习实施过程中，学生会遇到各式各样的问题，教师不要急于去帮助学生解答问题，我们应根据实际情况，指引学生自己去发现问题，寻找解决的途径去解决问题。如果在学生能力范围之内，我们可以鼓励学生自己想办法去解决问题，如自己上网搜集查阅资料、进行自我知识整理分类、实地考察调研、利用图文数据分析等。在有一定困难的时候，我们也可以组织学生进行小组讨论分享、师生研讨互动等，借助团队的力量，进行智慧的碰撞，共同攻破难题。有些阶段任务可能会涉及一些专业知识层面的问题，我们可以进行专家培训、教师讲解、学生课堂、家长答疑等方式，帮助学生解决问题。

(三)提前设置项目的重要节点和里程碑

具体说来，在项目式学习的实施中我们可以以驱动问题为出发点，通过设置项目节点(评价点)的方式，对项目实施过程进行检测评估。因为项目式学习的完成依赖于每一个阶段的顺利进行。因此，在具体实施过程中，教师可以以项目总目标为参考，针对自身项目的特点以及所要达成知识及能力素养，进行评价要点的调整，设置关键节点的评价点，让学生分段验收每一阶段的成果，通过达成阶段目标，一步一个脚印，最终实现总目标。

(四)收集过程性文件，对学生的问题给予反馈

在项目进行中，教师要善于收集过程性文件，整理研究全过程的资料和成果，分门别类总结建立档案袋，包括项目立项书、项目结题书、学生研究成果集、项目研究过程性视频资料、项目研究完成课例等，形成资料包。这一方面方便后期做项目时借鉴参考，一方面能在成果性资料中看到学生的问题及成长，便于之后能循证教学。同时针对学生的问题，教师要及时给予反

馈，帮助学生解决。要想让学生能够有动力完成项目，我们就一定要在项目研究的过程中不断给予学生鼓励与肯定，一步步激发学生的求知欲和探索精神，让他们能够看到自己每一步的研究都是有价值、有意义的，同时他们也能感受到项目在自己的努力下在不断地推进，有了这样的回馈，学生才会有持续研究的动力。

在项目的实施过程中，教师切记不能一味地追求项目的进展，而忽略了我们设置项目式学习的意义。所以在过程中教师一定要清楚自我的角色以及学生的角色，各司其职，才能更好地实现项目想要达成的结果。

四、关注信息澄清

在项目式学习的实施过程中，由于有些项目时长较长或是过程较为烦琐，容易出现任务不清晰的问题。为避免盲目进行项目的推进，我们还应做到一点——"信息澄清"，即清楚我们为什么出发，我们怎么出发，我们要去哪里，我们做到了哪一步……以此来提醒自己不要迷失方向。所以，我们可以在项目实施前设置"教师实施准备核查清单""学生实施准备核查清单"，① 用清单的方式来提醒自己，做到科学推进项目的进程。

（一）教师实施准备核查清单

▌ 我做好了项目的设计书并听取了同伴和学生代表的意见。

▌ 我对每一个阶段的项目检核点都很清楚。

▌ 我清楚学生最后将要产生的成果及如何评价其质量。

▌ 我对学生如何分工、分组心中有数。

▌ 我准备了学习支架以支持不同类型和水平的学生。

▌ 我有简略的课时计划。

▌ 我准备了项目中必要的相关资源、表单、PPT 等。

▌ 我确认了活动中所需要的场地、相关外部支持人员等。

▌ 我留出了足够的空间进行项目式学习的研究和展示。

---

① 夏雪梅. 项目化学习的实施：学习素养视角下的中国建构[M]. 北京：教育科学出版社，2020：134-135.

(二)学生实施准备核查清单

▎ 项目式学习是一种探究式学习，我做好了主动发现问题、解决问题的准备。

▎ 我对即将进行的项目主题内容有日常的生活经验或自己的想法。

▎ 我知道项目实施过程中要提出问题，要努力寻找资源，要与他人合作，而不是被动地等待老师讲解。

▎ 我知道如何搜索有用的资料。

▎ 我会与别人沟通和交流想法。

▎ 我会进行项目的时间和任务规划。

用"核查清单"的方式去检测自己与学生，这样才能让我们在实施的过程中清楚走的每一步与最初定的方向是否一致，一步一个脚印，才能让我们达到最终的目标。

五、监控和管理学生的行为

项目式学习强调以学生为主体，强调学生的主动参与。所以在具体实施中，教师要把学生看成是发展的人，是具有独立意识的人。但这并不意味着我们要将学生"放任不管"。教师作为项目的"建导者""领导者"，要时时监管着学生的行为，并及时进行有效的指导。

(一)树立时间期限的概念

我们都知道，合理安排时间，就等于节约时间。在监管中，我们应引导学生树立时间意识，让学生有时间概念。在项目操作中能清楚地知道项目的总截止时间是什么时候，每个阶段的时间是什么时候，每个子任务的时间节点是什么时候，自己如何安排时间等。

(二)制订进度计划表

总的来说，教师和学生都应根据项目任务的进展做好时间分配工作，以确保小组能产出完整的项目成果。一是在项目实施的过程中，教师要有自己的进度计划表，并及时与学生进行沟通与交流，根据学生的生成适度调整计划。二是教师要引导学生制作进度计划表，可以进行可视化的记录，比如制作表格，让学生知道自己研究进行到了哪一步，同时也知道别人的进展；或是和学生一起组织多维评估，在一定的阶段进行评价，引导学生看到目标和差异，及时进行自我进度调整。当然在过程中，我们需要注意，"进度"不是我们唯一追求的，所以在过程中要根据学生的实际情况，发现并肯定学生的成长，为其提供动力。

(三)合理使用资源

作为指导者的教师，为保证项目的顺利进行，应充分利用身边的资源助力学生。可以为学生提供一些与项目相关内容的工具表，如项目报名表、管理时间和工作流程的系统和工具、协同合作的工具、评估的工具等，同时还要向学生提供获取资源的方法以及寻求协助、获得反馈的方法，让学生充分利用资源助力自我成长。

在具体的项目实施中，教师可配备以下项目管理工具与策略：一是用于与他人沟通项目相关信息的工具；二是用于在项目变动时通知学生以及公开项目重要节点与活动的工具；三是提供给学生必要资源的方法与路径；四是管理学生学习成果的系统；五是支持高效学习环境的架构；六是评估工具与评估策略，包括：衡量学生是否有效开展工作并实现项目目标的方法；评估团队内部任务分配均衡度的手段，防止部分学生承担过多或过少任务；以及在项目进程中及时向学生提供工作反馈的方法，而不仅仅局限于项目结束时。

针对学生，所需的项目管理工具与策略包括：一是协助学生管理时间和工作流程的系统与工具；二是帮助学生管理材料和工作草案的系统或工具；三是协同合作的策略与工具；四是寻求协助的途径；五是获取和使用工具反馈的方法，例如自我反思、团队参与以及教师建议。

六、管理工作流程

科学的实施流程是保障项目式学习顺利推进的重要前提，而教师科学的管理工作流程是项目式学习顺利推进的必要条件。教师在明确了自我的角色定位之后，必须熟悉项目式学习的管理工作流程，如项目的时间节点、知识补给等问题。熟悉了管理流程，才能更好地指导学生进行探究学习。

(一)关注项目进展状况

教师作为项目的领导者，必须清楚整个项目的进展状况，并根据实际情况进行相应的调整。在每一个预设好的时间节点，我们可以通过收集学生作业等方式来关注项目的进展状况。当遇到在研究的某一阶段，学生认识水平不足、缺乏资源支持，或正在进行的研究远比想象中的困难得多，抑或在研究的某一阶段发现学生出现"瓶颈"，在合作上存在问题时，我们可以根据实际情况临时设立项目节点，引导学生停下来思考，总结现有成果，分析困难或问题，集思广益，及时复盘和反馈，更好地促进后面工作的进行。

（二）知识补给

项目来源于真实的生活，学生往往需要广泛的学习资源才能完成项目，所以教师要在前期做好学习资源的准备工作。学校的资源是有限的，只有盘活更多资源才能为学生提供更优质的教育平台。对于资源的利用，教师可根据实际需求进行具体安排。常用的方式有：对于家长资源，可以在班级活动中创设平台，鼓励学生家长展示自己擅长的领域；对于社会资源，如博物馆、研究院、某项领域专家等，往往可根据需要组织培训、参观、实践等活动。只有根据项目的实际需求而建立起的"资源库"，才能真实地作用于学生的学习和实践，为学生综合能力与核心素养的培养提供有力支撑。

管理工作流程是教师在项目式学习中较为重要的工作之一，我们在清楚工作流程的同时，还要根据实际情况做好及时调整，充分发挥好自我角色的职能，促进项目顺利完成。

七、对项目进行评估

当一个项目完成后，并不代表项目的真正结束。我们始终要记得做项目的目的是让学生重在参与、获得收获。带着这样的初心，在项目完成后，教师就要及时与学生一起进行总结和复盘，帮助学生联系新知识与先前知识，有意识地将知识进行抽提，促进概念性理解；并认识到策略如何被重复利用并螺旋上升等。相信在全面的总结和复盘中，不仅可以发现问题、解决问题，还能把经历转化为经验，教师和孩子会获得更多的成长。

（一）回顾目标

在项目式学习的实施过程中，我们可能会因忙碌而忽略项目的目标和初衷。因此，在复盘阶段，对项目目标的回顾显得尤为重要。这一回顾环节旨在以客观的态度重新审视项目目标，以检验最初设定的目标是否存在问题。此外，鼓励学生参与目标回顾也是有益的，这样可以确保每个学生都清晰地了解项目目标，并评估自己是否达成了既定目标。

(二)评估结果

将项目产生的成果呈现在复盘总结会中，让每个学生都明确知道。同时将项目结束后产生的成果与我们开始定的目标进行对比，把每一个目标的达成情况记录下来，同时客观分析意料外的重要亮点或不足，为后续的分析原因做准备。

(三)分析原因

分析原因是复盘的最重要环节也是制定改进措施的关键。我们可以根据项目中各关键节点的得失，思考并设计不同的优化方法。如是什么原因导致了项目延期完成？项目整体效果不理想的原因是什么？任何问题都可以进行原因分析，在这个过程中我们可以引导学生进行发言，尽量照顾到各个层面的学生。对于没有能如期完成工作的学生，教师应注意言辞与方式，不要一味地批评、指责。

(四)总结规律

这一步是复盘中很重要的一环，不进行规律总结的复盘是不完整的，复盘效果也会减弱很多。总结规律是为了确定改进计划，比如需要实施哪些新举措，需要继续哪些措施等。改进计划也要列出优先级，不能罗列过多，否则可能会因为团队人员有限，或者学生年龄偏小、认知不足而无法全部落实。复盘后的改进计划都要有反馈，不断优化，形成螺旋上升态势。如确实有效，则可以进一步整理，作为内部知识库。

通过评估项目的成功与否，不但可以发现问题、解决问题，还可以把经历转化为经验，给其他做项目的团队以经验分享，同时在总结复盘时，也能很好地看到自己的优点与不足，有利于我们更好地成长，让人生不断增值！这也是教师在整个项目中监管的重要一步(见表5-12)。操作支架见本书"表5-1项目设计反思表"。

表 5-12　反思案例"中药——守护健康生活"项目实施表①

项目阶段	阶段目标	阶段内容	学生表现	教师职责
确定研究方向（2课时）	1. 巩固已有能力及成果。 2. 学会深入思考，挖掘问题本质。 3. 学会合理分工合作。 4. 逐渐形成契约精神。	1. 回顾上学期的研究成果（基于某一亚健康状态设计的配方），明确本学期驱动性问题。 2. 提出新的问题：都有哪些情况会引起这一种亚健康现象，并对多种情况进行梳理。 3. 熟悉项目式学习手册；开始调查亚健康形成原因；进行分工。 4. 针对各自调查的亚健康成因的相关资料进行汇总。确定搜集资料的方向。	1. 总结上学期成果与经验，讨论新学期驱动问题。 2. 新的学习手册第一次投入使用，熟悉需要过程。 3. 学生对各种亚健康状态归因进行推测，确定需要查找、厘清哪方面的资料。 4. 学生问题：在讨论中，学生对于"新学期为什么要继续研究这个主题"发出疑问。	教师解决策略：针对学生的学情，教师要引导学生意识到，对于中药，我们还能继续探索的还有很多很多，我们的项目是一次长周期的探索。我们在上一学期的基础上继续更深入的研究，从亚健康的具体成因出发，更有针对性地研究问题，培养学生项目研究的钻研精神。

设计意图：引导学生更深入地研究问题，明确驱动问题中的自身角色，借助亚健康状态成因给学生提供进一步研究的思路。

项目监管在项目实施中占有重要的地位。一个项目的成功与否，关键一点就是看管理是否得当。我们可以通过"引导学生聚焦在项目目标上""对学生进行适当的分组""组织每次的项目式学习活动""信息澄清""监控学生的行为""管理工作流程""对项目进行评估"七个方面对项目进行监管，在对学生进行监管的同时，也不断提升自我的能力与素养，以期促进项目的顺利进行。

第四节　灵活进行差异化指导

世界上没有两片相同的叶子，也没有完全相同的学生，每个学生都有不

① 案例来自首都师范大学实验小学。

同的兴趣、天赋，不同的学习需求和发展目标。这就要求教师在教学中，立足于学生个体的差异，有效地构建差异化教学模式，帮助学生实现个性化学习，以实现每一个学生的自我发展。

学生在学习中发出声音，他认为差异化的核心是教师与学生的关系。教师的责任是衔接内容、过程和产品。其中内容是指课程需要学生掌握的知识、概念和技能；过程是学生理解内容的方式；产品是指学生在课程中完成的成果。学生会基于他们准备、兴趣和学习概览的不同对教师提供的教学内容做出反馈，并基于他们的理解生产出不同的产品。

结合上述教学理论和项目式学习的特点，我们认为在项目式学习中，应做好内容、过程和产品这三个领域的差异化指导，满足学生的多样化需求，可以采取以下策略。

一、课前评估

课前评估是指在项目设计之初，教师要对学生的学习概览、能力水平、兴趣特长、潜力倾向、需求差异、学习新知的就绪程度以及自我概念、知识水平进行考查，清晰地了解每个学生的真实情况。其中包括学生对项目相关知识的了解及掌握程度，学生已经知道什么和能做什么，学生的特长和能力，学生的需求差异等。经常性地对课前评估数据进行分析，可以帮助教师确定人员分组，为不同能力和需求的学生安排适宜的教学内容和方法。此外，通过课前评估，教师还可以在教学过程中了解学生的进步状况，从而不断调整教学计划，从而切实有效地激发学生智力需求、挑战需求和学习新需求的心智框架。常用的课前评估方法有教师组织的前测、KWL统计图、演示、讨论、举手、观察及成绩清单等。

二、差异化教学

差异化教学就是教师可以根据课前评估情况，为学生安排不同的讲授内容、提供差异化的材料内容和项目任务。差异化教学包括但不等于分层。其重点不在于为不同能力水平的学生提供相应难度的材料内容。因为如果长期这样可能会固化学生的发展水平，甚至会导致学生的自我目标不清，出现自我设障、自我依赖的现象。① 其重点是要让不同层次的学生都能感受到一定程度的挑战，让全体学生都能得到提升，都达到相同的目标结果，缩小每一位学生原先知识和技能与期望的知识和技能之间的差距，也就是同时惠及"多数"和"少数"学生。

这需要教师先明确每个项目的学习目标，确定学生在项目每一个阶段需要了解的核心知识、概念和技能等，然后根据学生的当前位置与目标位置，提供不同难易程度的项目信息。例如，在一个关于气候变化的项目中，为了让所有学生都能阅读和谈论气候变化，教师可以利用互联网平台，每天发布五种不同阅读难度的新闻，并通过使用共享功能，先给文本做好批注，然后提供给学生。这些都是在适合每一位学生的阅读分级上进行的。需要注意的是，教师的教学设计要让不同层次的学生都能感受到一定程度的挑战，能同时惠及"多数"和"少数"。

差异化任务是指在项目式教学中，教师要为不同水平的学生设计差异化的任务。教师在设计任务时，要遵循"分层设计与自主选择相结合"的原则，既要注意项目任务安排的层次性和多样性，又要给予学生自主选择的权利。如在"二元一次方程"的项目式教学中，教师设计了如下两组习题供学生自主选择。第一组习题主要是基础知识的应用，以核心概念的考查为主；第二组习题是拓展任务，涉及二元一次方程在实际生活中的应用。在项目进行的过程中，教师要不断激励学生，挑战更高难度的任务，从而实现最大幅度的提高与发展。

差异化教学主要体现在教学过程和产出形式，特别强调教师的教学策略和教学支架，经常用到的差异化教学策略有如下几种。

(一)学习站点(Learning Station)

"站点"模式主要有两种形式：一是在复习课中，设置学习内容坡度式提升的纵向学习站；二是在新授课中，较多设置环环相扣的横向学习站。这种模式主要是为学生提供学习内容、学习方式的选择权和小组、个别学习的开放性空间。②

---

① 哈蒂. 可见的学习——最大程度地促进学习[M]. 金莺莲等，译. 北京：教育科学出版社，2016.

② 李星星. 运用"Learning Station"模式进行学生问题解决能力的培养——以《"鸡兔同笼"问题》为例[J]. 数学教学通讯，2021(16).

在"站点学习"过程中，教师首先会将不同类型的学习材料和对学生的具体要求放入 A、B、C、D 四个站台。然后，让学生根据自身兴趣自行选择站台进行小组学习；或让学生从第一到第四站台依顺序进行。此时，教师可以重点指导某一个站台的学生（通常是学困生），也可在四个站台中走动，辅助答疑。学生不是整节课都局限于坐在自己的座位上学习，而是以小组为单位进行各个学习站之间的"流动"，学生在"学习站"可以实现更加开放、自由的学习。① 学生在每个学习站的学习都有明确的目标和需要完成的任务，可以逐步实现问题解决能力的提高。

整节课教师只是起引导和推动各个"站点"运行的作用，充分体现学生的主体地位，增强学生的自主探究能力和知识迁移能力。学生活动贯穿于发现问题、提出问题、分析问题、解决问题的整个探究过程中。学生在此期间不是被动地听讲，而是积极地参与新知探究。这不仅提高了学生的学习兴趣，而且对新知有了更深刻的理解，② 如表 5-13 和表 5-14。

表 5-13　项目设计路线表③

站点目标	任务一： 发布项目	任务二： 设计交通工具	任务三： 改进交通工具
绿色 项目站点： 理解工程设计流程	1. 创设三个真实情境，让学生经历"提出问题、探索、设计"的过程	5. 观看"工程师"视频，了解工程设计过程	9. 利用工程设计过程，搭建斜面让小车行驶得更远
蓝色 STEM 站点： 提升科学素养	2. 利用废旧材料制作纸珠子	5. 观看"工程师"视频，了解工程设计过程	10. 改进、创新气垫船(教学中根据实际情况，改成完善气球动力小车)
橙色 阅读站点： 培养提取关键信息	3. 阅读《你的垃圾发生了什么?》回答教师提问	7. 阅读《运动和力》，提出自己的问题	11. 阅读《交通运输》组内互相提问并回答
黄色 写作站点： 理性思维可视化表	4. 观看"垃圾回收"视频并写出疑问	8. 利用已知交通运输工具，简单设计未来交通运输工具	12. 用文字和图片形式阐述未来交通工具

① 李星星. 运用"Learning Station"模式进行学生问题解决能力的培养——以《"鸡兔同笼"问题》为例[J]. 数学教学通讯，2021(16).

② 同上。

③ 田晶，崔嵘. 探索 STEAM 教育中语言艺术的融合路径[J]. 基础教育参考，2020(12).

表 5-14　第一次项目站点的学习任务表

项目情境：	1. 解救你的宠物猫，它掉进了 3 米的洞中。 2. 因你要外出无法按时给植物浇水，设计一个自动浇水装置，水不能过多或过少。 3. 你爱阅读但床边没有台灯，想办法使自己不下床就能关灯。	
材料：工程设计流程图、铅笔	站点目标：我可以初步了解工程设计流程的前四个环节	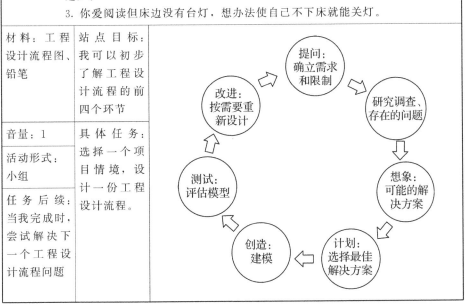
音量：1 活动形式：小组	具体任务：选择一个项目情境，设计一份工程设计流程。	
任务后续：当我完成时，尝试解决下一个工程设计流程问题		

在该项目中，教师主要通过循环站点教学模式（Station Rotation）来完成表中的三个核心任务。教师以不同颜色创设了 4 个站点，其中绿色项目站点和蓝色 STEM 站点以小组为单位活动，橙色阅读站点和黄色写作站点由个体独立完成。学生按绿、蓝、橙、黄的顺序依次在四个站点完成对应任务，从而完成第一个核心任务，接着再开始下一轮四个站点任务的循环，以此类推，一共完成三轮 12 次站点活动。在每次站点活动中，教师都为学生提供具体而有支架的学习任务单。学生经历三次站点轮转，共填写 12 项紧密联系而又各有侧重的任务单，分解完成三个核心任务，从而展现整个项目的成果。[1]

"学习站点"教学策略改变了学生被动接受与理解的状态，每个学习站都有好玩、有趣、目标明确的教学活动，促使学生主动参与到各个学习站的活动之中。[2] 如果采取传统的直接讲授的教学方式，学生也能获得相应的知识，但可

[1]　田晶，崔嵘. 探索 STEAM 教育中语言艺术的融合路径[J]. 基础教育参考，2020(12).
[2]　李星星. 运用"Learning Station"模式进行学生问题解决能力的培养——以《"鸡兔同笼"问题》为例[J]. 数学教学通讯，2021(16).

能更多的是停留在表层目标。而在站点学习中，学生经历了完整的问题解决过程，在不同的情境中，学生不断地接受挑战，尝试与质疑，建构个人知识，发现蕴含于其中的问题解决方法、思路、思维等，以及在探究知识及合作交流的过程中形成了对知识的迁移、应用和归纳总结的能力、合作交流的技能。

(二)R. A. F. T[①]

"R. A. F. T"是 Role、Audience、Format 和 Topic 四个单词首字母的组合，是差异化教学的教学策略之一。

R：角色(Role)，指作者身份，"作者是干什么的?"因为选择的角色不同，视角、内容、用词和语气都会发生变化。

A：受众(Audience)，即受众身份，作品的读者(听众)是谁？因为读者不同、内容、表达方式、语气都会有所不同。

F：形式(Format)，即作品以何种形式表达？信件、论文、报告还是公众号？根据目的、读者需要和自己的专长来综合考虑。

T：话题(Topic)，即作品要谈论什么？你想如何传递自己的目的、情感、态度等？

"R. A. F. T"引导学生从角色、受众、形式、内容的角度出发，想象自己可能在写作中担当的角色，确定谁是受众，讨论以什么样的文章形式才能与读者相匹配，帮助学生实现读者、写作目的和作者身份的转换，创造性地表达自我，从而提高他们的语言表达能力，促进他们的想象力、创造力的发展。学生不仅可以巩固和深化对学科知识的理解，而且可以借助"R. A. F. T"支架学习写作策略，积累写作经验。当然，"R. A. F. T"策略可以用在任何学科的教学中，如表 5-15 所示。

表 5-15 "R. A. F. T"在学科中的具体应用表

	R—role 角色	A—audience 受众	F—format 形式	T—topic 话题
比较 形状	一种形状	另一种形状	系列动画片	他们有什么相同之处，又有什么不同？
	二维图形的代言人	三维图形的代言人	对话(可以录音)	你能做，而他们不能做的事

---

① 厄克特等.教会学生写作[M].晋学军，译.北京：教育科学出版社，2008.

续表

	R—role 角色	A—audience 受众	F—format 形式	T—topic 话题
观察并描述世界上的形状	玩具	玩具博物馆的参观者	演讲(书面或录音)	你所处的"形状"(详细描述所有的形状)
	教师	幼儿园儿童	一套指示(文字和地图)	关于"形状"的寻宝游戏

学生需要以二维图形的代言人(R：角色)的身份与三维图形的代言人(A：受众)展开对话(F：形式)，讨论各自能做什么，对方不能做什么的话题(T：话题)。

(三)学习菜单(Learning Menu)

学习菜单是一种为学习活动提供"菜单"般的学习方式，有些是所有学生都必须做的，有些是允许学生自己选择的。学习菜单的目的是确保每位学习者都必须专注于知识、理解和技能的培养，且可依据学生的兴趣和学习情况实施差异化教学。学习菜单的总理念是依据学生的兴趣和学习情况进行差异教学。

其具体内容可大致分为四个部分。

第一部分称为前菜或开胃菜环节(Appetiser)，设置目的是激活全班同学的学习热情，使他们参与到接下来课堂的学习当中。

第二部分是主菜环节(Main Dishes)，这也是最基础的部分，是为了达到学习目标，教师希望全体学生必须完成的核心任务，属于规定动作。主菜部分对班上的每个学生来说可能看起来都一样，当然也可以设计多个版本的学习菜单，因此主菜部分在不同版本之间可能会有一些差异。

第三部分是配菜环节(Side dishes)，是希望学生完成额外的学习活动或任务，以加深或扩展他们在"主菜"中引入的学习目标。"配菜"的设计应基于对学生学习概览、既有知识、准备程度的认识。该内容不要求学生全部完成，他们可结合自身情况自觉选取多项学习活动中的 2 条及以上主动完成即可(例如 4 项要求选择其中 2 项完成)，属于自选动作。

第四部分甜品环节(Desserts)，"甜点"通常非常吸引人。因此，其设置意图是设计一些对学生有吸引力的任务或更丰富的活动，进一步激发学生对主题的兴趣，因为它们允许学生探索一个核心课程中通常不会涉及的、自己感兴趣的领域，属于提高项。这部分主要针对那些学有余力，较早完成前三部分学习内容的学生而设计，目的是促进他们的学习走向深入。

表 5-16　学习菜单的案例表①

语言艺术：形象化语言②的"学习菜单"	
开胃菜（Appetiser）	
二选一： 1. 找到一首歌曲，请在脑海中展开想象，运用有感染力的、形象的语言来描绘出你听到的画面，并准备分享你的歌曲以及所描述其画面的形象语言，让我们也能感受到你的画面。 2. 找到一个广告（任何广告），使用"文字游戏"来表达它的观点。准备好分享你的广告，说明游戏中的词语及其对消费者的影响。	
主菜（Main Dishes）	配菜（Side Dishes）
完成以下三项活动： 复习有关修辞手法的词汇表（请参阅老师指定的术语）。对于每个类型需要做到： 1. 给出定义。 2. 在开胃菜（Appetiser）环节中任选一例，并在班级中分享看法。你需要解释： ①为什么它是一个很好的例子，这种类型属于哪种修辞？ ②是什么元素让交流更具画面感了？ 3. 用自己原创例子来创建一个关于以下内容的语言表达练习（三选一）： ①家庭作业。②最喜欢的衣服。③你卧室的状况。	任选其中的一项完成： 1. 运用不同的修辞手法，写一首歌或一首诗，来描述（你选择的主题）优点或缺点，要做到语言有意义、有感染力。 2. 运用不同的修辞手法，写一篇博客文章，赞扬或批评（你选择的主题），要做到语言有意义、有感染力。 3. 运用不同的修辞手法写一篇评论（评论可关于书、电影或音乐表演等）。要做到语言有意义、有感染力。
甜品（Desserts）	
能做多少做多少： 1. 为你最喜爱的产品设计一个广告，用形象化的语言以幽默、有说服力的方式表达出来。 2. 设计一部漫画，用文字游戏幽默地唤起读者的反应。 3. 创建一系列有趣的标题，运用修辞和幽默的语言来引发读者的兴趣，产生娱乐效果。	

①　DOUBET，K. J.，HOCKETT，J. A. Differentiating in the elementary grades：Strategies to engage and equip all learners[M]. Alexandria，VA：ASCD．2017：253—310.

②　作者注："形象化语言"在此处主要是指修辞。

综上所述，学习菜单非常符合新课程理念。它是在尊重学生个体差异的前提下，为每一位学生提供适合的学习机会，增加学习的选择性、适应性，促进课堂教学的公平性，特别是对教师有效设计有层次、有梯度、多样化的作业提供了可供借鉴的抓手。第一，方便组织学生学习一个单元中的多个课程。第二，是以意义建构课堂活动进而贯穿整个课堂，强调所有的学习任务和活动的设置必须与学习目标挂钩；因为如果没有明确的学习目标，菜单很容易成为不同学生的一系列不同的、不相关的学习经历，而不是学生学习相同内容的不同方式。在制定菜单时，教师需要不断地问：通过参与这一系列的学习经历，我希望学生知道、理解并能够做什么。第三，学习菜单中的学习活动均可作为学生的学习支架以及抓手。第四，学习菜单中的任务可以作为终结性评价任务，提供学生评定的量表。

(四)任务卡

任务卡(见图 5-1)是一种差异化教学的策略，旨在教学活动中，教师围绕特定的教学目标，依据一定的教学情境和学生准备程度，结合学生兴趣和个体差异，设计出不同的、具体的、可操作的任务，并按照一定的分类标准记录在卡片上。在任务实施的过程中，学生通过比较、沟通、讨论、解释、合作等各种形式来完成相应的学习任务，充分发挥学生自身的认知能力，使学生掌握知识，提高学习能力、实践能力、处理问题能力以及合作和组织能力。任务卡应包含的元素有：

1. 目标

任务卡中的内容要有明确的目标指向：

(1)任务本身所要达到的教学目标；

(2)利用任务达到预期的素养型目标。

2. 内容

任务卡上的内容必须简洁明了，且符合相应阶段学生的认知水平，这一要素可简单地表达为"做什么"。

3. 程序

任务卡需要清晰地显示出学生在完成任务过程中所涉及的操作方法和步骤，包括先后次序和时间分配等，这一要素可简单地表达为"怎么做"。

4. 情景

在任务设计中，应尽量使情景接近于学生生活。

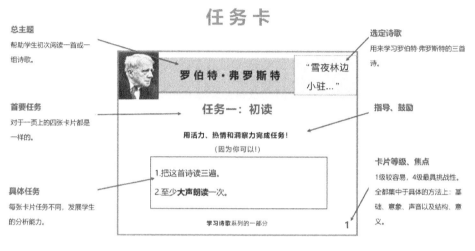

图 5-1　任务卡示例

教师可以通过创设不同情境，根据学生的需要、兴趣以及能力制作不同的任务，促进学生对知识的学习有不同的认识与期待，更好地激发学生学习的兴趣。这要求教师首先要确保分配给学生的任务明确清晰；其次，能根据学生的情况进行有效提示，特别是在重点或难点部分着重提示学生；最后，教师可以通过分组赋予组内所有学生任务和权利，让学生之间进行相互的支持、解答，充分激发团队意识。

三、差异化学习支架

由于学生的思维方式、知识水平的差异，要想让学生达成目标，教师不仅要建构情境帮助学生实现目标，还要为不同的学生、不同的学习活动搭建不同的学习支架，帮助他们更好地理解所要学习的内容。这些支架是搭建在学生的已有经验和所要达到的水平之间的桥梁，使学生在教学支架的支撑与帮扶下，达到学习目标，达到最近发展水平。这些支架大致可分为两类，分别是"整体型学习支架"和"分散型学习支架"。①

① 郭光华，崔嵘. 支架理论视角下小学语文教师用书的建构——以美国霍顿·米福林版为例[J]. 小学语文，2018(4)：42—48.

（一）整体型学习支架

整体型学习支架均分为四个等级，结构清晰完整，体系较为完善，作为一个完整的板块出现在各个教学环节当中。其功能主要分为：激发前理解（阅读期待）支架、建立意义图式支架、拓展应用支架以及评估反馈支架等四种功能类型。这种以功能分类来审视整体型学习支架，主要涉及了激发前理解和建立意义图示两类功能。

（二）分散型学习支架

分散型学习支架往往穿插在具体的教学流程当中，看起来较为零碎，出现的位置也比较随机。它主要分为以下六个类别。

视觉类教学支架。这是一种通过图表类工具帮助学生理解主要观点、基本步骤、核心要素、类别、特征、结构等不同概念关系的教学支架，旨在将思维和抽象的概念关系外显化，从而促进学生理解。

提示类支架。提示类支架包括暗示和提问，旨在使学生的思考集中于重要信息，或者引导学生思考相关问题，最终建立相关意义图示。

解释类支架。此类支架即在教学的过程中，为学生解释那些在理解方面可能存在困难的概念，或者某些教学活动以及教学步骤的目的和意义所在。旨在帮助学生理解生僻概念，让学生明确自己所从事的活动会对自己的学习过程有何种帮助。

有声思维类支架。有声思维通常为建立思维过程的相关模型所使用。在使用该类支架时，教师通过用语言描述自己如何思考，表达出完整的思维过程。学生根据此类模型，学习如何进行独立思考。

合作类支架。这类支架的使用通常分为三个步骤——思考、小组交流、全班分享。这样的模式在美国课堂中也被称为"TPS策略"能使学习者更加积极地参与学习，进行深入思考和多元分享。

动作类支架。该类支架通常使用或者创造一些动作和手势，帮助学生理解抽象概念和相关语义。

四、弹性分组

弹性分组是指教师可以根据学生兴趣、学生学习、教学需要等方面来进行分组学习。其中不同的小组、小组内不同成员可以执行不同难度、不同种类的任务。每个学生都有自己的优点，教师要鼓励学生在小组内互相学习，培养他们与不同特点的伙伴协作完成任务的能力。

在具体分组时，教师可以采取异质分组，也可以采取同质分组，具体视学生的准备程度、兴趣、阅读水平、能力水平、背景知识以及交往水平来定。异质分组是将能力水平不同的学生组成小组，同质分组是把水平相当、擅长领域相仿的学生组成小组。其中异质小组适合开展批判性思维活动、开放性讨论以及动手实验；同质小组则适合进行操练、数学计算、考试复习以及对记忆性问题的回答。

所分的小组可以是临时的，也可以是固定的，具体要依项目的复杂程度和项目自身的特性而定。随着学习内容变化小组内成员和数量，可以避免学生形成定式思维，也可以让他们获得不同的表现体验，比如在同一个文学作品分享的项目之中，需要通过适当调整分组来阅读不同的内容；而相对固定的小组，可以更好地执行一个完整性较强的项目，比如，根据某个主题组织话剧或者为某个场馆设计宣传方案。

五、调整教师参与度

教师可以调节自己的参与程度以适应不同学习者的需求。由于学生能力水平、兴趣领域等方面的差异，不同学生和小组团队面对不同复杂程度、不同领域的项目往往会有不同的指导需求。首先，在同一团队中学生的水平不同，有些学生的基础比较薄弱，那么教师在项目开始之初，可以先帮助他们理解一些核心概念和专业术语，与他们一起明确项目目标。在具体的操作中，可以通过提问的方式，引导学生说出正确答案，然后修正他们的观点，这样至少让这些学生在整个项目期间不至于晕头转向；而对于那些很有信心、能力很强的学生来说，独立完成项目，更能让他们有所受益，教师只需要在关键节点适当点拨即可。其次，不同的团队在面对同一项目时会有不同的表现。项目任务对有些团队可能是有难度的，或者团队对自己的产品有更高的要求，那么对于这些团队来说他们所面对的就是一个不小的挑战。这时，教师要相信他们，给予他们最大的自主权，让学生自己去寻求问题的答案，直到他们向你寻求支持时，再有策略地引导他们完成某一任务，以促进学生的认知加速。

六、反思与目标的设定

在项目进行的过程中，学生需要时刻反思自己的工作，并制定进一步的学习目标。不同的项目和思维模式就注定了他们各自与众不同的学习目标，这就需要教师帮助学生评估整个项目中他们理解和不理解的部分。教师可以每半小时进行一个或两个过程体验的指导，这样既可以降低课堂的饱和度，避免信息过载，又可以通过简短有效的讲解来调节或打通各个任务之间的联系，以此来提高学生们的学习效率。然而，并非所有的分组、所有的项目都需要这种指导，具体要考虑学生水平的差异和项目本身的复杂性。

七、平衡团队协作与个人工作

一个团队之中，每个学生参与团队协作的程度是不同的，因此保持团队合作与个人工作的相对平衡就很有必要。团队协作可以更有效地达成最终的学习目标，但是团队协作之外也会有学生独自的个人任务。这就需要教师在保证协作环境的同时，帮助学生合理地规划一些个人时间，让学生完成他们的个人工作。在实际的操作中，教师要区分学生的具体条件，对于那些有很强的独立工作能力的学生，要给予他们足够的时间、空间，让他们有机会去单独完成某项任务。

八、差异化的产品形式和产品评估

差异化的产品是项目式学习中最能体现差异化指导的部分。为了让每一个学生都能在项目中提升自己的能力，挖掘更多的潜能，教师应该将产品形式的决定权交给学生，让他们自己决定如何展现自己对学习内容的理解，同时还要根据学生能力特点、产品形式的不同，为学生的差异化的产品制定差异化的评估标准。

（一）差异化的成果选项

学生可以选择教师提供的成果选项，也可以自主开发适合自己产品的产品形式，但要保证重要的内容被强调，产品形式的选择最能体现对学习目标的理解。

教师可以为学生提供阶梯性的形式选择，逐步培养学生的实践能力。当学生自身经验不足时，可以完全由教师来安排产品形式，教师可以依据学生的水平不同为学生安排不同的任务。例如，在一个阅读项目中，针对不同能力水平的学习者，可能会有三种不同的理解任务。级别1：生成文本中事件的时间线；级别2：对给定问题做出简短回答；级别3：撰写一段文字，讨论你觉得文章中有趣的一个观点。

如果学生已经具备了一定的项目经验，教师可以与学生一起商讨产品形式。在具体的操作中，教师可以提供三至四种成果的选项供学生选择，比如，以书面作品、图画、图表、演示文稿或多媒体项目的形式；也可以设定一种开放形式的产品形式，让学生自己去填充内容。比如，安排所有学生都以历史短剧的形式展示学习成果，但在每个具体的短剧中，学生可以自主选择不同的主题、剧本、布景设计。

当学生已经具备独立设计项目产品的能力时，教师可让学生自己决定最终成果的展现形式，并给予他们最大的支持。学生可以向老师提出不同的设想，展示他们选择的产品符合学术标准，教师可以同意学生的设想并给予一些修改。如果学生的设想不够聚焦，可以再提出新的设想。不过若不能在规定时间内提出一个可行的计划，学生就必须要在其他预先生成的产品中选择一种。首都师范大学实验小学的王思远、虞蕾等老师帮助学生制定了如下的成果展示清单。

表5-17成果清单中的作品可作为学生项目的最终成果的发布方式，或者作为项目活动包的一部分。

表 5-17　成果清单表①

写作成果	演讲成果	科技成果	媒介成果	制作类成果	计划类成果
研究报告 说明文 海报 手抄报 手册	演讲 辩论 口头报告 专题讨论会 戏剧扮演 新闻广播	小程序 电脑图像	幻灯片 公众号 视频 绘画 地图 拼图 美篇	展品模型	流程图 时间轴

---

① 由首都师范大学实验小学王思远、虞蕾老师提供。

（二）差异化的成果评估

在项目中每个团队的学生参与项目的方式，在团队中的角色都会有所不同，学生通过不同的渠道学会的知识和内容不同，最终各个团队的成果展示形式也有所差异。因此，教师必须选择正确的形式，并对不同的学生、不同的项目团队采取不同的评价方法，用不同的标准和规则来评价学生在整个过程中的价值和表现。

首先，教师在形成性评价中要充分考虑学生个体能力的差异、学生的情感态度和心理状况的不同。如果有一位学生在演讲、语言表达和注意力等方面有困难，但是动手能力很强，在项目中成功制作了某个工具，并且这个工具在项目完成的过程中发挥了重要作用。教师就可以表扬他/她使用设计思维开展项目活动，并帮助他/她完善设计，使其获得成功。而其他读写能力更强的学生可能写出了信息丰富的文本，并且在项目中提高了自己的表达能力，教师也要及时给予肯定。其次，教师要根据不同的产品形式、不同的知识内容为学生制定不同的评价标准。如果学生选择书面报告的形式来展示自己的最终成果，那么教师在评估学生作品时，除了考查核心知识之外，还要关注学生的文字表达能力是否达标；如果学生选择演示文稿的方式，教师则要评估他们的口语和书面语言表达能力。

差异化指导并不是什么新鲜的概念，但要将其与项目式教学融合好仍然会遇到很多困难。学生的需要多种多样，需要教师不断提升个人能力，计划多元的学习内容、学习方式，这也需要教师付出更多的精力进行设计。另外，还可能存在家长不理解，担心孩子被差别对待的情况。这些都需要教师在教学实践中不断克服压力，迎难而上。如果教师对差异化感到不知所措，那么就从小事做起，要相信学生。当教师去思考学生的需求，让学生在自己组织的实践活动中不断达到更高的高度时，往往会收获意料之外的惊喜，学生也会在这个过程中有所获益。

第五节　项目式教学中的十个"怎么办"

创造始于问题，有了问题才会思考，有了思考才有解决问题的方法。找到问题才能解决问题，解决问题才能创造更高的价值。在项目式学习的教学过程中，普遍存在一些比较棘手的问题，只有找到并解决好这些问题，才能实现项目式学习效果，让学生在项目式学习中有所收获。下面就这些问题进行简单的解答，以便教师能更顺利地开展以后的项目式学习。

问题一：学生不爱做项目怎么办？

在项目开展之初，部分学生由于对项目式学习的形式比较陌生，会产生抵触和胆怯情绪。这就需要教师在选择项目时，充分考虑学生的兴趣和需要，尽量选择学生关心的问题和与现实生活息息相关的项目。另外导致学生不爱做项目的原因是任务设计不够合理。要么情境虚假，活动不真实；要么活动的目的不明确，偏离教学内容；要么只关注趣味性，活动太容易，对学生的挑战性不够；要么难度太大，学生难以完成。因此，设计项目式学习要将学生置于教学的中心位置，不再以课程教学和教学内容的完成情况评判教学的成功与否，而是让学生参与、思考、探究关键的问题和概念，最终以学生的素养为旨归。所以，教师不仅要关注知识层面的目标，更应重视任务设置的真实性、复杂性和合理性。要通过对关键知能、核心问题的思考与探究，使学生了解怎样学习才能对自己未来的学习和生活产生重大的影响。[①] 在完成任务的过程中，形成正确价值观、必备品格和关键能力。因此，在设计项目时，一定要遵循真实性原则和挑战性原则。本书的第三章第一节，已经详细论述了驱动性问题的类型、制定路径和方法。下面再加以简要说明。

关于学校或社区的问题。教师可以选择从社区和学校入手选择项目。学校和社区与学生的生活、学习息息相关，容易发掘能吸引学生兴趣的项目。教师可对学校和社区周边地区进行实地考察，调研学校和社区切实存在的问题和需要，并据此确定项目式学习的主题。例如，制作学校宣传页、社区垃圾分类等问题。

学生的生活和兴趣。教师可以通过日常交流、问卷调查和采访等形式了解学生的兴趣所在，从学生现实生活中的需求和兴趣出发，考虑项目的内容和形式。这样的项目更容易激发学生的兴趣，例如，可以从游戏、节假日、食品等相关问题出发开展项目式学习，同时在具体的内容设置上，要注意新颖性和可创造性，如首都师范大学伯牙小学的"你会策划一场露营吗"就很具时代性。

---

① 理查德等.哈佛大学教育学院思维训练课：让学生学会思考的 20 个方法[M].于璐，译.北京：中国青年出版社，2014.

现实问题。教师也可以尝试在日常关注一些现实问题。从现实社会关注的热点问题中选择项目式学习的项目，例如碳达峰、碳中和的问题、全球性气候变化问题、教育资源不均衡问题等。这样的项目往往具有较强的现实意义，有助于培养学生关注社会问题的意识、增强社会责任感。在具体的内容设置中，要注意与学生生活的链接和时效性。

教学内容。教师可以直接从日常教学内容出发，将传统课堂改变成项目式学习的课堂，这就改变了传统的教学模式，增添了课堂的趣味性，也让项目式学习更贴近学生的日常学习，帮助学生强化核心知识，掌握学习的方法，真正做到学以致用。例如，以项目式学习的方式实施整本书阅读任务群、在化学"H_2O"复习课中，通过"活化"教学内容，组织学生复习知识。

问题二：不知道如何进行项目式学习整体规划怎么办？

很多教师反映不知道如何对项目式学习进行整体规划，在项目规划时总是出现思考不周全、某些方面设计不到位等情况。其原因在于项目式学习将成果与目标并重，要求教师开始设计项目时，就对项目成果、时间进度所涉及的领域和实施过程有大致的了解。教师要具备较强的规划意识，对项目进行整体规划，安排好整个学习过程的项目目标、项目时间线、项目的成果产出形式和项目进行中的监控管理策略，这对很多教师来说是非常大的挑战。具体操作中，教师可以从以下六点入手进行设计规划。

1. 寻找项目选题。教师要从当下的焦点、热点和课程标准中寻找合适的项目选题并进行调研，分析项目是否适合当下学生的发展水平，考察项目是否能培养学生的核心素养、提升学生的关键能力。

2. 确定项目范围。确定项目选题之后，教师要考虑好整个项目式学习的历时长短、学科范围、活动范围、参与人群、成果对象以及项目需要学校哪些方面资源和支持。在确定项目范围时，要充分考虑学校和学生的实际情况。

3. 选择课程标准。教师还需要思考，哪些课标将要在项目中被评价，学生如何通过项目作品逐步达成课程标准，并依据课程标准制定项目的目标和内容。

4. 确定项目目标。确定课程标准之后，教师还要设计好项目目标，包括项目需要学生掌握的学科领域的核心概念，必备品格和关键能力；项目过程中需要学生养成的思维习惯和掌握的技能，以什么形式展现成果；项目目标的确定，要具体考虑不同学生的实际情况。

5. 确定评价手段。在项目评价层面，教师要提前考虑好项目的评价主体、评价方式以及如何评价学生成果是否达到目标。项目评价的手段要新颖，评价的主体要多元化，评价方式要灵活，要关注学生在项目探究过程中的表现。

6. 确定教学策略。教学策略的选择，关系到项目完成的效率，适宜的教学策略往往能达到事半功倍的效果。教师要根据学生的实际情况，考虑如何支持不同水平的学生完成项目式学习的任务，提升项目式学习的质量；如何高效地监控项目全过程，让教师有很多时间，帮助更多学生完成项目。

教师可依据项目式学习初期规划表（教师可根据实际情况做调整）进行项目的最初规划（见表 5-18）。

表 5-18　项目式学习初期规划表①

项目名称		学生		日期	
简要描述您要与学生一起开展的项目/问题/主题（与真实的世界相联系） 这个项目所要解决的最大挑战（问题）：					
为项目拟定一个驱动性问题：					
我（我们）计划做以下调研工作：					
我（我们）需要完成以下工作： 做什么　　　　　怎么做　　　　　完成日期（时长）					

① 改编自美国巴克教育研究所. 项目式学习教师指南——21 世纪的中学教学法（第 2 版）[M]. 任伟，译. 北京：教育科学出版社，2008.

续表

我们需要以下资源和支持(材料、工具、资金、其他人力、交通等)
在项目结束时，我(我们)将展示我们的学习目标： 展示什么　　　　怎么展示　　　　谁来参加?　　　　地点在哪?

问题三：不具备跨学科教学能力怎么办?

首先，在项目式学习中，并不要求所有的项目开展都采取跨学科的形式。任何教学形式的开展都要基于学生的发展水平和学校、教师的现实情况，项目式学习也不例外。项目式学习中，教师可以针对单一学科进行项目设计，也可以选择跨学科的、多领域的项目展开探究，具体要根据学生和教师的实际情况进行选择。

许多学校还处在项目式学习的起步阶段，教师对项目式学习的整体把控还没有充足的经验。在这种情况的下，急于开展跨学科的项目式学习，不仅达不到理想的效果，反而可能出现项目设计不合理、教师自身知识储备有限、无法掌控项目进程、学生因无法完成相应难度的任务失去对项目式学习的兴趣等情况。这时候，我们完全可以从单一学科开始，做一些规模比较小，比较简单的项目，实现学科项目化。利用项目式学习的理念和基本设计方法，对简单项目进行精心的设计，为后续复杂的、跨学科的项目式学习积累经验和方法。学习的过程离不开借鉴和参考，先仿造再创造也是一种很好的方式。因此，教师也可以模仿他人所提供案例的设计思路开展项目式学习，这样既便于教师对学生的学习状态有所对比和参考，也便于教师及时对项目环节做出适宜的调整。

其次，假如你是某一学科老师，知识有限，不知道如何进行跨学科的项目，不妨寻找一个或几个合作伙伴来共同完成跨学科项目。在有了清晰的想法以后，再同年级组的其他老师商量，是否可以把其他领域的内容扩充进来，并在年级组讨论会上升级你们的想法。此外，教师也可以利用一些非正式的空间进行合作。例如，老师们可以在教室走廊等地方把自己的想法和做法，进行及时的、短暂的交流。这种交流方式不仅非常灵活，也易于实施。

问题四：班级容量大、学生水平差异大怎么办？

很多教师在开展项目式学习之前，担心自己班级的容量大，进行项目式学习会无法完全掌控项目、无法关注到每一位学生。实践证明，这种担心是完全没有必要的。

项目式学习在班额上没有限制，因为它与传统的教学不同，传统课堂中教师是无法关注到每一位学生的，而项目式学习为处于不同发展阶段的学生都提供了发展空间。教师会将一个大的项目拆解，通过分组，给团队成员赋予不同的任务和责任等方法尽量让每个学生都有事做，教师也有了更多的时间和精力去关注到更多的学生。

当然，在项目执行过程中会出现学生不同步、能力不一致，甚至进展缓慢的情况。这就需要教师做好过程性评估，可以针对一些进度慢的学生和团队给予差异化辅导。教师不要急于帮助学生解决问题，只要保证项目设计是合理的，学生不会走偏即可。

教师要让学生知道自己才是学习的主体，自己要为自己的项目负责，要培养学生的自我管理能力，教师可以干预，但只是作为顾问，可以帮助学生学习但不能代替学生的学习。

问题五：课时紧张怎么办？

首先，项目式学习的时间是灵活的，对于一个项目的学习可以长达数月，也可以在一周内甚至几节课完成，教师可以根据自己的实际情况，调整任务难度和所需时间。

其次，一些教师担心项目式学习会耗费大量的课时，耽误学生的正常学习进程。但事实上，项目式学习虽然需要教师将大量的时间与精力投入到项目设计当中，但是不一定会增加课时。原因在于，在项目式学习中，教师需要对教学时间进行整体的规划，将知识整合重组，突出核心关键知识的建构，改变原来的机械海量练习，关注学生知识迁移能力、整合、评价、应用、创造、思辨等高阶思维的培养。所以进行项目式学习并不一定会增加课时负担，也不一定会耗费很长的时间。此外，项目式学习赋予学生自主选择的机会，激发学生内驱力，以内化所学的知识和技能，提升学习效率，达到事半功倍的效果。

如果在开展项目式学习的过程中出现了课时紧张、无法达到既定学习目标等状况，教师可以尝试适当调整项目方案，降低项目的难度。如果涉及跨学科的项目，可以进行课程整合，几位老师共同设计项目进度表、作品的最终呈现形式、项目监控和评价策略，避免不必要的时间损失。

问题六：项目式学习中，不知道如何评价怎么办？

"教学难，评价难，项目式教学的评价难上加难"这是我们从教师那里经常听到的话。的确，作为项目式学习需要考虑的因素很多，加上周期长，从评价主体、评价内容到评价形式都对教师提出了挑战。本书的第四部分详细地论述了项目式学习中的评价问题，并提供了一些评价工具，在此不再赘述。这里只想强调一下。第一，项目式学习不排斥纸笔测验，只是它不能作为最重要的，甚至唯一的评价方式；第二，我们提供了一些评价工具，但是这只是一个参考，不希望老师机械地照搬照用，甚至形成对评价量规的依赖，而忽视了对自己所学的检视。其实，评价单只是一种工具，需要我们和学生一起有针对性地加以改造和使用；第三，评价的目标要明确，要体现教、学、评的一致性，不能为评价而评价。陈怡倩博士建议：教师在使用评价表时应谨记三个原则：一是多元评价，包括对学生的学习态度、学习过程及学习结果的评价；二是反映学习内容，评价项目必须反映教学内容和要求；三是考量学生学习的经验及学习能力，以提高学生的自信与兴趣。[①]

问题七：学生不会合作怎么办？

在项目开展之初，很多学生不知道如何与他人进行合作。这时候就需要教师帮助学生进行分组，并提供一套协作学习支架，帮助学生在项目式学习的团队活动过程中有序、高效地开展协作学习。这套支架可以包括：团队目标清单、分工提示、团队协作学习合约、团队任务操作流程、团队成员向教师发起学业求助的沟通方式等。此外，当任务难度较大时，教师还可以提供"作品范例"，供各团队酌情修改使用，最终生成本组的个性化作品，由此降低团队协作的任务难度。

问题八：团队合作学习时，教室混乱怎么办？

在项目式学习实施中，经常有老师问这样的问题：小组合作学习时教室会显得杂乱，学生不能安静地坐在课桌前，甚至有时候会失控，怎么办？针

---

① 陈怡倩. 统整的力量：直击 STEAM 课程核心的课程设计[M]. 长沙：湖南美术出版社，2017.

对这一问题，我们一方面要考虑学生是否在做有意义的事，如果他们是在积极投入，认真思考、交流，做着有意义的事，教室里不一定要鸦雀无声，忙而不乱是一种最好的状态；另一方面，教师也需要掌握一些团队合作时的管理策略，如教室安排、观察与记录、信号规约、个体责任、灵活分组等。

问题九：项目式学习时，学生有不知道的学科知识怎么办？

项目式学习并不排斥直接教学，项目式学习也会讲授学科内容，也会向学生教授在实际生活中使用的技能，比如说采访技能或是提问的能力，但是课程内容的学习不是项目式学习的最终目的；项目式学习也会有测试，但是测试不作为最终结果，学习顺序也不一定是先学习再应用。项目式学习是项目思维，强调以终为始。要找准问题、明确目标、成果导向、过程监控、有效沟通、持续评估，也就是说项目式学习是以成果为导向的逆向思维，指向问题解决。

尽管学习的内容差不多，但是项目式学习不再是向学生灌输知识内容，让他们记住毫无意义的事实，而是把"我们想让学生学习的知识换一种方式教授给他们"，是通过创造个性的学习体验，教学生"将这些事实的、新的理解与批判和创造性思维技能结合起来，最终带领他们去发现、理解和创造新事物"，以更好地满足当今学生的需求。

问题十：学生总是不能按时完成任务怎么办？

教师给了学生自由支配的时间，也要为他们提供策略来帮助其管理时间。如果你只是口头问他们：你做得怎么样？他们常常说挺好的，有时候甚至不愿意承认自己遇到困难或已经落后了。因此，我们需要一种可视化的图表来帮助学生和我们自己。敏捷任务板或任务看板就是被广泛采用的工具。

首先，学生要为项目设定最终期限目标：最终产品是什么？或者最终目标是什么？必须在什么日期完成？其次，将最终目标分解为较小的目标，即冲刺目标。学生需要讨论，为了在最终目标上取得成功，首先必须完成哪些较小的任务？为了实现我们的最终目标，必须在什么日期完成冲刺目标？其次，学生要把冲刺目标分解为实现冲刺目标需要完成的单个任务，并将该任务分配给小组成员，同时将跟踪小组在任务方面取得的进展。最后，他们会在一张大纸上创建他们的任务板，见表5-19。

表 5-19　任务跟踪板表

积压的任务	待办事项	进行中	已完成	待反馈	障碍积压

　　这种方式能够帮助学生设定可行的目标，可视化的任务，并分解、分配工作。这看似浪费了十分钟的时间，但是学生从中可以学习如何管理项目，如何协作，以及如何提高工作效率，解决问题，达到事半功倍的效果。除此之外，我们还可以使用这样一目了然的日志表，见表 5-20。

表 5-20　项目日志表

项目管理日志：团队任务				
项目名称				
小组成员				
驱动问题				
项目任务				
子任务	负责人	截止日期	状态	完成情况

　　总而言之，在项目式学习的教学课堂上，随着教学理念及重点任务的转变，教师需要吸纳更多新的知识与技能，并在一线的教学中反复打磨、积累经验。虽然过程中会出现各种各样的问题，但教师们也不必过于担心，有问题才会有进步、有创新。相信在持续的探索中，教师的课堂教学策略会不断丰富，专业能力会得到大幅度提升。

参 考 文 献

1. 国务院办公厅. 关于新时代推进普通高中育人方式改革的指导意见[J]. 人民教育,2019 (Z2).

2. 中共中央国务院关于深化教育教学改革全面提高义务教育质量的意见[N]. 人民日报, 2019-07-09(1).

3. 中华人民共和国教育部. 义务教育课程方案(2022年版)[Z]. 2022-04-08[2022-05-05]. http://www.moe.gov.cn/srcsite/A26/s8001/202204/W020220420582343217634.pdf.

4. 周菊芳. 学界泰斗人间楷模:蔡元培[M]. 上海:上海交通大学出版社,2018.

5. 朱相丽,王溯,董瑜. 浅析日本"登月型"研发制度[J]. 世界科技研究与发展,2021,43.

6. 新华社. 中华人民共和国国民经济和社会发展第十四个五年规划和2035年远景目标纲要 [DB/OL]. (2021-03-13)[2024-01-20]. http://www.gov.cn/xinwen/2021-03/13/content_5592681.html.

7. 李希贵. 未来20年6成职业要消失你该怎么面对?[EB/OL]. (2017-10-22)[2024-01-28]. http://weibo.com/3546332963/FrADf2uH6.

8. 李开复. AI·未来[M]. 杭州:浙江人民出版社,2018.

9. 新浪财经. 机器人战胜人类时间表:2061年完成所有人类任务[EB/OL]. (2017-06-20) [2024-01-28]. http://xueqiu.com/8433777499/87540341.

10. 王艳敏. 新世纪职业生涯规划课程设计理念探析[J]. 职教论坛,2009(4).

11. 贺巍,盛群力. 迈向新平衡学习——美国21世纪学习框架解析[J]. 远程教育杂志,2011, 29(6).

12. 蔡慧英,顾小清. 21世纪学习者能力评测工具的框架设计研究[J]. 中小学信息技术教育, 2013(Z1).

13. 师曼,刘晟,刘霞等. 21世纪核心素养的框架及要素研究[J]. 华东师范大学学报(教育科学版),2016,34(3).

14. 《关于全面深化课程改革落实立德树人根本任务的意见》节选[J]. 教育科学论坛,2017(20).

15. 中办国办印发《关于做好新时期教育对外开放工作的若干意见》坚持扩大开放做强中国教育[EB/OL]. (2017-06-20)[2024-01-28]. http://www.moe.gov.cn/jyb_xwfb/s6052/moe_838/201605/t20160503_241658.html.

16. 核心素养研究课题组.中国学生发展核心素养[J].中国教育学刊,2016(10).

17. 江河.亲切的钟　中外名言大观[M].北京:解放军文艺出版社,1998.

18. 格林斯坦.评价21世纪能力[M].伍绍杨等,译.上海:上海教育出版社,2021.

19. 唐科莉.指引学习迈向2030　OECD发布《学习罗盘2030》[J].上海教育,2019(32).

20. 索耶.剑桥学习科学手册(第二版)[M].徐晓东等,译.北京:教育科学出版社,2021.

21. 张盖伦.未来已经到来,只是尚未流行[N/OL].科技日报,2016-09-18.http://www.banyuetan.org/chcontent/zx/mtzd/2016918/209174.shtml.

22. 周文炯.《论语》名句[M].成都:天地出版社,2009.

23. 张治.学校3.0时代的教育新图景[J].上海教育,2018(19).

24. 一个班有差生有优秀生,这是孩子自己原因还是老师的原因?[2024-01-28].http://zhidao.baidu.com/question/1966416278292142020.html.

25. 余文森等.经典教学法50例[M].福州:福建教育出版社,2010.

26. 张良.论素养本位的知识教学——从"惰性知识"到"有活力的知识"[J].课程·教材·教法,2018,38(3).

27. 马尔库塞等.单向度的人[M].刘继,译.上海:上海译文出版社,2008.

28. 杜威.学校与社会·明日之学校[M].赵祥麟等,译.北京:人民教育出版社,2005.

29. 陈铁成,熊梅.什么知识最有价值——基于斯宾塞课程思想的思考[J].外国教育研究,2013,40(5).

30. 珀金斯.为未知而教,为未来而学[M].杨彦捷,译.杭州:浙江人民出版社,2015.

31. 特里林,菲德尔.21世纪技能:为我们所生存的时代而学习[M].洪友,译.天津:天津社会科学院出版社,2011.

32. 朱静蔚,文心工作室.中文经典100句荀子[M].上海:上海三联书店,2019.

33. 瑞芳.深度学习的教学策略解析——基于项目的学习和基于挑战的学习[J].中国现代教育装备,2018(22).

34. 王金妹.美国"深度学习"项目(SDL)的研究进展及启示[D].曲阜师范大学,2018.

35. 约翰·库奇,贾森·汤.栗浩洋等.学习的升级[M].徐烨华,译.杭州:浙江人民出版社,2019.

36. 皮亚杰.教育科学与儿童心理学[M].傅统先,译.北京:文化教育出版社,1981.

37. 陶行知.陶行知文集[M].太原:山西教育出版社,2021.

38. 陈怡倩.统整的力量:直击STEAM课程核心的课程设计[M].长沙:湖南美术出版社,2017.

39. 李一民.永远的哲思世界名人名言集萃[M].沈阳:沈阳出版社,2001.

40. 刘东.国外项目式学习的历史沿革及发展趋势[J].教育理论与实践,2019,39(19).

41. 周文炯.《论语》名句[M].成都:天地出版社,2009.

42. 刘莉,刘铁芳.重审苏格拉底的"产婆术"[J].全球教育展望,2021,50(9).

43. 康桥. 杜威:教育即生活[M]. 上海:上海辞书出版社,2014.

44. 陈连丰,赵觅. 解读建构主义学习理论四要素——"情境""协作""会话"和"意义建构"[J]. 科技创新导报,2012(24).

45. 上海发布义务教育项目化学习三年行动计划[J]. 中小学信息技术教育,2020(11).

46. 宋佳,张佳. 全球教育变革的六大趋势与挑战[J]. 人民教育,2020(Z3).

47. 胡佳怡. 从"问题"到"产品":项目式学习的再认识1[J]. 基础教育课程,2019(9).

48. 刘景福. 基于项目的学习模式(PBL)研究[D]. 江西师范大学,2002.

49. 刘易斯. 项目经理案头手册[M]. 王增东,译. 北京:机械工业出版社,2001.

50. 吉多,克莱门斯. 成功的项目管理(第三版)[M]. 张金成,译. 北京:电子工业出版社,2007.

51. 威金斯,麦克泰格. 追求理解的教学设计(第二版)[M]. 闫寒冰等,译. 上海:华东师范大学出版社,2017.

52. 夏雪梅. 项目化学习设计:学习素养视角下的国际与本土实践[M]. 北京:教育科学出版社,2021.

53. 布兰思福特等. 人是如何学习的:大脑、心理、经验及学校(扩展版)[M]. 程可拉等,译. 上海:华东师范大学出版社,2013.

54. 张丰. 重新定义学习:项目化学习15例[M]. 北京:教育科学出版社,2020.

55. 黄高才,余雪梅. 中国文化教程[M]. 西安:西安交通大学,2015.

56. 鲍勃·伦兹等. 变革学校:项目式学习、表现性评价和共同核心标准[M]. 周文叶,盛慧晓,译. 长沙:湖南教育出版社,2020.

57. 王丙双. 市十五小:小小红领巾文明城市显担当. [EB/OL]. (2022-06-29)[2024-01-28]. http://hnny.wenming.cn/wcnr/202206/t20220629_7685972.html.

58. 马扎诺,皮克林. 培育智慧才能 学习的维度教师手册[M]. 盛群力,何晔,张慧等,译. 福州:福建教育出版社,2015.

59. 匡清鹏. 地理教育与"学力"培养[J]. 考试周刊,2011(21).

60. 刘静. 项目式学习的教学意义及其实现研究[D]. 山西大学,2020.

61. 哈蒂. 可见的学习——最大程度地促进学习[M]. 金莺莲等,译. 北京:教育科学出版社,2016.

62. 马丁内斯,麦格拉斯. 深度学习:批判性思维与自主性探究学习[M]. 唐奇,译. 北京:中国人民大学出版社,2019.

63. 威金斯,麦克泰格. 追求理解的教学设计(第二版)[M]. 闫寒冰等,译. 上海:华东师范大学出版社,2017.

64. 博斯,克劳斯. PBL项目制学习[M]. 来赞,译. 北京:中国纺织出版社,2020.

65. 埃里克森,兰宁. 以概念为本的课程与教学:培养核心素养的绝佳实践[M]. 鲁效孔,译. 上海:华东师范大学出版社,2018.

66. 希尔. 设计与运用表现性任务——促进学生学习与评估[M]. 杜丹丹, 杭秀, 译. 福州: 福建教育出版社, 2019.

67. 刘徽. 大概念教学[M]. 北京: 教育科学出版社, 2022.

68. 郑昀, 徐林祥. 语文"真实情境"再认识——来自人类学情境学习观的启示[J]. 语文建设, 2022(8).

69. 杜威. 我们如何思维·经验与教育[M]. 姜文闵, 译. 北京: 人民教育出版社, 2015.

70. 沃伦. 跨学科项目式教学: 通过"+1"教学法进行计划、管理和评估[M]. 孙明玉, 刘白玉, 译. 北京: 中国青年出版社, 2020.

71. 詹森等. 深度学习的7种有力策略[M]. 温暖, 译. 上海: 华东师范大学出版社, 2010.

72. 希姆勒. 让每个学生主动参与学习的37个技巧[M]. 杨颖玥, 译. 北京: 中国青年出版社, 2014.

73. 柯维. 高效能人士的七个习惯[M]. 高新勇等, 译. 北京: 中国青年出版社, 2010.

74. 戴一苗. "让说": 基于项目化学习的口语交际情境创设与实践——以统编教材五年级下册《我是小小讲解员》为例[J]. 小学语文教师, 2022(4).

75. 管光海, 周晓青. STEAM学习与指导——项目与评析[M]. 杭州: 浙江教育出版社, 2019.

76. 马卡姆. PBL项目式学习(项目设计及辅导指南)[M]. 董艳, 译. 北京: 光明日报出版社, 2015.

77. 斯宾塞. 如何用设计思维创意教学: 风靡全球的创造力培养方法[M]. 王颐, 董洪远, 译. 北京: 中国青年出版社, 2018.

78. 林琳, 董玉琦, 沈书生. 设计思维教学法的理念框架与支撑技术[J]. 现代远程教育研究, 2022.

79. 林琳, 沈书生, 李艺. 谈设计思维发展高阶思维何以可能——基于皮亚杰发生认识论的视角[J]. 电化教育研究, 2019, 40(8).

80. 葛斯特巴赫. 设计思维的77种工具[M]. 方怡青, 译. 北京: 电子工业出版社, 2020.

81. 布朗, 基利. 学会提问[M]. 吴礼敬, 译. 北京: 机械工业出版社, 2013.

82. 罗颖, 桑国元, 石玉娟. 50个工具玩转PBL项目式学习[M]. 北京: 中国人民大学出版社, 2023.

83. 泰勒. 课程与教学的基本原理[M]. 罗康, 张阅, 译. 北京: 中国轻工业出版社, 2016.

84. 赵必华. 教育评价范式: 变革与冲突[J]. 比较教育研究, 2003(10): 62-66.

85. 方厚彬. 深度学习 | Ron访谈: 每个教师心中都有一只《奥斯汀的蝴蝶》[EB/OL]. 2022-08-01[2024-02-20]. https://www.sohu.com/a/573297375_121113176.

86. 高恩静. 真实问题解决和21世纪学习[M]. 杨向东, 译. 长沙: 湖南教育出版社, 2020.

87. 于萍, 徐国庆. 项目课程中的学生评价研究[J]. 江苏教育, 2012(36).

88. 尹小燕. 新课程标准下的口头表达能力训练[J]. 语文教学与研究, 2009(5).

89. 古德曼. 全语言的全全在哪里[M]. 李连珠, 译. 南京: 南京师范大学出版社, 2005.

90. 王永军.幼儿教师信息素养及其培养初探[D].华东师范大学,2007.

91. 汪安圣.思维心理学[M].上海:华东师范大学出版社,1992.

92. 朱彦军.学校·教师·课题[M].郑州:河南人民出版社,2017.

93. 颜琳.读写融合:思辨性阅读与表达任务群的语言建构[J].小学教学参考,2022(19).

94. 格尔森.如何在课堂中使用差异化教学[M].刘雪等,译.北京:中国青年出版社,2019.

95. 王顺晔,成利敏,王李雅,等.高校电子信息类专业"六位一体"课程思政教学改革实践探索[J].电脑知识与技术,2023,19(7).

96. 洪建军.STEM教育融入综合实践课程的核心素养设计与实施探析[J].教学管理与教育研究,2022,7(1).

97. 罗恩·理查德等.哈佛大学教育学院思维训练课:让学生学会思考的20个方法[M].于璐,译.北京:中国青年出版社,2014.

98. 陈海斌.高校辅导员专业化发展与能力素质模型应用研究[J].法制与经济(中旬),2012(2).

99. 王军.新时代大学教材出版与高校人才培养[J].出版广角,2019(20).

100. 哈勒曼,拉尔默,梅根多勒.21世纪项目式学习——项目式学习小学篇[M]张毅,胡静,译.北京:光明日报出版社,2019.

101. 范宁娜.项目式学习的评价在初中化学教学中的应用研究[D].洛阳师范学院,2021.

102. 钟志贤,王觅,林安琪.量规:一种现代教学评价的方法[J].中国远程教育,2007(10).

103. 张海霞.浅谈课堂教学中的非正式评价[J].新课程(下),2018(8).

104. 宋丽博.STEM教育背景下学前教育专业学生核心素养培养策略研究[J].黑龙江教育学院学报,2019,38(3).

105. 胡佳怡.基于设计思维的项目式学习教学设计研究[J].基础教育参考,2019(14).

106. 郑燕.例谈"四环一线"式学科项目化学习设计[J].中学政治教学参考,2021(26).

107. 拉尔默.PBL项目式学习:初学者入门[M].董艳,译.北京:光明日报出版社,2018.

108. 徐佳燕,盛群力.扶放有度,教学有序——一种支架式教学及其实施框架[J].数字教育,2016,2(1).

109. 帕金森.管理名家谈管理[M].周浩明,译.上海:上海翻译出版社,1992.

110. 余文锐.基于主题意义的初中英语项目式学习实践探究[J].英语教师,2023,23(9).

111. 夏雪梅.项目化学习的实施:学习素养视角下的中国建构[M].北京:教育科学出版社,2020.

112. 索利斯等.PBL项目式学习101工作手册[M].胡英,乔长虹,译.北京:光明日报出版社,2019.

113. 李星星.运用"Learning Station"模式进行学生问题解决能力的培养——以《"鸡兔同笼"问题》为例[J].数学教学通讯,2021(16).

114. 田晶,崔嵘.探索STEAM教育中语言艺术的融合路径[J].基础教育参考,2020(12).

115. 厄克特等. 教会学生写作[M]. 晋学军,译. 北京:教育科学出版社,2008.

116. 郭光华,崔嵘. 支架理论视角下小学语文教师用书的建构——以美国霍顿·米福林版为例[J]. 小学语文,2018(4).

117. 美国巴克教育研究所. 项目式学习教师指南——21世纪的中学教学法(第2版)[M]. 任伟,译. 北京:教育科学出版社, 2008.

118. SPENCER J. PBL by Design-Exploring the Overlap of Project-Based Learning and Design Thinking[EB/OL]. (2022-02-04)[2024-02-04]. http://spencerauthor. com/pbl-by-design/.

119. Buck Institute for Education. Creative License Which is better the book or the movie? [EB/OL]. [2024-01-28]. http://my. pblworks. org/project/creative-license.

120. Buck Institute for Education. Gold Standard PBL:Essential Project Design Elements [EB/OL]. (2023-05-30)[2024-01-30]. http://www. pblworks. org/blog/gold-standard-pbl-essential-project-design-elements.

121. Buck Institute for Education. Gold Standard PBL:Project Based Teaching Practices[EB/OL]. [2024-01-30]. http://www. pblworks. org/what-is-pbl/gold-standard-teaching-practices.

122. MILLER A. In Search of the Driving Question [EB/OL]. (2017-08-30)[2024-02-20]. http://www. edutopia. org/article/search-driving-question.

123. MILLER A. How to Refine Driving Questions for Effective Project-Based Learning[EB/OL]. (2011-08-24)[2024-02-20]. http://www. edutopia. org/blog/pbl-how-to-refine-driving-questions-andrew-miller.

124. KAECHELE M. 7 PBL Entry Events for Remote Learning[EB/OL]. (2020-12-01)[2022-06-12]. http://www. pblworks. org/blog/7-pbl-entry-events-remote-learning.

125. WOLPERT-GAWRON H. Generating a Buzz About Learning[EB/OL]. (2018-09-12)[2022-06-12]. http://www. edutopia. org/article/generating-buzz-about-learning.

126. Deeper learning China 2021年会工作坊资料.

127. High Tech High,Graduate School of Education. Yes,And...! Brainstorming Protocol [EB/OL]. http://pblessentials. org/wp-content/uploads/2021/05/Yes-And...Ideation-Protocol. pdf.

128. SPENCER J. PBL by Design-Exploring the Overlap of Project-Based Learning and Design Thinking[EB/OL]. (2022-02-04)[2024-02-04]. http://spencerauthor. com/pbl-by-design/.

129. WRIGLEY C,STRAKER K. Design Thinking Pedagogy:The Educational Design Ladder[J]. Innovations in Education and Teaching International,2017,54(4):374-385.

130. ROTHSTEIN D,SANTANA L. Make Just One Change:Teach Students to Ask Their

Own Questions[M]. Harvard Education Press Cambridge，Massachusetts，2011.

131. ROTHSTEIN D，SANTANA L. The Right Questions[EB/OL]. (2014-10-01)[2024-02-20]. http://www. ascd. org/el/articles/the-right-questions.

132. Right Question Institute. What is the QFT？[EB/OL]. [2024-06-01]. http://rightquestion. org/what-is-the-qft/.

133. High Tech High，Graduate School of Education. Seven Minute Project Tuning[EB/OL]. (2021-05-07)[2022-09-07]. http://pblessentials. org/wp-content/uploads/2021/05/7 - minute-Student-Project-Tuning-Protocol. pdf.

134. Design Thinking：Prioritizing Process Skills (OL). (2014-04-06)[2024-02-20]. http://www. edutopia. org/video/design-thinking-prioritizing-process-skills.

135. Buck Insititue for Education. Product Toolkit：Museum Exhibit(OL). [2024-02-20]. http://my. pblworks. org/node/12445.

136. MCCARTHY. 4 Paths to Engaging Authentic Purpose and Audience(2015-04-13)[2024-06-14]. http://www. edutopia. org/blog/differentiated-instruction-authentic-purpose-audience-john-mccarthy.

137. MORRISON MCGILL R. The Hierarchy of Audience[EB/OL]. (2021-04-25)[2024-02-20]. http://www. teachertoolkit. co. uk/2021/04/25/the-hierarchy-of-audience/.

138. BERGE R. Deeper Learning：Highlighting Student Work[EB/OL]. (2013-01-13) [2024-02-20]. http://www. edutopia. org/blog/deeper-learning-student-work-ronberger.

139. SCHEERENS J，GLAS C，HOMAS S. Educational evaluation，assessment，and monitoring a systemic approach[M]. Lisse：Swets & Zeitlinger Publishers，2003.

140. SECOLSKY C，DENISON B. Handbook on Measurement，Assessment，and Evaluation in Higher Education(Second Edition). Taylor & Francis Group，2017. ProQuest Ebook Central，http://ebookcentral-proquest-com. ezproxy. flinders. edu. au/lib/flinders/detail. action？docID＝4913012.

141. Manitoba Education，Citizenship and Youth. Rethinking Classroom Assessment with Purpose in Mind：Assessment for Learning，Assessment as Learning，Assessment of Learning[EB/OL]. (2006)[2022-08-12]. http://digitalcollection. gov. mb. ca/awweb/pdfopener？smd＝1&did＝12503&md＝1.

142. Council of Chief State School Officers. Performance Counts：Assessment Systems That Support High-Quality Learning[EB/OL]. (2010)[2024-06-17]. http://performanceassessmentresourcebank. org/system/files/Darling-Hammond％ 202010 _ performance-counts-assessment-systems-support-high-quality-learning_0. pdf.

143. Standford Center for Assessment，Learning，& Equity. SCALE Checklist for Quality Ru-

bric Design［EB/OL］. http://performanceassessmentresourcebank. org/system/files/ SCALE％20Quality％20Rubric％20Checklist. docx. pdf.

144. MADAUS GF，SCRIVEN MS，STUFFLEBEAM DL. Evaluation models：Viewpoints on Educational and Human Services evaluation［M］. Boston：Kluwer-Nijhoff Publishing，1983：125.

145. Buck Institute for Education. Project Design Rubric［EB/OL］.（2022）［2024-02-23］. http://my. pblworks. org/resource/document/project_design_rubric.

146. JOHN L. How to Use the "4 C's" Rubrics［EB/OL］.（2013-04-18）［2024-02-23］. http://www. pblworks. org/blog/how-use-4-cs-rubrics.

147. Buck Inititute for Education. 2022 Research-Based Creativity Rubrics［EB/OL］.（2022）［2024-02-23］. http://my. pblworks. org/node/11329.

148. EVANS C. Measuring Student Success Skills：A Reviews of the Literature on Critical Thinking.［R］. 2020. http://www. nciea. org/library/assessing-21st-century-skills/.

149. Buck Institute for Education. 2021 Research-Based Critical Thinking Rubrics［EB/OL］.（2023）［2024-02-23］. http://drive. google. com/file/d/1JWVz5nb2RZpigEH9jVgwi-WpSnKT8XvXX/view.

150. American Association of Colleges and Universities. VALUE Rubrics-Problem Solving［EB/OL］.［2022-04-24］. http://www. aacu. org/initiatives/value-initiative/value-rubrics/value-rubrics-problem-solving.

151. LENCH S，FUKUDA E，ANDERSON R. Essential Skills and Dispositions：Developmental Frameworks for Collaboration，Creativity，Communication，and Self-Direction［EB/OL］.（2015）［2022-09-02］. http://performanceassessmentresourcebank. org/system/files/EssentialSkillsandDevelopmentalFrameworks. pdf.

152. DOUBET，K. J.，HOCKETT，J. A. Differentiating in the elementary grades：Strategies to engage and equip all learners［M］. Alexandria，VA：ASCD. 2017：253−310.